David Bosshart

Die Zukunft des Konsums

David Bosshart

Die Zukunft des Konsums

Wie leben wir morgen?

ECON

Die Deutsche Bibliothek – CIP-Einheitsaufnahme

Bosshart, David:
Die Zukunft des Konsums : Wie leben wir morgen? / David Bosshart. – Düsseldorf ; München : ECON, 1997
ISBN 3–430–11464-0

2. Auflage 1998
Der ECON Verlag
ist ein Unternehmen der ECON & List Verlagsgesellschaft

Lektorat: Christina Seitz
Satz: Josefine Urban KompetenzCenter, Düsseldorf
Papier: Papierfabrik Schleipen GmbH, Bad Dürkheim
Druck und Bindearbeiten: Bercker Graphischer Betrieb GmbH, Kevelaer
Printed in Germany • ISBN 3–430–11464-0

Inhalt

Vorwort

Wir leben in einer multimedialen Welt, in der das Marketing der Gastgeber und die Werbung der Zeremonienmeister ist. Konsum ist Kommunikation. Marketing ist Kommunikation. Werbung ist Kommunikation. Marken sind Kommunikation. Handel ist Kommunikation. Kommunikation ist Kommunikation. Wo immer wir Probleme haben: Die Ursache ist Kommunikation, und die Lösung liegt in besserer Kommunikation. Das ist die Ausgangslage für dieses Buch.

Die folgenden Kapitel sind aus Forschungsarbeiten zur Zukunft unserer Konsumgesellschaft entstanden. Wie bei mir üblich, sind die Arbeiten interdisziplinär oder pluridisziplinär angelegt. Sie versuchen, mit alternativen Blicken einen neuen Zugang zu Marktphänomenen zu erschließen.

Erhellend sind in diesem Zusammenhang Studien zur Ethnologie bzw. zur Kulturanthropologie und zur Religionssoziologie. Genauso wurden aber auch aktuelle Web Sites konsultiert und Fachzeitschriften von der Gastronomie über den Sport bis zu den Neuen Medien. Diese Form des theoretischen Wissens ist das unerläßliche Fundament.

Wer versucht, Trends zu analysieren, muß zunächst ein guter Beobachter sein – theoretisch, indem er wie ein Archäologe die verschiedensten Texttypen durchforstet; praktisch, indem er sich ständig auf die Reise durch verschiedenste Konsumkulturen begibt. Er ist also gerade auch der Situation des Reisenden durch reale und virtuelle Welten ausgeliefert, die im Buch als Lebenskonzept des »Transitmenschen« beschrieben ist. Nur so können sich Erfahrungen ergeben, die auch Vergleiche zwischen unterschiedlichen Kulturen ermöglichen.

Erfahrungen aber brauchen Zeit. Niemand kann per Schnellkurs zum guten Beobachter werden. Erst mit der Zeit ergibt sich vielleicht die wichtigste Quelle der Erkenntnis: Intuition. Erst über die Jahre entsteht eine Art ***»Feeling«*** für neue Entwicklungen, das sich nur schwer verbalisieren läßt. In unserer medienübersättigten Konsumwelt ist die Fähigkeit zentral, unterschiedlichste Strömungen synthetisch zusammenzufassen und auf den Punkt bringen zu können.

Eine zentrale These lautet, daß gesellschaftliche Evolution und die Evolution des Konsums unlösbar miteinander verwoben sind: Wohlfahrtsstaat, Massenkonsum und Individualisierung der Lebensstile sind nicht mehr wegzudenkende Traditionen moderner Gesellschaften geworden, die uns als solche gar nicht zur Disposition stehen. Wer eines der drei Elemente abbaut, nimmt auch den anderen beiden den Boden dafür. Konsum wird einen wesentlichen Teil des menschlichen Glücks ausmachen – fällt dies auch noch weg, was würde übrigbleiben?

Wir haben zwar die Illusionen der goldenen Achtziger verloren, aber die Nostalgie dieser Zeit ist schon überall präsent. Die Macht der Kunden in der »Neuen Medienwelt« nimmt zu und der Druck auf Preise und Zusatznutzen von Produkten und Dienstleistungen ebenso. Das Grundmotto lautet heute: »Das gute Leben soll billiger werden.« Daher wird der **Emotionalisierung der Konsumwelten** durch Kommunikation eine immer größere Bedeutung zukommen. Eine unvermeidliche Emotionalisierung entsteht, indem die Produkte komplexer werden – die Gefahren von BSE und gentechnisch veränderte Produkte können den Kunden nicht mehr über rationale Kommunikation begreiflich gemacht werden. Andererseits ermöglichen die Neuen Medien eine vielfältigere Kundenansprache – das Medium Internet funktioniert ganz anders als das Medium TV oder Print. Die Differenz ist auch hier zunächst eine emotionale. Zudem gibt es – wie die Entwicklungen im Shopping-Bereich zeigen – ein gigantisches Begehren nach mehr Emotionalität. Kunden erwarten, daß Shopping in Zukunft streßfrei und »convenient« abläuft. – Was uns das wirkliche Leben immer mehr versagt, muß uns auf der Produktebene wiedergegeben werden.

Es gibt besondere *»heiße Orte«,* an denen sich Leben – »real life« – sozusagen extrem verdichtet erfahren läßt. Dazu gehören in zunehmendem Maße auch Orte in Asien, nicht nur Städte wie London, Barcelona oder Chicago. Exemplarisch habe ich Las Vegas als **magischen Ort der Gegenwart** ausgewählt und beschrieben. Denn in Las Vegas können wir beobachten, was passieren kann, wenn politische Rahmenbedingungen alles Neue nahezu unbegrenzt zulassen. Mit all seiner Ungeniertheit und Kindlichkeit, all seinem grotesken Kitsch, seinen hervorragenden Restaurants, seinen Erlebnismöglichkeiten, seinen verrückten Hotels und den innovativen Shopping-Formen ist hier ein Melting-Pot entstanden, der vielleicht nicht »politisch korrekt« ist (aber wen interessiert das wirklich?), dafür um so mehr »anthropologisch korrekt«. Las Vegas ist eines der interessantesten Studienobjekte für Lifestyle-Shopper.
Der *»Neue Luxus«* zeigt, daß nach wie vor ein großer Wunsch nach gesellschaftlicher und wirtschaftlicher Unterscheidung besteht. Menschen wollen vor allem träumen, nicht Bedürfnisse befriedigen. Aber die alten Formen des Luxus gelten nicht mehr viel: Lachs, Champagner, teure Autos, Golf – diese Ausdrucksformen sind heute zum Business-Class-Luxus degradiert, als Resultat einer Massenflucht nach oben. Die Trendsetter begnügen sich heute nicht mehr mit den alten Images – sie suchen neue Formen der Abgrenzung.

Daß sich das Know-how über den Konsum zusammen mit der Entwicklung der Neuen Medien radikal zur jüngeren Generation hin verlagert, benennen Stichworte wie ***Digital Kids, Media Literacy*** und ***Consumer Literacy.*** Dieses Know-how hat nicht zuletzt deshalb ganz neue Inhalte, weil die jüngeren Generationen reisen wie nie zuvor. Der ***Tourist*** ist nicht zufällig zum begehrtesten Lebenskonzept des heutigen, planetaren Menschen geworden. Und mit ihm werden für den Konsum alle Mobilitätsmetaphern wichtig: Die persönliche Logistik des heutigen Touristen ist ein rastloses, gigantisches Hin- und Herreisen von einer Destination zur anderen, vom Ausprobieren unterschiedlichster Lebensformen im Überschalltempo. Vergessene Lebensstile gewinnen neue Brisanz: Nomaden, Vagabunden, Pilger. Das Leben spielt sich zwischen Airport, U-Bahn-Haltestelle, Bahnhof und Convenience-Shop ab. Die Reisebranche ist mit ihren Umsätzen zur wichtigsten illusionsverarbeitenden Industrie geworden. Reisen verspricht Glück, und jede nächste Destination verspricht noch mehr Glück als die vorhergehende. Aber: Die Enttäuschungen folgen jedesmal um so sicherer. Und dennoch: Die Entwicklungen zeigen, daß sich die Menschen heute nirgendwo so enttäuschungsresistent verhalten wie beim Reisen. Diese Branche wird in den kommenden Jahren weltweit boomen. Ein Ende ist noch nicht abzusehen.

Die großen Veränderungen in den Eßgewohnheiten lassen sich gut mit dem Motto ***»Eating is my life«*** einfangen. Der Stellenwert von Essen und Trinken wird immer größer, aus positiven Gründen (intime und besonders intensive Formen des Geschmacks) wie aus negativen Gründen (steigende Sicherheitsorientierung, Angst vor Nebenfolgen bei der Einnahme von Speisen). Es ist besonders spannend, die Schnittstellen zwischen den verschiedenen Anbieterformen und die daraus entstehenden neuen Vertriebstypen zu beobachten. Plötzlich werden kleine *Outlets* mit hochspezialisiertem und überschaubarem Sortiment wieder attraktiv.

In vielen Märkten vollzieht sich Innovation durch deren Umwandlung zu **schnellebigen Trendmärkten,** die von kleinen, jungen Unternehmen initiiert werden. Wir können das exemplarisch anhand des Sports belegen. Klassische Sportarten wie etwa der Alpinski, die vor einigen Jahren klinisch tot waren, erleben plötzlich wieder einen Aufschwung durch die Konkurrenz zu einer Trendsportart wie Snowboarden. Interessant ist, daß durch diese Entwicklungen auch wieder neue Lebensstile und ganze Accessoire-Industrien entstehen. Neue Trendmärkte generieren mit Vorliebe **Kultprodukte,** weil sie Zugehörigkeit und soziale Bindung hervorbringen können, die zu den wichtigsten Ressourcen in unserer bindungslosen Zeit zählen.

Mit dieser Entwicklung einher geht auch die große Sehnsucht nach dem Authentischen, Alternativen, Glaubwürdigen – nach ***Street Cred,*** kurz für *Street Credibility.* Die Straße als das Symbol des Unverbrauchten, Echten ist quer durch die verschiedensten Konsumbereiche hindurch zu einem wichtigen Symbol geworden: in der Musik, bei Bekleidung wie auch bei Biermarken. Daraus können wir lernen: Das System des Konsums kann nur von innen her umgebaut werden, durch immer wieder neue Spielregeln.
Warum es so schwierig geworden ist, ein Verständnis für die ***heutige Kundenseele*** zu erwerben, wird im letzten Kapitel skizziert.

David Bosshart, Zürich, im Juni 1997

1
Die Evolution des Konsums

Ende der Konsumgesellschaft = Ende der Demokratie

Seit mehreren Jahren herrscht bei uns Krisenstimmung. Die Rezessionskultur scheint sich zu etablieren. Doch warum sprechen wir von Krise und Rezession? Sind das die richtigen Beschreibungen für den gegenwärtigen Zustand? Vergessen wir eines nicht: Konsum ist die stärkste aller demokratischen Kräfte. Mit der massenhaften Verbreitung und dem Vordringen aller Errungenschaften der sogenannten **Konsumgesellschaft** in die gute Stube des Durchschnittsbürgers hat sich auch unsere Gesellschaft rasend schnell demokratisiert. Und das ist gut so. Denn der Konsum hat den Bürgern die Wahlfreiheit gegeben, ihr Geld nur für das auszugeben, was sie auch wirklich interessiert. Der Konsum hat sie aus den Klauen gieriger Politiker gerissen, die ihnen sagen wollen, was sie sich unter Glück vorzustellen haben. Die Geschichte der Politik lehrt uns ja, daß gerade diejenigen Systeme am totalitärsten sind, die sich als die demokratischsten ausgeben. Nichts ist gewaltsamer als die zwanghaft verordnete kollektive Glücksvorstellung. Mit dem Konsum haben die modernen Gesellschaften ein Mittel erhalten, das der Zentralisierung und Personalisierung von Macht immer wieder den Boden entzieht. Zurecht bezeichnen die Amerikaner ihre Demokratie als *»Consumer Democracy«*, weil der Konsum die Basis der menschlichen Freiheit in einer zivilisierten Nation ist, die erst alle weiteren Freiheiten ermöglicht. ***Solange wir nicht genügend zu konsumieren haben, sind wir nicht wirklich frei.***
Von Faith Popcorn stammt das schöne Zitat: Wir leben in einer »Konsumentenkultur, und wenn wir verändern, was wir kaufen – und wie wir es kaufen –, dann verändern wir uns selbst.«[1] Das

1 Faith Popcorn, Popcorn-Report, München 1992

heißt auch: Wenn wir heute etwas über eine bestimmte Zeit erfahren wollen, über ihre Zeitgenossen oder – genereller – über Kommunikation, müssen wir ihre Produkte und ihre Produktwelten lesen können.

Produkte – und dazu gehören Dienstleistungen und Konsumgüter – sind nichts Banales. Sie sind, ganz im Gegenteil, die relevantesten Zeichensysteme der westlichen Kulturen. Wenn Sie so wollen: Produkte können nicht lügen. Menschen können lügen, Produkte nicht. Produkte senden ihre Zeichen, ihre Symbole, an denen wir ablesen können, welches Selbstverständnis Individuen und Zielgruppen von sich selbst haben.

Wer etwas von unserer Gesellschaft lernen will und ihre Mechanismen verstehen will, braucht ein Faible für das, was ich gerne ***»Consumer Literacy«*** nenne – die Fähigkeit, Konsum in seinen vielfältigsten Erscheinungsformen *lesen* zu können: seine Botschaften, seine Symbole, seine Zeichen. *Consumer Literacy* ist heute zur banalen Voraussetzung geworden, um unsere Gesellschaft und ihr Funktionieren überhaupt noch zu verstehen. Die zweite banale Voraussetzung dafür ist die sogenannte ***»Media Literacy«,*** die Fähigkeit, mit den verschiedenen Kommunikationsmedien und ihren Symbolen und Botschaften umgehen zu können, die unseren Alltag durchdringen. *Media Literacy* zu erwerben ist einfacher, da es hier meist um technische Dinge geht: das Internet begreifen, CD-ROM und Faxgeräte nutzen können etc. *Consumer Literacy* ist komplexer, da es die umfassende Fähigkeit meint, sich über Produkt- und Markenkenntnis unsere Gesellschaft und ihre Entwicklung zu erschließen.

Ich meine: Die Entwicklung der sogenannten Industrie- und Informationsgesellschaft hat gezeigt, daß eine Gesellschaft mit minderwertigen Produkten und einer minderwertigen Konsumkultur auch keine wünschenswerte und menschlich lebbare Gesellschaft sein wird. Will man den Hauptgrund angeben, warum der Niedergang des Ostens fast zwangsläufig kommen mußte, so können wir sagen: Man hat nur auf Politik gesetzt und den Konsum komplett vernachlässigt. Man hat die Konsumenten für dumm verkauft und sie nicht ernst genommen. Kaum Südfrüchte, keinen anständigen Wodka, sondern nur billigen »Fusel«, Zichorien statt richtigem Kaffee – das hält eine entwickelte Gesellschaft auf Dauer nicht durch. Jeder muß am guten Konsum partizipieren können. Sehr eindrücklich hat uns die deutsche Wiedervereinigung gezeigt, was in dieser Hinsicht passierte: Das wichtigste waren die Waren, die nun frei verfügbar waren. Das »Heil« bringen nicht die Sprüche der Politiker, sondern die ganz konkreten Konsumgüter. Zugespitzt: Man wollte *zuerst* die D-Mark, nicht den »Dritten Weg«.

Doch die letzten Jahre und Jahrzehnte sind für uns Europäer, die gemächlichere historische Tempi gewohnt sind, *viel zu rasch* vor sich gegangen; der einzelne konnte die Veränderungen nicht mehr absorbieren und rational verarbeiten. Und, wie wir alle wissen, wird das Tempo der Veränderungsbeschleunigung weiter zunehmen. Das rasche Voranschreiten der multimedialen Techniken und die Neudefinition der Schnittstelle von Mensch und Technik ist ein untrügliches Anzeichen dafür. Dieses rasche Voranschreiten wird begleitet von einem parallel laufenden Prozeß der Konsequenzen einer *unverdauten* Veränderungsbeschleunigung. Es ist unklar, wohin er letztendlich führen wird.

Sicher ist aber: Der Konsum – um es zu wiederholen: nicht die Politik! – hat im Schnellzugtempo alle Lebensbereiche demokratisiert, die es überhaupt zu demokratisieren gibt: den Fleischverzehr in allen Variationen, den Genuß exotischer Früchte, die klassische Bildung durch die Allgegenwart von Museen bis zum Online-Buch, den Sex vom Pornovideo bis zum Erotiksupermarkt, und vor allem das Reisen bzw. die Mobilität überhaupt. Nicht vor dem Gesetz, wohl aber vor dem Konsum sind wir alle gleich. Noch nicht demokratisiert ist bislang einzig der Tod. Aber nicht einmal beim Tod können wir ganz sicher sein, wie lange er noch ein Hort des Unverfügbaren und nicht subjektiv Wählbaren und Kaufbaren bleibt. Die auf uns zukommenden Veränderungen in unserem Verständnis vom Tod werden Moral und Konsum nochmals dramatisch herausfordern. Vielleicht werden wir mit dem Fortschritt der Medizin und der Biowissenschaften demnächst eine politisch verordnete individuelle Lebensdauer bekommen.

In diesem Prozeß der Beschleunigung werden nicht nur den Anbietern, sondern auch – was man gerne vergißt – den Kunden und Konsumenten *Höchstleistungen* abverlangt. Kunden können heute immer weniger als rationale Individuen begriffen werden; wichtiger wird die ***emotionale Fitness.*** Was ist damit gemeint? Auch der Kunde ist in erster Linie ein Körper, der fit sein muß. Er muß fit sein, die permanenten Reizattacken der unterschiedlichsten Angebote aufnehmen zu können, er muß in der Lage sein, sich permanent stimulieren zu lassen. Der Kunde heute ist – so können wir mit Zygmunt Bauman sagen – zum ***Erregungsempfänger und Lustsammler*** geworden. Er saugt Erregungen auf und verdaut sie. Ein Körper in Höchstform ist ein hypersensibles, fein getuntes High-Tech-Instrument, das dazu dient, Lust jeglicher Art zu empfangen: verbale, akustische, visuelle, taktile Erregungsangebote. Und auch in diesem Punkt steuern wir mit einer Beschleunigungszunahme von Veränderungen auf einen nicht ganz unbedenklichen Punkt zu: Die Informationsüberlastung ist anstrengend und überfordert die meisten Kunden, sprich: die, die *nicht emotional fit* sind für diesen *informativen Dauerstreß*, also z. B. über zuwenig Ressourcen an Zeit, Geld oder Ironie verfügen, um die Phänomene abzuarbeiten oder mit ihnen umzugehen. Aus Überfluß kann Unverständnis und Frustration resultieren, statt der Angebote wird nur noch mediales Rauschen wahrgenommen.

Den heutigen Zustand bezeichnen wir als eine Konsumkrise. Doch machen wir uns nichts vor: Parallel zur Konsumkrise läuft auch die Krise der Demokratie. ***Je weniger wir konsumieren, desto mehr entziehen wir auch der Gesellschaft ihre demokratischen Grundlagen.*** Mit Sparen rettet man keine Demokratie. Wir sind, negativ formuliert, sozusagen zum Konsum verurteilt, wenn wir eine demokratische Gesellschaft bleiben wollen. Nimmt der Massenkonsum ab, oder wird der Masse ein relativ großzügiger Zugang zu den breiten Möglichkeiten des Konsums verwehrt, so kann die Gesellschaft rasch eine ganz andere Struktur entwickeln. Dies scheint mir vor allem für das »alte« Europa zu gelten.
Gekoppelt mit der inzwischen andauernden Unsicherheit der Einkommenssituation bei vielen Konsumenten ergibt sich eine gefährliche Grundstimmung, die als *spasmodisch* beschrieben werden kann: eine Art Verkrampftheit und Entrhythmisierung des Verhaltens, die zwischen den Polen Angst und Gier hin und

her pendelt. Zur Zeit findet eine schleichende Enthemmung bei eingespielten Konsummustern bzw. Verhaltensweisen statt, die jede normale Konsumsituation ad absurdum führt. Es ist nicht anzunehmen, daß sich daran in den kommenden Jahren etwas ändern wird.

Wohlfahrtskapitalismus, Konsumkapitalismus, postmoderner Kapitalismus

Um die gegenwärtige und zukünftige Konsumstimmung besser begreifen zu können, lohnt sich ein Rückblick auf die verschiedenen Stufen der Entwicklung der Konsumgesellschaft.
Wir können drei Phasen in der Entwicklung des Konsums in der modernen Gesellschaft unterscheiden:
- die Phase des Wohlfahrtskonsums im Wohlfahrtskapitalismus (bis in die 50er Jahre);
- die Phase des Konsumkapitalismus (bis in die frühen 90er Jahre mit dem Höhepunkt des Konsumismus in der zweiten Hälfte der 80er Jahre);
- die Phase des postmodernen Kapitalismus mit dem postmodernen Konsum (volle Entfaltung seit Mitte der 90er Jahre).

Der sogenannte **Wohlfahrtskapitalismus** *(»Welfare Capitalism«)* hat sich mit dem Wohlfahrtsstaat ausgebildet. Seit dem 19. Jahrhundert und dem Aufkommen der »sozialen Frage« wissen wir, daß eine moderne Gesellschaft unabdingbar auch materielle Wohlfahrt für die breite Masse bereitstellen muß, um langfristig zu prosperieren. Das hat *zunächst* einmal gar nichts mit Moral oder mit einem Sinn für das Soziale zu tun, sondern mit den Überlebensvoraussetzungen des stärksten Systems, des modernen Wirtschaftssystems. Bürger sind zugleich – oder sogar primär – Konsumenten, die materielle Sicherheiten zugestanden haben wollen. Der Kapitalismus oder, wie wir es uns in den letzten 40 Jahren – vielleicht voreilig – angewöhnt haben zu nennen, die soziale Marktwirtschaft, will also darauf verweisen, daß *politisch* der Wohlstand für die Masse mitfinanziert werden *muß*, damit der Kapitalismus funktionstüchtig sein und bleiben kann. Viele Kapitalisten vergessen das; sie haben im Zuge der Entideologisierung der westlichen Welt sogar häufig vergessen, *daß* sie Kapitalisten sind.

Es empfiehlt sich übrigens, für die Entwicklungen nach dem Zweiten Weltkrieg den Ausdruck »Wohlfahrtsstaat« anstelle des Ausdrucks »Sozialstaat« zu benutzen. Er zeigt nämlich gleich an, worum es geht: um einen angenehmen Lebensstandard, der die Lebensvoraussetzungen in einer Wirtschaftsdemokratie angemessen ermöglicht. Wichtige Werte wie Sicherheit, Frieden, Gesundheit, Freizeit, Unabhängigkeit will niemand mehr ernsthaft preisgeben. Sie umfassen den Wohlfahrtsstaat der Gegenwart, und sie gehen weit über die kühnsten Erwartungen des ursprünglich vorgesehenen Sozialstaates Bismarckscher Vorstellungen hinaus. ***Heute sind Wohlfahrtsstaat und Konsumgesellschaft so eng verzahnt, daß die Elimination des einen auch die Elimination des anderen mit sich bringt.*** Man kann heute nicht mehr ungestraft den naiven linearen Logiken von Extremisten folgen – Populisten, Shareholder-Kapitalisten, Wertkonservative wie Gewerkschaften, Sozialisten oder Rechtsliberale –, die stets die Logik einer Summenkonstanz unterstellen: Je mehr politische Determination, desto weniger ökonomische Determination. Oder anders gesagt: Je mehr Staat, desto weniger Freiheit; je weniger Staat, desto mehr Freiheit.[2] Mehr Markt kann zugleich heißen: mehr Staat. Mehr Individualismus kann zugleich heißen: mehr Gemeinschaft.

Die Geschichte des 20. Jahrhunderts ist daher weitgehend eine Geschichte des Konsums und eine Geschichte der raschen und überaus erfolgreichen Entwicklung und Expansion des Wohlfahrtsstaates. Ein Ausspruch, der seit den 50er Jahren immer wieder zu hören ist, drückt diese Tatsache quintessentiell aus: *»Noch nie ging es so vielen Menschen so gut wie heute.«*[3]

Diese Entwicklung hat eine lange Geschichte. Sie geht – für unser Thema des Konsums wichtig – bis in die USA der 20er und 30er Jahre zurück. Entscheidend war sicherlich, daß einzelne Produkte zu besonders begehrten Ikonen wurden: Wer sie besaß, hatte

---

2 Vgl. weiterführend zu dieser Problematik: Niklas Luhmann, Politische Theorie im Wohlfahrtsstaat. München/Wien 1981

3 Heben wir die Logik der Summenkonstanz auf, so können wir paradox formulieren: Noch nie ging es so vielen Menschen so gut wie heute, und zugleich: Noch nie ging es so vielen Menschen so schlecht wie heute. Oft geht es den gleichen Menschen schlecht und gut. Aber damit sind wir bereits zwei Schritte weiter in der Phase des postmodernen Kapitalismus …

am ***guten Leben,*** am Wohlstand teil und gehörte dazu. Der Aufstieg der ***»Stars« der Konsumgesellschaft,*** die Indikatoren des materiellen Wohlstandes waren

- die **Markenartikel,** die auch entsprechend verpackt waren, weil sie *Standard* kommunizierten;
- **verarbeitete Lebensmittel** (Konservendosen, Verpackungen mit hoher Konservierungsdauer etc.), weil sie *Flexibilität* kommunizierten; und natürlich
- das **Automobil,** weil es *Unabhängigkeit* kommunizierte.

An ihrer Verbreitung ließ sich die Demokratisierung der Gesellschaft durch Konsum ablesen.
In Europa ging der in materiellen Gütern meßbare Fortschritt langsamer voran, und noch bis weit in die 50er Jahre hinein herrschte eine rigide Sparpolitik und nicht beliebiges Konsumieren vor. Zu derselben Zeit begannen in den USA TV-Geräte, Kühlschränke und weitere Haushaltsgeräte zur normalen Einrichtung eines Haushaltes zu gehören. Damit war ein wichtiger Rationalisierungsprozeß eingeleitet, der beispielsweise den Hausfrauen mehr Emanzipation ermöglichte, weil sie so flexibler über ihr Zeitbudget verfügen konnten.
Die sogenannte Konsumgesellschaft geht mit der Überflußgesellschaft Hand in Hand. Denn die Entfesselung ihrer Kräfte wohnt ihr inne, Mehrung des Wohlstandes ist für sie der Normalzustand. Wir können sogar sagen: Überfluß ist gut, denn er garantiert eine hohe Wahlfreiheit und damit die Unabhängigkeit des Konsumenten. Andererseits schafft er Abhängigkeiten von einem stetig anwachsenden Rhythmus an innovativer Produktion und Produktivitätssteigerung. Der Handelsspezialist Victor Lebow schrieb in den 50er Jahren im *Journal of Retailing:*
»**Our enormously productive economy... demands that we make consumption our way of life, that we convert the buying and use of goods into rituals, that we seek our spiritual satisfaction, our ego satisfaction, in consumption... We need things consumed, burned up, worn out, replaced, and discarded at an ever increasing rate.**«

Wir leben heute in dem Bewußtsein, exzessiv über alle Arten materieller und ideeller Güter verfügen zu können, also über Leistungen, die zumindest mehreren sozialen Gruppen in der westlichen Welt sozusagen á discretion und subito zur freien Verfügung stehen. Theoretisch ist die unmittelbare Gratifikation, die unmittelbare Befriedigung immer weitreichenderer Bedürfnisse und Wünsche möglich. Die intimsten Wünsche, das subtilste Geschmacksverlangen nach einem 61er Châteaux Latour oder tasmanischem Lamm kann sofort erfüllt werden. Das vulgärste Begehren nach geschmacklosen Talk-Shows kann ich mehrmals am Tage bei unterschiedlichsten privaten und öffentlich-rechtlichen TV-Sendern befriedigen, wenn ich über das nötige elektronisch gespeicherte Kleingeld verfüge.
Die Multiplikation und kontinuierliche Erneuerung von bestehenden Produkten sind zur banalen Normalität geworden. Wir gehen heute intuitiv davon aus, daß jedes Produkt in unterschiedlichsten Varianten erhältlich ist. Und wir leben damit, daß mit der Ankunft einer neuen Produktgeneration die nächste und die übernächste auch schon fast da ist. Diese Beschleunigung führt zu einer ständigen Ent-, Um- und Neubewertung des Bestehenden. Das gilt als durchgängiges Denkmodell, ob wir nun einen Schokoladenriegel (im Extremfall), ein Motorrad oder ein Einfamilienhaus nehmen. Statt Werte langfristig zu festigen, also Akkumulation durch langfristige Wertsteigerung aufzubauen, zeichnet sich ein Modell ab, das auf raschen Konsum, auf Werte-Verzehr abzielt. Damit wird es um so wichtiger, den ***Werte-Opportunismus*** einer auf neue Trends ausgerichteten Gesellschaft zu verstehen.

Das Neue ist auch das Bessere – Akkumulationsmodell, Konsummodell und dann?

Die vielleicht wichtigste Vorgabe der modernen Konsumgesellschaft ist eine mentale Codierung des Kunden, nach der das Neue immer auch *das Begehrenswertere* sein muß. Neue Produkte sind technisch ausgereifter, sie sind kundenfreundlicher und qualitativ besser, zugleich preisgünstiger etc. Das bringt schließlich Druck für die Produzenten und Händler und damit Dynamik in die Märkte: Das Neue ist immer das Bessere… Aber vergessen wir nicht, es heißt auch: Das Alte wird *abgewertet* als das weniger Wertvolle, das Schlechtere, ja sogar das Minderwertige. Wir wissen, wie schnell heute neue Produkte im Outlet-Center landen, wie schnell sie als Ausverkauf- oder Ramschware enden. In der schnellebigen New Yorker Szene der gehobenen In-Lokale kursiert daher das Bonmot, daß derjenige, der an einem »Hot Spot« beim Hauptgang angelangt sei, sich beim Dessert bereits »cooled off« fühle.

Was heißt das? Wir haben uns allmählich daran gewöhnt, daß alles wegwerfbar ist und schnell zu Müll werden kann. Dauerhafter Wert ist nicht mehr erwünscht, da er zuviel Reibungsfläche für eine voll entwickelte Konsumgesellschaft abgibt. Nur die schnelle Wertezerstörung und der schnelle Verbrauch oder wenigstens die schnelle Umwertung ist kompatibel mit dieser Gesellschaftsformation. Das besagt: ***Während bis in die 50er Jahre ein Akkumulationsmodell von Werten vorherrschte, setzt sich mit dem Konsumkapitalismus auch das Konsummodell von Werten durch.***[4] Daher ist heute auch der Kunde zum höchsten Wert geworden; der Produzent hat dagegen eine marginale Bedeutung erlangt. Man muß konsumierbare Werte produzieren, die schnell verfügbar, *convenient* und *smart* sind. An die Stelle der Dominanz eines langfristigen Aufbaus und Besitzes von Werten – der sogenannten *deferred gratification*, also die aufgeschoben Bedürfnisbefriedigungen, einer Akkumulation von meist rational abgewägten Entwicklungen, tritt das Konsummodell der Werte, die den sofortigen Verzehr und die rasche Erneuerung nicht nur bevorzugt, sondern bevorzugen muß:

---

4 Vgl. Panajotis Kondylis, Der Niedergang der bürgerlichen Denk- und Lebensform. Die liberale Moderne und die massendemokratische Postmoderne. Weinheim 1991

Akkumulationsmodell von Werten	**Konsummodell von Werten**
Aufbau von Werten mit langfristiger Perspektive (Entbehrung, Opferbereitschaft, aufgeschobene Bedürfnisbefriedigung...)	Schneller Konsum von Werten; schnell erreichte Ziele (schnelle Wiederholung existentieller Höhepunkte)
Konsum als Lohn für Arbeit	Konsum als Lebensmodell
Besitz von Gütern, Identitätskonsum, Freude am Besitz von Gütern...	Nur noch das allerneueste wird begehrt und als begehrenswert eingestuft
Industrielle Arbeit als soziales Grundmuster: daher sind Sinnfrage und die Frage nach dem Menschen bedeutungslos, solange Arbeitsethiken Denken und Handeln legitimieren und die Konsum*gewohnheiten* regulieren	*Dienstleistungsarbeit* als soziales Grundmuster: daher tritt *Kommunikation* und die *persönliche Sorge um den Konsumenten* ins Zentrum unternehmerischer Anstrengungen

Natürlich sind die 80er Jahre dafür verantwortlich, daß die reine Form des Konsummodells zum Durchbruch kam. ***Statt Freude und Vergnügen am Besitz von Konsumgütern, dominiert das unendliche Streben nach frei verfügbaren Kommoditäten.*** Der Multimediamarkt verfügt über ein gigantisches Potential – ständig neue Software- und neue Hardware-Generationen, immer neue und kaum verbindliche Preise, sofort nach Einführung beginnender rascher Preisverfall, oft eine andere Zusammensetzung von Anbietern, kurz: rasches Veralten des eben noch als neueste Errungenschaft Beschriebenen geben unmißverständlich die Richtung an.
Als Kulminationspunkt des Konsummodells gilt die ***»Conspicuous Consumption«*** *der 80er Jahre.* Wenn die eigentliche Konsumgesellschaft in den 60er Jahren entstand und Ende der 70er/

Anfang der 80er Jahre zu Ende ging, so können die darauffolgenden Jahre bis ans Ende der Dekade der *reinen Form des Konsumismus* gelten: Alle Hemmschwellen konnten abgelegt werden; nichts mehr war tabu.
Niemand hat die Kulmination dieser Entwicklung in den 80er Jahren perfekter und konzentrierter auf den Punkt gebracht als der Popstar Madonna im Song »**Material Girl**«. Dieser Song von 1984 markiert nicht zufällig auch das Jahr der Geburt des Yuppies als kulturelle Ikone, der dem Konsum seinen exklusiven Stellenwert verlieh.[5]

»Some boys kiss me, some boys hug me
I think they're OK
If they don't give me proper credit
I just walk away

They can beg and they can plead
But they can't see the light, that's right
'Cause the boy with the cold hard cash
Is always Mister Right

'Cause we're living in a material world
And I am a material girl
You know that we are living in a material world
And I am a material girl«[6]

Madonna hat damit quintessentiell die Konsequenzen aus der Entwicklungslogik der modernen Konsumgesellschaft gezogen. Besser kann man es wohl nicht ausdrücken. Doch heute weisen die Entwicklungen einen Schritt darüber hinaus: ***Der postmoderne Kapitalismus infiltriert und unterwandert das reine Konsummodell.*** Die Härte und Konsequenz des Konsummodells mit seinem berühmtesten Exponenten, dem Yuppie, läßt sich nicht weiter fortführen. Dazu einige Bemerkungen:

---

5 Die erste größere Recherche zum Thema »Yuppie« lieferte das Magazin *Newsweek* in seinem Special Report vom 31. 12. 1984. Vgl. »The Year of the Yuppie«, Special Report, p 14–31

6 Madonna, Sire 1985

Interessanterweise hat das **Konsummodell der Werte** dazu geführt, daß mit der Krise der 90er Jahre der Wunsch nach dem Anhalten des schnellen Werteverschleißes, ja sogar die Nostalgie nach dem Aussteigen wieder attraktiv wurde. Konsumkritik der klassischen Art, wie sie in den 60er Jahren geäußert wurde, kommt auf einer weiterentwickelten Ebene wieder auf. Phänomene wie die Slow-food-Bewegung oder die *Adbuster/Save-the-mental-environment*-Gruppierungen drücken das deutlich aus. Auch *Greenpeace* gehört in diese Kategorie. Das heißt: Die Entwicklung in der heutigen Zeit weist *über* das Konsummodell der Werte hinaus. ***Das ist die Postmoderne des Konsums. Sie generiert anspruchsvolle Paradoxien – das große Ja und das große Nein zugleich, Flucht und Rausch, Recycling-Phänomene und lineare Flucht nach vorne, Entsagung und Exzeß rekombinieren sich auf einer anderen Ebene.*** Wer exzessiv spart, lebt zugleich eine exzessive Konsumwut in den Niedrigpreissegmenten aus, wer Tiefstpreiskonsum praktiziert, will zugleich auch Luxuskonsum, wer ein Fan ausgestorbener und nun recycelter Produkte von der Bügelflasche bis zum Füllfederhalter ist, offenbart zugleich seine große High-Tech-Liebe. Wir erleben eine Gleichzeitigkeit des Unvereinbaren, eine Erscheinung, die wir früher wahrscheinlich als *Wahnsinn* tituliert hätten.

Postmoderner Konsum ist aus der Sicht der klassischen Marktbeobachtung ein Scherbenhaufen, aber auch ein Neuanfang. Wir wissen, daß die 80er Jahre nicht oder nur unter ganz anderen Bedingungen wiederkehren. Aber wir wissen auch, daß wir nicht auf die einseitigen Statements hören können, wie sie der Mainstream des Managements der großen Weltkonzerne derzeit vorgibt: mehr Shareholder Value, mehr Konzentration auf die Financial Community und die finanzielle Performance, also Eigenkapitalrendite und Eigentümerorientierung. Auch das ist der Weg der Logik der Summenkonstanz.[7] *Dies mag in einer bestimmten Phase die richtige Perspektive sein*, aber eines darf man nicht

7 Vgl. dazu David Bosshart, Shareholder Capitalism und Stakeholder Capitalism oder Warum wir auf eine neue Form des Kapitalismus zugehen, in: GDI-Impuls, 2/96, 26–38

vergessen: Das System des Kapitalismus lebt vom Massenkonsum und von einem hohen Kaufkraftniveau der mittleren Schichten, die mit ihrer Neugier immer wieder für die Vermittlung des Neuen (Produkte, Dienstleistungen etc.) von den oberen Segmenten in die großen niedrigpreisigen Massensegmente sorgen. Wenn die Kaufkraft der unteren und der mittleren Schichten nicht erhalten bleibt und zudem aus Angst immer mehr gespart wird, geht das System – zumindest in den reifen und übernutzten Märkten Europas – sehr rasch auf seine Selbstvernichtung zu. Ich betone: Zumindest in den »reifen« Industrienationen; nicht in den sogenannten *Emerging Markets*, deren Situation ohnehin ganz anders ist. Aber die großen Blöcke der Triade sind unverzichtbare Stützen für die Weltwirtschaft; wenn sie einbrechen, bricht ohne Zweifel auch die Weltwirtschaft ein, weil die führenden Unternehmungen und Nationen fehlen. Bricht die Kaufkraft zusammen, und verbleiben nur die wenigen Reichen als konsumpotente Käufer, führt sich das System der kurzfristigen Profitmaximierung und des Shareholder-Denkens selbst ebenso ad absurdum wie ein übertriebener Sozialstaat, der alten Idealen nachhängt und alte Ideologien weiterpropagiert, die längst tot sind und eigentlich ins 19. Jahrhundert gehören.

2
Einkaufsmentalitäten nach dem Konsumrausch

»Socks are a priority on a journey. You can wear the same pair of pants for a couple of days. But the overuse of a single pair of socks is defrimental to your state of well-being. That's a fundamental of life.«
Beck Hansen

Anzeichen eines tiefgreifenden Konsumwandels

Mehr Härte = Mehr Weichheit
Mehr Facts = Mehr Magie

Wir haben uns im Zeitalter der Trends daran gewöhnt, an die ausschließliche Gültigkeit *einer* bestimmten Entwicklung zu glauben. Diese Einschätzung ist nicht haltbar. Jeder große Trend bringt sofort einen Gegentrend hervor, der mit diesem friedlich koexistiert, ja von den Kunden auch in lustvoller Gleichzeitigkeit gelebt wird.
Wir leben also vielmehr, wie es der Philosoph Günther Anders beschrieb, im Zeitalter des großen »Und«.[8] Was wir beim Kundenverhalten beobachten können, gilt auch für die Entwicklung der

8 »Das nahezu sakrale Schlüsselwort des Zeitalters lautet UND«, Günther Anders in: Mensch ohne Welt, München 1984, XVII

Wirtschaft generell. Je mehr sich die sogenannten »harten« Faktoren wie Shareholder Value, Einkaufsmacht bzw. Kostenführerschaft, Logistik etc. durchsetzen, desto mehr gewinnen auch die sogenannten »weichen« Faktoren an Bedeutung, wie Image, Beziehungspflege, Partnerschaften, Markenentwicklung. Kurz: Die Sensibilität für Kundenorientierung wächst, also das, was wir gerne auch als Trendorientierung bezeichnen. Das Wort »Trend« wird ja inzwischen inflationär gebraucht. Wir haben Trendprodukte, Trendsortimente, Trendmarken etc. Der gemeinsame Nenner von »hart« und »weich« liegt natürlich im Zeitfaktor. Auf der »harten« Seite muß z. B. die Logistik schneller und effizienter werden, weil auf der »weichen« Seite die Kunden die Ware frischer einkaufen wollen, da »Frische« inzwischen fast schon zu einem religiösen Wert geworden ist.
Die Zeit, da Kunden bereit waren, z. B. für schrumpelige Öko-Äpfel das Doppelte zu bezahlen, ist vorbei. Öko-Äpfel liegen weiterhin im Trend, aber sie sollen frisch und ansehnlich daherkommen und außerdem einen realistischen Preis haben. Nicht schrumpelig, sondern frisch, nicht überteuert, sondern realistisch kalkuliert lautet die Formel.
Wir können daher von einer **Doppelkonditionierung des Konsums** sprechen. Wer nur auf die harten Faktoren setzt, also z. B. nur Kosten- bzw. Preisführerschaft anstrebt, wirtschaftet an den Kunden vorbei. Wer umgekehrt nur auf die weichen Faktoren setzt, wirtschaftet genauso an ihnen vorbei. Damit wird Erfolg schwieriger programmierbar. Anhand einiger Beispiele von »weichen Faktoren« können wir illustrieren, wie komplex diese Doppelkonditionierung des Konsums geworden ist. Nehmen wir drei Schlüsselworte, die häufig auftauchen:

- ***Coolness***
- ***Convenience***
- ***Smartness***

Intuitiv ahnen wir, daß diese drei Merkmale zu entscheidenden Kundenwerten geworden sind. An ihnen können wir erkennen, wie anspruchsvoll ihre Konzeptualisierung und Umsetzung ist:

- ***Coolness:***

Das Wort hat eine lange und interessante Geschichte.[9] Heute ist Coolness der Megawert verschiedenster Jugendkulturen, der es erlaubt, intuitiv zwischen Freund und Feind, zwischen Szenezugehörigem und Fremdem zu unterscheiden. Er formiert also Kundenstämme um bestimmte Marken. Er dient zur Abgrenzung, wie wir es etwa bei Kultmarken kennen – z. B. *Nike* ist cool, *Reebok* ätzend oder langweilig, aber begründen kann man das nicht, es ist ein intuitives *Feeling*, das diese Unterscheidung ermöglicht und Identität und Zugehörigkeit definiert. *Coolness* läßt sich nicht verbalisieren oder klar zuordnen, entzieht sich jeglicher rationalen Erfassung.

- ***Convenience:***

Natürlich wissen wir vor allem aus dem Food-Bereich, daß Convenience-Produkte in erster Linie Zeitersparnis für Kunden ermöglichen. Convenient bedeutet wörtlich übersetzt »bequem« oder »zweckdienlich«. Aber wie setzt man das am besten um? Bereits die Verpackung einer Pizza mit den Angaben für Zutaten und für die Zubereitung ist ein delikates Beispiel. Convenience ist abhängig vom subjektiven Interpretieren und Erleben des Kunden.

- ***Smartness:***

Natürlich ist der *Smart Buyer* ein preissensibler Kunde, aber er ist zudem clever und gerissen, d. h. er vergleicht und nutzt das beste Angebot. Er kann den besten persönlichen Mehrwert herausholen, wenn es z. B. darum geht, mit perfektem Timing in einem *Outlet Center* oder Lagerverkauf Kultmarken günstiger einzukaufen. Er weiß den Kauf zeitlich und preislich zu optimieren. Doch wie will man das rational planen?

Der Wandel im Konsum steht in engem Zusammenhang zur Globalisierung des Kundenbewußtseins. Was passiert, läßt sich in den folgenden vier Formeln zusammenfassen:

---

9 Zur Entstehung des Begriffs Coolness vgl. die bemerkenswerte Arbeit von Marlene Kim Connor, What is cool? Understanding black manhood in America, New York 1995

1. **Es gibt von allem viel zuviel.**
2. **Auch wer es sich leisten kann, rechnet.**
3. **Auch wer es sich nicht leisten kann, will etwas Gutes bekommen.**
4. **Und alle wollen Genuß ohne Verdruß.**

1. Es gibt von allem viel zuviel,

denn alles ist schon da: zu viele Banken (weltweit etwa 50 % zu viele Bankfilialen), zu viele Versicherungen, zu viele Brauereien (Europa hat etwa 50 % zuviel Braukapazität), zu viele Restaurants, zu viele Shoppingzentren, natürlich zu viele Ärzte (und damit auch zu viele Kranke), zu viele Apotheken (allein in der Schweiz sollen bis 2001 etwa 1/3 von ihnen verschwinden). Das ist die Ausgangslage, und die Kunden erleben dieses Überangebot des »Zuviel« sehr oft als nervenaufreibend, denn niemand kann sich mit all diesen Produkten, Marken, Sortimenten etc. auseinandersetzen. Natürlich will der Kunde eine angemessene Auswahl, aber es gibt auch ein »Zuviel«, das die Wahlfreiheit in Ärger umschlagen läßt. Niemand braucht 15 Sorten Zahnseide oder 35 Schadensversicherungen. Einige wenige genügen auch. Was der Kunde braucht, ist eine überschaubare Menge, die ihm das *Gefühl* gibt, *frei wählen* zu können.

2. Auch wer es sich leisten kann, rechnet,

die Preissensibilität ist bei allen Käuferschichten merklich gestiegen. Das gilt sowohl für Geschäfts- als auch für Privatkunden. Selbst Topmanager von florierenden Unternehmen reisen heute bescheidener und preisbewußter. Es ist nicht mehr gleichgültig, ob eine Hotelübernachtung 500, 300 oder 150 DM kostet. Auch Privatkunden der Luxus- und der Oberschicht rechnen heute mehr und wägen das Preis-Leistungs-Verhältnis ab.

3. Auch wer es sich nicht leisten kann, will etwas Gutes bekommen,

denn alle haben sich *mental* an den Wohlstand gewöhnt. Wir wissen, daß es Überfluß gibt, daß aber die Verteilung des Überflusses im raschen Wandel begriffen ist. Niemand, der ein gutes Leben hat, will diesen Zustand wieder aufgeben. Alle haben ein breites Wissen über die Verfügbarkeit von Produkten und deren Qualitäten; mit der Entwicklung der Medientechnologie nimmt dieses Wissen noch zu. Daher werden Forderungen gestellt, und alle wollen profitieren. Am liebsten hätte man Kultprodukte zu Aldi-Preisen.

4. Alle wollen Genuß ohne Verdruß,

denn wir haben uns in den letzten Jahren an ein hohes Qualitätsniveau der Produkte gewöhnt. Auch der Tiefstpreiskonsument setzt gute Qualität voraus, und noch wichtiger: Niemand will negative Begleitumstände in Kauf nehmen. Niemand will böse Überraschungen erleben. BSE hat die Kunden geschockt. Niemand, der Rindfleisch einkauft, will darüber diskutieren müssen, ob dieses Fleisch eventuell infiziert ist. Es muß *garantierten Genuß* ohne Nebenfolgen bieten. Wir wissen inzwischen: Fälle wie BSE können ganze Branchen über gewisse Zeiträume in die Knie zwingen. Wir können daher erahnen, was im Zusammenhang mit der Gentechnologie auf uns zukommt, wenn auch dort erste Nebenerscheinungen auftreten.

Die Kunden zu Tode erzogen: Neun Bemerkungen und Thesen

Der Stellenwert des Konsums in unserem Alltag hat sich kaum verändert: Konsum bleibt ein zentraler Faktor. Aber ***die Wahrnehmung von Konsum hat sich in den vergangenen Jahren radikalisiert: Es gibt keinen »normalen« Konsum mehr.*** Unsere These aus »Kultmarketing«[10] können wir heute weit schärfer formulieren: Luxusprodukte und Kultprodukte, mittlere Preissegmente und Produkte mit den verschiedensten Formen von Zusatznutzen stehen fast alle unter preislichem und innovatorischem Druck.

1. Ohne Konsum keine Wohlstandsgesellschaft

Wir sind auf unterschiedlichste Weise von einer gut funktionierenden Konsumgesellschaft abhängig. Sobald wir nicht mehr konsumieren oder sobald immer weniger Kunden sich den Kon-

10 Norbert Bolz, David Bosshart, Kult-Marketing, Düsseldorf 1995

sum leisten können, weil ihr Haushaltsbudget Fixkosten aufweist, die schon ihre Einnahmen übersteigen, gefährdet sich auch die stabilste Gesellschaft wie die deutsche oder die schweizerische selbst. Vergessen wir nicht: Konsumgesellschaft und Wohlfahrtsstaat sind eng miteinander verwandt; sie haben denselben moralischen Hintergrund. Eine Rücknahme des erreichten Status hat auf beiden Seiten Abbau zur Folge. Und das wird wohl niemand ernsthaft wollen.
Indem wir von »Konsumflaute« sprechen, haben wir bereits eine bestimmte Perspektive eingenommen. Wir könnten nämlich ebensogut von *gigantischen Erfolgen des Konsums* sprechen. Wir könnten aber auch mit *Konsumsättigung* oder mit *Konsumüberdruß* argumentieren. Als Problem in globalen Märkten kommt hinzu, daß wir gerade in Europa die am stärksten übernutzten Märkte haben. Es ist nicht schwierig, in China jährlich ein paar hundert McDonald's-Filialen zu eröffnen und damit Erfolg zu haben. Und es ist natürlich einfacher, in den USA den Konsum anzukurbeln, weil dort die Einstellung zum Konsum und zum Staat eine andere ist als im alten Europa.

2. Konsum bleibt ein wichtiger Glücksfaktor

Die beruhigende Botschaft lautet: Konsum, in welcher Form auch immer, bleibt als eines der zentralen Elemente der modernen Gesellschaft erhalten. Wir definieren uns heute weitgehend über den Konsum. Auch die übersättigste Gesellschaft definiert ihre menschlichen Wünsche und Bedürfnisse zum größten Teil über den Konsum und wickelt ihn fast vollständig über den Geldmechanismus ab. Konsum ist Mittel der Differenzierung und der Selbstdarstellung. Konsum ist eng verwoben mit unserem Denken und Handeln. Die moderne Ethik der Konsumgesellschaft ist der **Hedonismus,** also eine bestimmte Vorstellung von Glück und Lust, die unser Handeln antreibt. Konsum hat mit Spaß, Genuß und Lebensfreude zu tun. Nähme man den heutigen Menschen den Konsum weg, so blieben ihnen nicht viele Glückstechniken übrig. Der Hedonismus steht uns als solcher gar nicht zur Disposition. Sonst müßten wir die ganze moderne Gesellschaft in ihren Fundamenten abschaffen. Deutlicher gesagt: Der Konsum muß intelligenter werden. Die Werte haben sich weiterentwikkelt; Hersteller und Händler hinken hinterher. Wir haben das an den raschen Veränderungen innerhalb der Wertschöpfungskette der letzten Jahre erkennen können.

Solange der Konsument jedes Jahr drei oder vier Prozent mehr Lohn erhält, kann sich dies auch im Konsum quantitativ auswirken. Das bisherige System ist daher konsequenterweise auch auf das Prinzip »Mehr vom selben« angewiesen. Doch diese Entwicklung bricht ab. Wir können das in immer mehr Bereichen feststellen. Die Geschichte des Konsums ist auch die Geschichte der Markenartikel, deren Ziel ursprünglich darin bestand, den Konsumenten und Kunden soviel Wahlfreiheit wie möglich zu geben. Auch dies bricht ab. Das Optimum ist inzwischen nicht nur erreicht, sondern überschritten; niemand kann sinnvoll zwischen 95 Marken Mineralwasser auswählen. Weniger Marken würden die Lebensqualität nicht verringern.

Der Engländer Stuart Lansley hat den Begriff der ***»Spending Fatigue«*** geprägt. Nach dem Goldrausch der 80er Jahre herrscht auch eine Konsummüdigkeit, gerade weil wir immer nur auf die quantitativen »Mehr-vom-selben«-Strategien gesetzt haben. Vielleicht gibt es in den kommenden Jahren wieder neue Wachstumsschübe, die aber nicht mehr zwingend zu analogen Konsumwachstumsschüben führen müssen. In der sich ausbreitenden Verunsicherung liegt das Sparen, soweit es möglich ist, näher, obwohl auch Sparen sich nicht zur dauerhaften Lebensphilosophie entwickeln wird. Auch das Sparen wird an die Grenzen des Erträglichen stoßen.

Gefahrlos können wir heute mit Paul Krugman vom ***»Age of Diminished Expectations«,*** dem Zeitalter der bescheideneren Erwartungen[11] sprechen. Wir müssen lernen, die Konsumunlust nicht mehr einfach nur mit konjunkturellen Problemen »wegzuerklären«. Wir stehen vor einer qualitativen Wende, die wir schon lange herbeireden, die wir bisher aber mit den kleinen Zwischenhochs, die uns die Konjunkturforscher herbeizauberten, immer wieder verschieben konnten. Heute wissen wir: Die üblichen Strategien des Marktzugangs – die allesamt technokratisch und den

11 So der gleichnamige Titel eines neueren Buches des berühmten Ökonomen Paul Krugman

wirklichen Wünschen der Kunden gegenüber unsensibel sind und die immer noch von einem rational handelnden Individuum ausgehen – erklären nichts mehr. Man dreht sich im Kreise.[12]

3. Die Erfolge der Konsumgesellschaft sind banal geworden

Kaum ein gesellschaftlicher Bereich hat in den letzten 50 Jahren einen so phänomenalen Siegeszug gefeiert wie der Konsum. Diesbezüglich ging es uns immer besser. Wir haben uns an den linearen Fortschritt gewöhnt. Man hat sich daran gewöhnt, daß der Luxus von heute das Allgemeingut von morgen ist. Großverteiler und Konsumgenossenschaften haben sehr viel dazu beigetragen, daß die Geschichte für die Konsumenten so positiv verlief. Der geräucherte Lachs, den es früher nur zu Weihnachten gab, ist heute leicht erschwingliche Alltagskost. Der Luxussport Golf, früher nur einer finanzkräftigen Elite zugänglich, ist fast zur Massenbewegung geworden. Aber heute droht die Konsumgesellschaft an ihren Erfolgen zu ersticken. Wir haben uns an gigantische Erfolge gewöhnt; sie sind selbstverständlich geworden. Innovationen, die uns wirklich begeistern könnten, sind kaum noch denkbar. Das gleiche gilt für solche, ohne die es sich nicht auch ganz gut leben ließe. »It's all a commodity«, wie die Engländer sagen.

4. Der Konsum ist das effizienteste Erziehungssystem

Wir haben in den letzten Jahren vergessen, daß der Konsum das effizienteste Erziehungssystem ist, und daß die wirklichen Pädagogen der Nation die Händler und die Produzenten sind, nicht die Politiker. Daher finden die wirklichen Kämpfe um die Wählergunst bzw. um die Kunden heute in der Wirtschaft statt, nicht mehr in der Politik. Produzenten und Händler haben den Konsum als Lustgewinn und nicht nur als Bedürfnisanstalt strategisch zu definieren gewußt und operativ erfolgreich umgesetzt. Wir alle haben in den letzten Jahrzehnten Einkaufsmentalitäten eingeübt, derer wir uns gar nicht bewußt sind und die dazu nicht variierbar sind. Das heißt, unsere erlernten oder negativ formuliert anerzogenen Konsumgewohnheiten kann der einzelne nicht beliebig

12 Vgl. Kapitel V

ändern. Durch die – noch immer tobenden – Preiskriege in den letzten Jahren wurden die Kunden zu Tode erzogen.

Die Kunden haben jegliche Beziehung zu »normalen« Preisen verloren. Jeden Tag ist Ausverkauf. Die schlimmsten Folgen haben die »Halbpreisaktionen«, denn sie provozieren die Glaubwürdigkeitsfrage: Warum kann ich plötzlich ein Produkt zum halben Preis kaufen, welche Margen verbergen sich eigentlich hinter einer solchen Preisgestaltung? Damit ist nur noch der niedrigste Preis der realistische Preis. Bekomme ich ein Produkt nicht zum Tiefstpreis, glaube ich intuitiv, daß ich betrogen werde. Die Nüchternheit und der gesunde Menschenverstand gehen verloren, und ebenso auch jeder Anstand und jeder Respekt vor realistischen Marktleistungen. Die Kunden und ihr Verhalten sind »versaut«. Vulgarität und grenzenloses Anspruchsdenken dominieren. Damit gehen die wichtigsten Ressourcen verloren: Vertrauen und Beziehungskapital. Viele Handelsmärkte nähern sich ihrer eigenen Selbstzerstörung.

5. Es gibt in Zukunft keine »normalen« Preise mehr

Die Kunden werden in Zukunft davon ausgehen, daß die Preise, die ihnen angeboten werden, »irreal« sind. Da wir heute dank der Neuen Medien jederzeit abrufen und in Erfahrung bringen können, was sich auf den globalen Märkten an Produkten und Preisen abspielt, wissen wir, wie groß regionale Preisdifferenzen oder Preisdifferenzen zwischen Konkurrenzmarken sein können. Daher steigt die Sensibilität, den Preis des offerierten Produkts grundsätzlich nicht sofort zu akzeptieren. Der Trend geht in Richtung »verhandeln« – wie im Textilbereich oder bei Hotelbuchungen schon weitgehend der Fall. Daher sollten wir uns darauf einstellen, daß alte Konsumformen wieder zurückkehren: Basarmentalität, Feilschen, Tauschen jenseits des monetären Kreislaufs. Flohmarktstimmung als die Stimmung des Irregulären bedeutet für viele Kunden Lustgewinn und für die Anbieter noch schwieriger einzuschätzende Märkte.

Man macht »Deals«. Der Handel der Zukunft wird sich auf *»deal based individual customizing«* einstellen. Wie bei den Lieferanten wird auch der Endverbraucher als Kunde von Zeit zu Zeit seine Konditionen neu verhandeln. Das gilt insbesondere als Chance für Supermärkte mit relativ hohem Anteil an Stammkunden.

6. »Demalling«: Das klassische Shopping geht langsam zu Ende

Shopping wird von der Mehrheit der Kunden immer noch als ermüdend erlebt. Glaubt man Faith Popcorn, so wird ein großer Teil der klassischen Shoppingkultur in den kommenden Jahren sogar verschwinden. Man kann nicht mehr einfach Shoppingcenter um Shoppingcenter eröffnen. In den USA spricht man bereits vom »Demalling«. All die klassischen Malls haben große Probleme und verlieren seit Jahren, zwar nicht dramatisch viel, aber doch konstant an Umsatz. 39 000 Malls haben zwischen 1988 und 1994 gut 3% an Umsatz, an Kundenfrequenzen und an Zeit eingebüßt, die die Kunden durchschnittlich dort verbringen. Und dies, obwohl sich die Wirtschaftslage verbessert hat und auch die Konsumstimmung gut ist. Malls befinden sich derzeit in verschiedenen Phasen der Verschlankung (z. B. Outsourcen der kleineren unrentablen Läden, Ausbau besserer Zugangsmöglichkeiten zu den Parkplätzen).

Kunden müssen in Zukunft sehr gute Gründe dafür haben, ihr Heim für das Shopping zu verlassen. Ein hoher Incentive wird so immer wichtiger, etwa in Form von Retail Theater, also qualifizierter Unterhaltung, ausgeklügelten Serviceleistungen oder unvergleichbarer Sortimentierung. Mit der Globalisierung der Informationen über Produkte und Dienstleistungen bildet sich ein ganz ***neuer Konsum-Freizeit-Arbeits-Mix*** heraus, der tendenziell kaum Segmentierung zuläßt: Zeitlich hochstrukturierte Abläufe, die bislang unseren Alltag geprägt haben, lösen sich auf und ergeben neue Effizienzmuster. Da die Amerikaner auch in dieser Hinsicht ein liberaleres Selbstverständnis haben und der sogenannten *24-Stunden-Gesellschaft* schon viel näher gekommen sind, können wir viel von ihnen lernen, obwohl sich auch hier nicht alle Entwicklungen 1:1 auf unsere Verhältnisse übertragen lassen.

Sicher scheint: Tourismus, Einkaufen, Gastronomie, Kultur, Dienstleistungen aller Art und Multimedia fließen in einer neuen Art von ***Lifestyle Shopping***[13] ineinander. Alte Grenzen verwi-

13 Ich habe am GDI zum Thema *Lifestyle Shopping und Kultprodukte* im Juni 1994 ein internationales Symposium durchgeführt. Vgl. dazu die gleichnamige Dokumentation.

schen. Für die Anbieter entstehen damit auch ganz neue Konkurrenzverhältnisse, die vermehrt im globalen Kontext analysiert werden müssen. Deutlich wird uns dies, wenn wir an den Einkaufstourismus beispielsweise nach Las Vegas denken, wo das weltweite verfügbare Spektrum an Erlebnisangebot versammelt und zugänglich ist – Erlebnishotels, Erlebnisshopping, Erlebnisparks, Erlebnisrestaurants, Erlebnissport, Erlebnisunterhaltung etc. Da heute dank neuer Medien und Informationskanäle leicht herauszufinden ist, wo ich was zu den besten Konditionen erhalten kann, lassen sich auf der Kundenseite die Möglichkeiten bzw. der Mix an Möglichkeiten optimieren, zum Beispiel bei der Auswahl eines touristischen Ziels.

7. Luxus minus und Luxus plus – Die Neudefinition der Luxusmärkte

In der Geschichte des Konsums war Luxus schon immer ein spannendes Segment, da es für die anderen Segmente *Vorbildfunktion* besaß. Zusammen mit dem raschen Wandel der Wahrnehmung von Luxus seit den 90er Jahren hat sich ein Schritt in eine neue Konsumkultur vollzogen, den wir noch nicht ganz verdaut haben. Luxus im klassischen Sinne, also der großen Luxusmarken, hat in gesättigten und ausgeschöpften Märkten einen großen Teil seiner Attraktivität eingebüßt: Durch Luxus kann man sich nicht mehr differenzieren (anders sieht es natürlich in den aufstrebenden Märkten aus). Auch die Luxusprodukte sind zu einem großen Teil banale Produkte geworden, die überall erhältlich sind und zuerst über den Preis wahrgenommen werden. Historisch gewachsene Produkte mit einer kulturellen Tradition werden heute immer stärker zu *gemachten* Mode- und Trendprodukten, z. B. zu sehen bei den Line Extensions der großen Haute-Couture-Häuser. Luxus aber muß elitär und nicht massenkompatibel sein, sonst geht er im Brei der wenig differenzierten Marken rasch unter. Daher kann sich der neue Luxus nur vom etablierten Markenluxus unterscheiden, indem er zum *Luxus plus* wird – also v. a. im Servicebereich unvergleichbar wird und keine preislichen Konzessionen an den Zeitgeist macht.

8. Restaurants als Innovatoren – Soziales/Convenience/Unterhaltung

Die Innovativsten im gesamten Konsumbereich sind zur Zeit die Restaurants. Denn sie haben es erkannt: Wenn die öffentliche Sphäre immer mehr an Bedeutung verliert, treten andere Formen als Substitut auf: Das Restaurant – das klassische Full-Service-Restaurant – erhält seine ursprüngliche Funktion als Gastgeber und damit als etwas Soziales zurück. Das schließt heute einen wachsenden Unterhaltungsanteil ein. Innovation im Bereich der Gastronomie kommt heute jedoch vor allem aus den Fast-food- und Convenience-Betrieben, die mit dem Zeitfaktor der Kunden rechnen können. Innovative Gastroideen hängen fast durchgängig davon ab, welches Zeitbudget ein Kunde hat – denn dieses Budget ist knapp, und in der knappen Zeit will man den besten Gegenwert erhalten.

9. Der E-Factor: Electronic Shopping und Entertainment

Alle sprechen von Multimedia. Auch wenn bei uns die Entwicklungen etwas länger dauern als in den USA: Sie lassen sich nicht aufhalten, und sie bringen für die Kunden letztendlich viel Positives, wie z. B. maßgeschneiderte Kundenkarten, die eine viel individuellere Bedürfnis- und Wunschbefriedigung ermöglichen. Das individualisierte Micro-Marketing steht erst am Anfang einer Revolution. *Diese Revolution wird nicht technisch sein*, sondern davon abhängen, wie kreativ man mit Kunden umgeht, wie man *ihre Traumwelten und ihre Seelenlage* rasch und nachhaltig interpretiert. Dazu kommen Teleshopping und CD-ROM, zumindest als Übergangslösung für die weiteren Schritte, wenn es darum geht, etwa den Versandhandel zu erneuern, neue Produkte zu erklären oder Urlaubswelten zu demonstrieren.

Eng damit verknüpft ist der zweite Teil des E-Faktors, nämlich die Unterhaltung. Sie wird auch bei uns die neue Dimension des Handels definieren. Es geht nicht um eine »Pflästerchen-Politik«, wie sie oft noch praktiziert wird: Unterhaltung oder Erlebniseinkauf naiv etwa so zu interpretieren, daß man eine Kuhglocke in den Supermarkt hängt oder eine knapp bekleidete Tänzerin als Animateurin für Verkaufsförderung einsetzt. Es geht um das Überleben der Shoppingcentren auf einer neuen Basis. Das heißt: Bereits das

Planungsteam wird sich anders zusammensetzen, weil Medien und Unterhaltungsindustrie ebenso beteiligt sind. So entsteht ein neuer Planungsmix und ergo ein neuer Angebotsmix, der für die Restauration, die Kommunikation und die soziale Sphäre relevant wird. Gerade hier wird es entscheidend sein, daß Kunden ihre Verweildauer erhöhen, weil sie sich erfahrungsgemäß erst nach einer »Animierphase« auf das sogenannte »Abfeiern«, also das Einkaufen einlassen. Auch hier können wir von der amerikanischen Unterhaltungsindustrie und von den neuen Malls lernen.

Vertrauen – Aufstieg zur wichtigsten Ressource

Natürlich ist es eine Binsenweisheit, daß Produktwelten komplexer werden, und die Kunden – zumeist unbewußt – auch komplexere Produkte wünschen. Doch die Schmerzgrenze des kommunikativ Zumutbaren darf nicht überschätzt werden. Um an das vorhin Gesagte anzuknüpfen: Kunden wollen vor allem Sicherheit und eben – Genuß ohne Verdruß. Sie wollen sicher nicht über die Komplexität von Produkten diskutieren müssen – that's not their job. Von Kunden darf man vernünftigerweise niemals erwarten, daß sie sich über die neuesten naturwissenschaftlichen Forschungen informieren und die Zusammenhänge verstehen. Das ist die Aufgabe der Produzenten und Händler. Deshalb kommt auch in diesem Bereich der emotionalen Kommunikation größte Bedeutung zu.
Interessant und aufschlußreich ist es, die Kunden dabei zu beobachten, wie sie *Strategien des Umgangs* mit komplexer werdenden Produktwelten entwickeln. Die Erfahrung mit BSE hat gezeigt, daß sich Angstschwellen mehren können, und wie häufig das ungute Gefühl mitschwingt, beim Kauf von immer mehr Produkten zugleich ein latentes Risikopotential mit eingekauft zu haben. Die Erfahrung lehrt aber auch: Wer glaubt, diesem unguten Gefühl mit rationalen Strategien begegnen zu können, wird kaum Erfolg haben, da Zahlen, Statistiken und Tabellen keine probaten Mittel gegen Kundenängste sind. Gleiches gilt für die wissenschaftliche Sprache: Der wissenschaftliche Jargon wird sofort als Zumutung erlebt, der die Angst eher steigert als reduziert. Solche Auswege haben das Grundproblem, daß sie *als*

Kommunikationsinstrumente zuwenig Komplexität verarbeiten können.
Der vielleicht langfristig einzige Ausweg der gleichzeitig die Nagelprobe für den Handel ist, liegt im Aufbau von *Vertrauenskapital*. »Soll die Bildung ›von Kundenstämmen‹ eine immer präsente Angstschwelle überwinden, sind entsprechende ›Trotzdem‹-Strategien erforderlich. (...) Vertrauen ist die Strategie mit der größten Reichweite. Wer Vertrauen schenkt, erweitert sein Handlungspotential beträchtlich.«[14] Vertrauen ist eines der wichtigsten Mechanismen im Umgang mit Komplexität und bringt große Entlastung in die Funktionsweise von sozialen Systemen. Wohlgemerkt: Vertrauen ist ein *Geschenk*, das eine langfristige Beziehung begründen kann. Der materielle Aspekt steht nicht im Vordergrund, er ist nur eine Art »positiver Nebeneffekt«. Erwiesenes Vertrauen ermöglicht einen großen Handlungsspielraum; es muß allerdings *freiwillig* erwiesen werden und beginnt zumeist mit *kleinen Risiken*, die sich mit schwierigeren Fällen sozusagen ausbauen lassen.
Vertrauen erfüllt erst dann voll und ganz seine Funktion, wenn die Möglichkeit des *Mißtrauens* erkannt – und bewußt abgelehnt wurde. Sobald der Kunde zu seinem Händler Vertrauen hat, reagiert er auf kritische Informationen zu dessen Produkten anders, »nicht wegen der Fakten, die sie berichten, sondern weil sie als Indikatoren für Vertrauenswürdigkeit fungieren«.[15] Das heißt: Ein Vertrauensverhältnis ist ein stabiles Verhältnis, denn einmal erwiesenes und sich bestätigendes Vertrauen gibt man nicht mehr so schnell wieder preis – es sei denn, der Umgang mit ihm wäre absolut leichtfertig.
Vertrauen kann man an Produkte, Marken oder Firmen binden, aber am eindrücklichsten an *Personen:* Vertrauen haben zu »meinem Metzger«, Herrn Max Müller, ist die bestmögliche Form. Es heißt, daß ich bei ihm, »dem Metzger meines Vertrauens«, wie in Deutschland werblich auf BSE reagiert wurde, Geflügel oder Rindfleisch ohne Befürchtungen und Unterstellungen oder weiteren Kommentar einkaufe; ich gebe ihm das Vertrauen, weil er

---

14 Niklas Luhmann, Soziale Systeme. Frankfurt/M. 1984, 179 f.
15 A.a.O. 181

sozusagen alle möglichen Probleme von der Beschaffung über die Deklaration und die Qualität bis zum Preis *in seiner Person* bündelt und diese möglichen Risiken in Entlastung umwandelt. Und der Vertrauensmetzger Müller weiß nicht nur um die passende Zubereitung seiner Produkte, er ißt auch dieselben Produkte wie sein Kunde.

Auch Marken haben natürlich ein großes Vertrauenspotential. Gerade bei globalen Marken können wir zur Zeit immer wieder beobachten, wie sehr ihr Erfolg vom großen Vertrauen abhängt, das ihnen die Kunden überall entgegenbringen. Im Unterschied zum »Metzger Müller« wird es den Marken aber nie gelingen, denselben Sympathiebonus bei den Kunden zu gewinnen. Denn sobald ein persönliches Erlebnis an eine Person gebunden ist, ist die Intensität der Begegnung tiefer als das Erlebnis, das mit einer abstrakten Marke verbunden ist. Aus diesem Grund präsentieren Marken kompensatorisch gerne beliebte Stars in ihren Werbekampagnen. Die Kraft des Vertrauens, die der Star persönlich ausstrahlt, soll sich auf die Persönlichkeit der Marke übertragen.

Zusammengefaßt können wir festhalten: Weil die Produktwelt immer komplexer wird, suchen Kunden nach Entlastungsstrategien. Die wichtigste Rolle in diesen Strategien spielen Personen bzw. das an Personen geknüpfte Vertrauen. Darin liegt auch die Chance der intelligenten kleinen Händler gegenüber den großen, deren Stärke sich bisher in der breiten Wahrnehmung der Dachmarke kristallisierte. Wollen die Großen also auch auf die Personalisierung setzen, müssen sie in Zukunft Service und Ausbildung ausbauen. Und das kostet Geld.

Wie man mit wem noch Geld verdient

Insbesondere der Handel bekommt immer mehr Probleme, die an seinem Selbstverständnis kratzen. Stagnierende und rückläufige Umsätze machen ihn vermehrt von Umfeldfaktoren abhängig: Konsumflaute, selbstgemachte Illusionen und veränderte Kundenmentalität verstärken sich gegenseitig.

Die Illusionen der Händler

1. Der Preis ist das stärkste Argument

Daran glauben fast alle Händler. Nur: Heute argumentieren tendenziell alle mit dem Preis. Auch wenn es – theoretisch – noch möglich wäre, daß in bestimmten Segmenten Kostenführerschaft erreicht wird, so heißt das noch lange nicht, daß daraus auch eine Preisführerschaft resultiert, die der Kunde *als einmalig erlebt.* Denn letzteres ist das entscheidende. Der Kunde hat längst den Überblick verloren, wer der günstigste ist. Zudem wird es bei der Flut neuer Marken schwieriger zu vergleichen. Sie erkennen nicht, daß zur Zeit ein eigentliches »Verramschen« von Marken stattfindet. Die Kunden werden richtiggehend negativ erzogen und »versaut«. Mit anderen Worten: Der Preis als Profil steht auf sehr schwachen Füßen. Weitere Profilelemente müssen vorhanden sein, wenn das Produkt überleben will.

2. Kunden kaufen Artikel und Preise

Das war in Zeiten der nichtgesättigten Märkte einmal so. Je stärker der Konsum zum reinen Preiskonsum mutiert, desto schneller kommt auch der Gegentrend – der Wunsch nach speziellen Bedeutungsgehalten von Produkten und Dienstleistungen. Wiederholen wir die zwei wichtigsten kulturanthropologischen Grundsätze, die wir den beiden großen Philosophen Thomas Hobbes und Hegel verdanken: Menschen wollen unabhängig von Einkommen, Status und Kultur zweierlei, nämlich Anerkennung (in bestimmten Gruppen oder Szenen) und Selbstbehauptung. Ersteres steht für den sozialen Faktor, letzteres für den Ego-Faktor. Konsum bleibt weiterhin eine hervorragende Möglichkeit, diese beiden Grundsätze in verschiedene Produkte umzusetzen.
Gekoppelt mit der Informationsüberlastung findet jetzt schon ein rascher Prozeß der ***De-Materialisierung des Konsums*** statt: Kunden kaufen im Überangebot nicht mehr konkrete, materielle Artikel, sondern

- **Themen** (z. B. »Italienische Küche« mit allem was dazugehört, von der Tomatensauce über die Pastamaschine bis zum Weinglas),

- **Botschaften:** Ideen und Werte mit sozialen oder politischen Inhalten (z. B. »ökologisch korrekt aufgezogenes Geflügel«, d. h., ich weiß, welchen *Lifestyle* das Huhn oder die Ente hatten, bevor sie im Laden ankommen),
- **Symbole und Metaphern** (z. B. Pingu, Hugo, Donald Duck, Dinosaurier, die ganz analog zur Entwicklung bei den Ikonen der Benutzeroberflächen verlaufen. Hier können wir von den »Kindermärkten« viel lernen),
- **Kulte und Erlebnisse** (z. B. Teilhabe am Starkult durch Kauf eines bestimmten Artikels, beispielsweise im Sport) etc. Solche Details müssen viel stärker gepflegt werden.

3. Kunden sind Einkaufsmaschinen, die rational funktionieren

Das wichtigste Unterscheidungskriterium – das können wir z. B. von Walt Disney lernen – sind die Emotionen. Nur wer ständig Spannendes anzubieten hat und das auch so kommuniziert, kann mit dem Interesse und der Aufmerksamkeit der Kunden rechnen. Das schlimmste, was passieren kann, ist Kundenignoranz, also der Zustand, in dem es dem Kunden egal ist, was und wo er einkauft. Und das heißt: Nur wenn eine Marke (Produkt, Unternehmen) bei Kunden emotional verankert ist, hat sie eine gute Basis, nicht sofort wieder vergessen zu werden. Das persönliche Erlebnis ist die beste, weil nachhaltigste Form, um so etwas wie Kundenloyalität zu erzielen. Dieser Faktor ist um so wichtiger, je mehr wir davon ausgehen müssen, daß in Zukunft die Einzelhandelsumsätze nicht mehr wachsen, sondern daß nur noch nationalökonomische Verschiebungen im Einkommensgefüge stattfinden.

4. Wer groß genug ist, überlebt

Wer davon ausgeht, macht das bisherige Spiel der erodierenden Margen munter mit, ganz nach dem Motto: »Durchbeißen, bis wir am Schluß zu den wenigen gehören, die es noch gibt – wir haben ja jetzt noch das Geld.« Ein solcher Prozeß ist begleitet von einem schleichenden Profilverlust, der wohl irreparable Schäden hervorrufen wird. So vergißt man die andere Hälfte, die viel riskanter ist: Der Kunde muß auch noch mitspielen. Die eine Hälfte der

Wahrheit ist der kluge Einsatz und Umgang mit Einkaufsmacht, Cash-flow, Logistik-Know-how etc. Die andere Hälfte sind die weichen Faktoren – also das, was der Kunde wahrnimmt, sieht, erlebt und als Zusatznutzen bekommt. Diese beiden Hälften zu managen ist die Aufgabe der Händler und Produzenten.

5. Wenn die Krise wirklich da ist, werden wir uns schon ändern

Aber wie und wohin? Woher kommen dann plötzlich die Ideen und Konzepte? Wenn die Krise manifest wird, sind die neuen Strukturen latent längst da. Von den großen Herstellern wissen wir, daß Umstellungen, vor allem wenn sie rasch erfolgen sollen, nicht so einfach sind, weil die mentale »Codierung« vieler Entscheidungsträger in eine andere Richtung weist. Wer nur lineare Wachstumsdynamik gekannt hat, wird in der Regel auch nur lineare Veränderungen anpeilen. Der Wandel verläuft heute aber ruckartig, in Schüben und verlangt Mut zu viel radikaleren Entscheidungen. Gefordert ist, auf der einen Seite mehr zu sparen, auf der anderen Seite gezielter und risikoreicher zu investieren.

Konsequenz:

① Der Handel ist nicht mehr Artikelverteiler, sondern Ideenlieferant, Botschaftenvermittler, der die Kunden überrascht, zu Neuem verführt und kreative Lösungsvorschläge für ihre täglichen Probleme anbietet. Das geht nicht ohne Kommunikationspower, und es geht vor allem nur mit einer Art »Umkehr der Antriebsenergie«, die wir im Fachjargon gerne mit der Pull- statt mit der Push-Strategie umschreiben.

② Die Stärkung der Dachmarke wird wichtiger. Markentechnisch können wir davon ausgehen, daß sich die Situation von Händler und Hersteller weiter angleicht. Daher wird eine schärfere Positionierung unvermeidlich.

③ Der Konsum bzw. die Produkte müssen sozusagen »intelligenter« werden, um eine offensichtliche Differenz zur Konkurrenz zu gewährleisten.

Neun Konsumtypen zeichnen sich ab

Beseitigen wir zunächst eines der hartnäckigsten Vorurteile, die wir bezüglich Konsumtypologien immer wieder zu hören bekommen: ***Es gibt keinen »Neuen Konsumenten«.*** Genausowenig wie es einen »Neuen Menschen« gibt, gibt es auch keine »neuen« Konsumenten. Menschen sind nicht beliebig dehnbar und veränderbar. Es gibt Grenzen, die zu vorsichtigem Gebrauch des Wortes »neu« mahnen. ***Aber es gibt veränderte Konsummentalitäten.***

Konsumenten sind in den letzten 50 Jahren rasch und nachhaltig erzogen worden. Jetzt müssen sie sich nach dem Rausch der Achtziger und dem Frust der mittleren Neunziger auf eine andere Ausgangslage einstellen. Das ist nicht einfach. Kunden lernen rasch dazu, aber sie verlernen ihre Macken nicht so schnell. Welche Typen zeichnen sich ab?

1. Der Preis-Junkie – der vollendete Schnäppchenjäger

Er sucht die billigsten Preise und jagt sportlich durch die Läden. Daß er dabei auch Zeit investiert, ist ihm entweder egal oder er bemerkt es gar nicht. Natürlich will er die großen Marken einkaufen – aber wenn der Preis attraktiver ist, läßt er sich auch von Handelsmarken verführen. Er differenziert wenig zwischen den Produkten. Für ihn sind Preisprofil und Produktprofil identisch. Er ist eine sehr deutsche Erscheinung; ein Produkt des deutschen Einzelhandels – dort sind die Kunden oft recht *phantasielos* und einseitig auf Preisorientierung getrimmt worden; ganz nach der oben erwähnten Logik der Illusion einer nachhaltigen Preisführerschaft in den späten Neunzigern.

Wer seinen Einkauf strikt nach Preiskriterien optimiert, erlebt übrigens Erstaunliches: *Fast alle Non-food-Konsumgüter, die sich irgendwie industriell produzieren lassen* – Spielsachen, Haarfön, Turnschuhe, Bierglas, Salatbesteck, Sportbekleidung, Partygrill, Radiowecker, Kombi-Stereoanlage, Sonnenbrille, Gartenstühle aus Plastik etc. – *werden tendenziell nach China, Vietnam oder in die Dritte Welt ausgelagert und werden infolgedessen immer billiger.* Dieses Spiel dürfte noch einige Jahre so weitergehen. Solche Konsumgüter kosten auf jeden Fall jetzt schon

weniger als zum Beispiel die zu solchen Produkten passenden Food- oder Near-food-Artikel: Das Glas ist billiger als das Bier oder gar das Mineralwasser, für das es bestimmt ist, der Grill ist billiger als das Fleisch darauf, die Sonnenbrille billiger als die Sonnencreme, etc. Das heißt: *Hier ist ein permanenter Entwertungsprozeß möglich.* Aber: Das Produkt als solches muß nicht zwingend entwertet werden. Uhren können z. B. immer billiger hergestellt werden. Die klassische »Göttiuhr« zur Konfirmation, die man dann ein Leben lang trägt, ist zwar Nostalgie. Mit dem Siegeszug der Swatch begann die forcierte Emotionalisierung dieses einst langlebigen Produktes. Doch gleichzeitig mit dieser Banalisierung hin zur Alltagsuhr bekam die Uhr als solche einen neuen, kultischen Stellenwert. Die Swatch hat die Uhr sozusagen gleichzeitig vulgarisiert und heilig gesprochen. Mit einem Preis, der das Produkt für jeden zugänglich machte, wurde die Uhr als Produkt nach unten positioniert. Mit einer Aura, die nur kultische Produkte haben, wurde der Bekanntheits- und Beliebtheitsgrad gesteigert.
Doch im Gegenzug steigen die Preise für Dienstleistungen. Der Humanfaktor im Konsum, alle Formen von Dienstleistungen mit Serviceanteil, werden teurer. Die Sportschuhe sind billiger als ein Eintrittsbillett für ein Fußballspiel. Der Fön wird immer billiger, das Aftershave auch, aber der Haarschnitt ist kaum mehr zu bezahlen. So bewegt sich bei diesen Leistungen in Zukunft der größte Veränderungsdruck nach oben wie nach unten: Eine Kassiererin im Discounter oder ein Kellner in einem Restaurant, die ohnehin nicht viel verdienen, werden mit weiterem Druck auf ihren Lohn rechnen müssen. Umgekehrt ist bei einem renommierten Unternehmensberater der im Honorar inbegriffene kurze Blick auf seine Uhr während eines Gesprächs teurer als die Uhr, die er trägt.
Diese Diskrepanzen werden den Kunden allmählich bewußt. Sicher ist: Der Preis-Junkie wird sich auf den Weg machen, um sich auch die billigsten Dienstleistungen zu sichern.

2. Der Moratoriumskonsument – der Leap Frogger

Dieser Konsument besitzt im wesentlichen alles, was er braucht: 15 Hemden, 12 Paar Schuhe, einen vollen Kühlschrank, einen Video. Auf die schnelleren Produktzyklen reagiert er mit *Warten,* bis er sich für ein neues Produkt entscheidet: Er überspringt eine Generation, weil sein Produkt noch gut genug ist. *Leap Frogging* heißt wörtlich: einen Bocksprung zu machen, einen Weg überspringen. Der *Leap Frogger* weiß, daß die Leistungen des neuen Produktes nicht wesentlich besser sind als die seines jetzigen. Und er weiß, daß er gar nichts verpaßt, wenn er nicht sofort neu kauft. Der Prestigewert des absolut neuen Produktes, etwa beim Automobil – also ein wesentlicher Teil des sozialen Zusatznutzens von Produkten –, ist nach unten abgesunken. Er weiß auch, daß heute ein rascher Preisverfall einsetzt – wie etwa bei den Consumer-Electronics-Produkten zu sehen, bei denen ohnehin im besten Fall noch Spezialisten beurteilen können, ob eine neue Produktgeneration mehr bietet als die vorangegangene. Am eindrücklichsten können wir diese Entwicklung bei den Software-Entwicklungen beobachten. Daher wartet der Leap Frogger guten Mutes ab.

3. Der Konsumverweigerer – der Aussteiger

Er will definitiv nur noch mit seinen Beständen rechnen. Er hat sein Auto, seinen Kühlschrank, sein Telefon. Sie alle sind von guter Qualität und haben eine lange Lebensdauer. Genervt vom Überfluß und den »Too muchism« macht er das Spiel der Anbieter nicht mehr mit. Er findet rasch vernünftige Gründe, um sein Geld zu sparen und anzulegen – z. B. in Lebensversicherungen. Zu dieser Gruppe gehören viele Baby-Boomers, die sich in den achtziger Jahren alles an Luxus und Schönem zugekauft haben, damit aber nicht glücklich geworden sind. Sie sind vom *»Simple-Life-Fever«* gepackt und flüchten sich nun gern in einen asketischen Lebensstil. Was vor einigen Jahren nur Sonntagspredigten der Grünen waren, gewinnt heute als »Basic«-Lifestyle des Einfachen und Überschaubaren an Bedeutung.

4. Die Abstiegskonsumenten – der verhinderte Konsument Nr. 1

Er ist der typische heutige Mittelstandskonsument und Familienmensch der Angestellten, Arbeiter und Beamten. Da die Fixkosten seines Haushaltsbudgets steigen (insbesondere die Sozial- und Gesundheitsausgaben), schmilzt sein Konsumanteil. Qualität

und nicht allein der Preis ist ihm wichtig, insbesondere weil er Kinder hat, denen er eine gute Ausbildung und gesunde Lebensweise garantieren möchte. Er möchte sich sehr gerne mehr leisten, muß aber immer mehr *Strategien des Verzichts* einüben.
Er ist in einer besonders prekären Situation, und auch seine wirtschaftliche Bedeutung ist entscheidend.
Eine Mischung aus dem Moratoriumskonsument und dem Abstiegskonsument ist der »Smart Shopper«, der sein Geld strekken will oder muß, aber trotzdem Markenqualität mit Kultcharakter besitzen will. Servicequalität ist für ihn nicht entscheidend. Er besucht etwa die Outlet Centers, die Kunden bedienen, die nicht das Aktuellste kaufen können oder wollen. Sie schauen auf den Preis und achten bei ihrem Prestigekauf nicht darauf, daß nun mal die Ausgabe ihrer *Nike*-Schuhe oder der *Calvin-Klein*-Klamotten eben schon ein Jahr alt sind.

5. Der gehemmte Konsument – der verhinderte Konsument Nr. 2

Dazu gehören viele ältere Konsumenten der »Builder«-Generation, die in der Nachkriegszeit den Wiederaufbau erarbeitet haben und nach dem Prinzip der aufgeschobenen Bedürfnisbefriedigung auf bescheidenem Niveau konsumiert haben. Von ihnen zu erwarten, daß sie sich im Alter anders verhalten als in jüngeren Jahren, wäre eine falsche Annahme: Was Hänschen nicht lernt, lernt Hans in der Regel nimmermehr. Man kann zwar versuchen, sie mit Seniorenmarketing zu animieren, aber außer bei Reisen, die einen Boom erleben, dürfte es schwierig sein, sie außerhalb ihrer fahrplanmäßigen Budgetierung zu neuen Ausgaben zu ermuntern: Gesundheitspflege und Finanzmanagement sind ihnen am wichtigsten, und darauf konzentrieren sie ihre Interessen. Sie wären aber volkswirtschaftlich ein wichtiges Potential, denn die jetzt in Pension gehenden älteren Menschen haben wie nie eine Generation zuvor vorgesorgt. Viele von ihnen könnten viel mehr konsumieren. Vergessen wir nicht: Die Alterskategorie 60+ verfügt über weit mehr als die Hälfte des verfügbaren Gesamteinkommens in Industrienationen; in der Schweiz sollen es nahezu 75 % sein.
Überschauen wir kurz diese fünf Typen: Die Typen 1 bis 5 sind

allesamt ***Downward-Mobility-Kunden.*** Sie sorgen zwar für Umsatz, erbringen aber keine oder keine großen Gewinne. Gute Kunden sind sie sicher nicht. Sie zeigen auf, daß sich die *Konsummentalität* gewandelt hat. Sagen wir es direkt: Sparen ist heute offen positiv besetzt. Ich meine damit nicht die Staatshaushalte, sondern die privaten Haushalte. Auch sog. Low-Life-Anbieter wie die Discountkette *Otto's Warenposten* in der Schweiz haben heute bei breiten Schichten Akzeptanz. Man schämt sich nicht mehr, dort einzukaufen. *Die Hemmschwellen liegen viel tiefer, und sie sinken weiter.* Wer weiß: Vielleicht ist die nächste Stufe die offene Akzeptanz des Geizes (Figur des Geizkragens). Eines ist offensichtlich: Moral und Konsum sind wechselseitig eng miteinander liiert.

6. Der Konsum-Junkie – Kaufen, solange es geht!

Der Konsum-Junkie gibt Geld aus, solange er kann. Er denkt nicht ans Sparen und nicht ans Morgen. Er konsumiert nicht nur wie früher, er hat angesichts der drohenden Krise eine »Jetzt-erst-recht«-Mentalität verinnerlicht. Diese Mentalität wird vielen Jungen nachgesagt, die im Überfluß der achtziger Jahre aufgewachsen sind und nichts anderes als totale Verfügbarkeit gekannt haben, ohne auf Preise sensibilisiert zu sein – sie haben sich schließlich auch daran gewöhnt, daß es als normal gilt, wenn andere bezahlen. Dazu gehören aber genauso die raschen Aufsteiger und die *momentanen* Sieger der wirtschaftlichen Situation. Sie als Kunden zu haben und zu ihnen eine Beziehung aufzubauen ist ebenso riskant wie beim Preis-Junkie: Zuverlässigkeit ist nicht seine Stärke, Markenpromiskuität der Normalfall.

7. Der Nostalgiekonsument – Nur Vertrautes zählt

Der Nostalgiekonsument hat genug vom Überangebot und der steigenden Optionenflut. Er reduziert diese unnötige und überschüssige Komplexität so, daß er nur noch kauft, wenn er *weiß, worauf er sich einläßt.* Er praktiziert eine Form von Vernunft, die mit der Version des Aussteigers zu vergleichen ist. Er kauft Produkte, die er entweder immer schon einmal gekauft hat, oder aber für die er seit langer Zeit eine besondere Sympathie pflegt. Das bringt zusätzlich den emotionalen Nutzen. Hier wird die

Geschichte des Konsumenten relevant: Mit welchen Produkten ist er groß geworden? Welches waren die Kultprodukte in seiner Jugend, die er sich nicht leisten konnte, die er aber immer schon begehrte? Er mißtraut also der Werbebotschaft, daß das neue Produkt und die neue Produktgeneration per se auch die bessere ist. Er orientiert sich vor allem an Themen.
Der Harley-Davidson-Käufer ist der Prototyp des Nostalgiekonsumenten. Er ist *auch* Ausdruck einer Phase der Reife: Man muß nicht mehr die permanente Steigerung und Überbietung mitmachen, sondern erfreut sich am intensiv Erlebten der Vergangenheit, ganz nach dem stilistischen Motto der Postmoderne: »Rechne mit deinen Beständen«, da nichts mehr wirklich Neues kommt, das so anders ist, daß man es haben und erleben müßte. Sehr interessant ist in diesem Zusammenhang, daß das Lebensalter des durchschnittlichen Erstkäufers einer Harley Davidson – nicht zufällig! – in weniger als zehn Jahren von 34 auf heute 42 angestiegen ist. Das spricht Bände. Ein solcher Kunde will also starke Emotionen einkaufen, und er ist auch bereit, einen sehr guten Preis zu bezahlen. Zudem zeichnet er sich durch große Markentreue aus. Eine ganz seltene Qualität.

8. Der ironische Konsument – Konsum ist Spiel

Ironische Konsumenten sind diejenigen, die erkannt haben, daß es kein Jenseits der Konsumgesellschaft mehr gibt, diese aber ständig *subversive Kicks* braucht, um sich weiterzuentwickeln. Sie lieben das Spiel mit neuen Ideen und Marken und suchen nach verrückten Kombinationen und Paradoxien: *Demarketing* und *Adbusting*, also Formen der Kommunikation, die zugleich Intimität mit Produkten, aber auch Distanz zum Konsum kommunizieren können. Der ironische Konsum ist altersunabhängig. Allerdings hängen Jugendszenen gerne dieser Philosophie an. *Greenpeace* ist deshalb nicht zufällig bei vielen Jugendszenen beliebt und zu einer Art *Urmodell des ironischen Konsums* geworden, weil es mit kleinen Schiffen gegen die großen Schiffe kämpft, nach dem Motto »Fight fire with fire«, den Konsum mit Mitteln des Konsums bricht. Die Folge des ironischen Konsums: Wir brauchen intelligentere Formen des Konsums, die den Konsumenten auch ernst nehmen und nicht für »dumm« (unemanzi-

piert) verkaufen, wie die meisten heute üblichen Werbekonzepte.
Vielleicht ist der ironische Konsument die einzige (moralisch) noch mögliche Haltung in der heutigen Situation. Er geht davon aus, daß der Konsum verschiedene *Phasen* durchläuft – die u. U. auch zeitlich koexistieren können, daß es also eine Konsumlogik gibt, die man ernst zu nehmen hat:

① *Experimentelle Phase:* Alles ist möglich, Märkte im Aufbau, Konsum muß den Leuten etwas bieten, ihr Leben erfreuen. Alles ist neu, und daher ist es leicht, die Leute positiv zu überraschen (Anbietermärkte).
② *Klassische Phase:* Alles ist da, die verschiedenen Formen etabliert, in guter Qualität, Markenartikel sind der Kern der Gebrauchsgüter (Käufermärkte).
③ *Refinement-Phase:* Man verfeinert die Markenartikel bis ins ausgefeilte Detail hinein, Unterschiede verschwimmen (Kultmärkte).
④ *Ironische Phase:* Man kann nicht unendlich verfeinern, irgendwann schlägt Quantität in Qualität um. Angesichts der Masse an *hervorragendem Überfluß* kann man sich nur noch ironisch verhalten. Das ist der Punkt: Die Ware, die angeboten wird, ist gut, und die Wahl ist Qual. Aber es gibt keinen Ausweg aus der Konsumgesellschaft. Sich ironisch verhalten heißt, mit verschiedenen Formen und Symbolen des Konsums spielen zu lernen. Aus diesem Grunde ist es kein Zufall, wenn die kindlichen Formen im Design zunehmen, und Waren aller Art, wie Peter Wippermann es genannt hat, immer mehr zu *Spielwaren* werden.[16]
⑤ *Multiphrene/»Pastiche«-Phase:* Sie tritt ein, wenn kein vernünftiger Umgang mit dem Überfluß gefunden wird und der Überfluß für die Konsumenten untragbar geworden ist. Eine solche Situation mündet in Beliebigkeiten. Für den Konsumenten bedeutet das: Gleichgültigkeit gegenüber dem Konsum. Er hat zwar Geld, aber keine Affinität zu Produkten und

---

16 So Peter Wippermann in seinem GDI-Vortrag vom 23. Januar 1997 am GDI in Rüschlikon/Zürich

Marken. Für den Anbieter heißt das: Es ist dem Kunden egal, wo und was er einkauft.

9. Der Dinosaurier-Konsument – Augen zu und durch

Peter Wippermann nennt den Dinosaurier-Konsumenten die Status-quo-Konsumenten. Sie leben, als ob es keine Veränderungen gäbe. Sie leben den Stil der nach oben orientierten Mittelschichten der achtziger Jahre (lineare Einkommenslogik, die nach oben gerichtet ist und entsprechend ihre Konsumausgaben ausrichten). Dazu gehören Ambiente, hohe Qualität, Prestige, allerdings auch gepaart mit einem deutlicheren Preisbewußtsein. Dinosaurier-Konsumenten können sich fast alles leisten und lassen sich auf die Verführung durch Produkte ein, die etwas höhere Deckungsbeiträge bringen.
Die Typen 6–9 sind für Anbieter interessant, weil man mit ihnen Umsatz und darüber hinaus auch Gewinne realisieren kann.

3

Wertschöpfung im Zeitalter der elektronischen Utopien

Verkaufen unter den Bedingungen der neuen Medienwelt

»Mir ist, als kämen die Berge und Wälder aller Länder auf Paris angerückt. Ich rieche schon den Duft der deutschen Länder, vor meiner Tür brandet die Nordsee.«
Heinrich Heine, in Vorahnung der Globalisierung, bezogen auf die Eisenbahn

Jede zukunftsträchtige Form der Wertschöpfung muß sich radikal aus der Perspektive der Kundenorientierung definieren. Ich erspare mir an dieser Stelle die Wiederholung von Banalitäten. Die Kunden sind und bleiben auch in den kommenden Jahren die entscheidenden Störenfriede der Produzenten und der Händler. Deren knapper werdendes Budget macht es noch schwieriger, aus Kunden gute Kunden zu machen und treue Kunden zu halten. Grundsätzlich sieht die Situation für die Kunden nicht schlecht aus; Produzenten und Händler werden sich mit neuen Strategien um Kunden kümmern müssen.

Empowered Customers – Alle Macht den Kunden!

Die rasch voranschreitende Globalisierung der Märkte und die fast noch rascher voranschreitende Entwicklung der neuen Kommunikationsmedien machen die Kunden mächtiger. Dieser Prozeß ist noch lange nicht abgeschlossen. Wir stehen erst an seinem Anfang. Der Wissensstand und die Macht des Kunden nimmt in den folgenden Bereichen zu:

- **Verfügbarkeit von Produktinformationen.** Die Möglichkeit, z. B. eine Minolta-Kamera per Internet in allen Details kennenzulernen, steigert die Unabhängigkeit.
- **Neuigkeiten und Einführung neuer Produkte.** Jeder kann sofort erfahren, was wo eingeführt wurde und was wo erhältlich ist.
- **Vergleichbarkeit des Preisniveaus, Service- und Erlebnismöglichkeiten.** Ich habe die Möglichkeit, insbesondere Markenartikel im Ländervergleich zu beurteilen. In Zukunft werden unbegreifliche Preisunterschiede nicht mehr geduldet. Warum soll eine Minolta in Frankreich mehr kosten als in Indien oder in Portugal? Der Druck auf lokale Händler wird zunehmen, vor allem, wenn ich leicht in Erfahrung bringen kann, wo ich am günstigsten international meine Kamera erhalte. Berühmt geworden ist das Beispiel des Kamerakäufers, der mit einer Internetpreisliste in den Laden seines örtlichen Händlers stürzt und erzürnt fragt: »Da, erklären Sie mir einmal den Preisunterschied!«
- **Transnationale Konkurrenzverhältnisse.** Diese neu entstehende transnationale Konkurrenz zwischen Anbietern erhöht den Druck auf die Preise und wird die Transparenz verbessern. Wir können das jetzt schon im Büchermarkt feststellen. Clevere Anbieter offerieren den ganzen Bestand an Büchern aus dem USA-Markt über das Internet. Wenn ich bestelle, brauche ich nicht mehr über meinen lokalen Buchhändler zu gehen, der mir die üblichen dreimonatigen Lieferfristen zumuten muß. Ich bekomme statt dessen schon innerhalb von zwei Wochen das Buch nach Hause geschickt. Die Rechnung bezahle ich per Angabe meiner Kreditkarte.
- **Neuer Konsummix/Entlokalisierung des Einkaufens.** Die erwähnten Beispiele führen auch zu neuen Aktivitäten der Kunden. Sie werden zum Experimentieren geradezu eingeladen: Tourismus, Einkaufen, Kultur, Sport, Unterhaltung etc. müssen als Kombinationsmöglichkeiten bewertet werden. Es kommt zu einer ***Entlokalisierung des Einkaufens.*** So ist etwa ein Las-Vegas-Trip eine kombinierte Erlebnistour, die dem schweizer oder deutschen Handel rund um das Jahr Umsatz abzwacken kann.

- **New Consumerism.** Die Neuen Medien eröffnen auch neue Protestpotentiale. Wir haben das im Sommer 1995 erstmals im kleinen erleben können, als die Weltöffentlichkeit gegen die französischen Atomtests protestierte. Statt dem alten Moral-Consumerism von Konsumentenschutzgruppierungen können sich viel wirksamere Instrumente etablieren, die direkt mißliebige Regierungen und Unternehmen stören. Protest ist schneller und wirksamer organisierbar. Kleine elektronische Communities oder gar Einzelaktionen können mehr bewirken als schwerfällige Bürokratien.
- **Global Customer Brain.** Fast unbemerkt schreitet die Globalisierung der Wirtschaft rasch voran. Bill Clinton hat in einer Rede an der American University vom 26. 2. 1993 die wichtigsten Punkte erwähnt:[17]

  »*Capital* clearly has become global. Some 3 tillion dollars race around the world every day. And when a firm wants to build a new factory, it can turn to financial markets now open 24 hours a day from New York to Singapore.

  Products have clearly become more global. Now, if you buy an American car, it may be an American car built with some parts from Taiwan, designed by Germans, sold with British-made advertisements – or a combination of others in a different mix.

  Services have become global. The accounting firm that keeps the books for a small business in Wichita may also be helping new entrepreneurs in Warsaw. And the same fast food restaurant that your family goes to – or at least I go to – also may be serving families from Manila to Moscow, and managing its business globally with information, technologies and satellites.«

  Zudem können wir in diesem Zusammenhang eine weitere Entwicklung feststellen: Kunden, die sich an die heutigen Preiskriege gewöhnt haben, vergleichen nicht nur Konkurrenzprodukte, sie *vergleichen alles mit allem.*

Warum soll ein Taschenrechner von *Casio* billiger sein als eine Packung *Kelloggs* Cornflakes? Warum ist Mineralwasser aus Eng-

---

17 Zit. nach The New York Times, 27. 2. 1993

land doppelt so teuer wie Wein aus Spanien? Warum dauert es nur Minuten, um bei *Hertz* einen Mietwagen auszuchecken, aber weit länger, um im *Hilton* ein Hotelzimmer zu buchen? *Zugleich* aber akzeptiert derselbe Kunde, ohne mit der Wimper zu zucken, daß ihm ein Baumwoll-T-Shirt, dessen Herstellungskosten gerade einmal 1 SFr betragen, mit 20 $ auf seiner Visa-Rechnung belastet wird, nur weil es einen Aufdruck des Logos des Hard-Rock-Cafés und des Kaufortes trägt? Und er akzeptiert ohne Murren, daß er in einem Szenelokal nicht nur ungefragt geduzt, sondern auch unfreundlich bedient wird. *Unter Kunden werden heute solche Paradoxien zunehmend als normal angesehen.* Das führt aber auch zu einer Fragmentierung und Individualisierung der Konsum*erfahrungen*. Die Konsum*erfahrungen* werden individueller; unterschiedliche Kunden machen unterschiedliche Konsumerfahrungen und haben unterschiedliche Konsumerlebnisse. Kulturkritisch-pessimistisch können wir wegen dieser rasch voranschreitenden Fragmentierung der Erfahrungen von der ***Agonie des Realen*** sprechen. Die Realität zerbricht in unkohärente Einzelteile, weil niemand mehr dieselben Erfahrungen macht. Optimistisch gewendet können wir jedoch sagen, daß derjenige, der mit den Neuen Medien umzugehen weiß, große Vorteile hat: Er hat spannendere Erlebnisse wie z. B. virtuelles Einkaufen, er weiß viel mehr über Produkte, er kann die Preisniveaus einschätzen, was wiederum seine Macht stärken kann. Dieser Konsument ist souveräner und emanzipierter als der lokal orientierte Konsument.

Mit der Erfahrung der Neuen Medien erwirbt der Kunde fast zwingend ein neuartiges Gefühl von Überfluß: *Eigentlich ist alles schon da.* Alle Daten über Produkte sind schon da, alle Informationen sind verfügbar. Man muß sie nur noch abholen, und zwar möglichst angenehm. Und damit steigt wiederum der Anspruch an die Produzenten und Händler.

Welche Folgen hat eine solche Entwicklung? Wir haben überall gesättigte Märkte mit sehr leicht substituierbaren Leistungen und Produkten. Immer mehr Produkte mit einem ähnlichen Profil und einem ähnlichen Preis-Leistungs-Verhältnis drängen auf den Markt. Wenn die These von Peter Groß von der Universität St. Gallen stimmt, die besagt, daß wir in einer sogenannten Multioptionsgesellschaft leben, dann sind wir darauf angewiesen, daß

einem Kunden immer ausreichende Optionen zur Verfügung stehen, er also immer ausreichend Wahlmöglichkeiten hat. Und daher kann die Anschlußfrage nur lauten: *Was heißt es, in Märkten, in denen es eigentlich von allem zuviel gibt, und in denen der Kunde auch das Gefühl bekommen muß, daß es viel zuviel gibt, wirksam zu kommunizieren, sich zu unterscheiden und überhaupt noch etwas zu verkaufen?*
Der »Information Overload« nimmt zu. Und es gibt *keinen* Grund anzunehmen, daß sich daran in den kommenden Jahren etwas ändert. Gemäß Spiegel-Autor Hans-Dieter Degler gab es bereits 1993 über 300 000 Zeitschriften, über 30 000 Radiokanäle und weit über 3 000 TV-Kanäle.[18] Über 500 Satelliten transportieren Informationen in Form von Bildern, Daten und Tönen. In Japan hat man errechnet, daß pro Jahr etwa 483 Billiarden Wörter aus TV, Radio, Zeitschriften, Gesprächen auf einen einzigen Menschen niederprasseln. Daher lautet die Frage, wie nimmt dies ein Mensch, der seinerseits über etwa 100 Milliarden Gehirnzellen verfügt, überhaupt wahr? Was bleibt, was wird sofort wieder vergessen? Wie verarbeitet ein Mensch dies, nicht nur als kognitives Wesen, sondern als ein Wesen mit Haut und Haaren? Wenn das Internet sich weiter etabliert haben wird, wird die Flut der Informationen noch markant zunehmen.
Der berühmte französische Kommunikationsspezialist Jacques Seguéla, der die Kampagnen für Mitterrand und Giscard gemacht hat, faßt dies so zusammen: *Der Dritte Weltkrieg hat längst begonnen.* Es ist der Krieg um Informationen. Das Marketing dreht sich um den sich zuspitzenden Meinungskrieg in allen unterschiedlichen Medienkanälen, um die Besetzung von Bildern und damit um die Besetzung der Gehirne der Kunden. Wer hier präsent ist und Spuren hinterläßt, hat die entscheidenden Vorteile. Oder vielleicht erinnern Sie sich an den Propheten der Informationsgesellschaft, Marshall McLuhan, der schon in den 60er Jahren, als ihn noch kaum jemand wahrnehmen wollte, vorhersagte: *»World War III will be a guerilla information war.«* Kurz: ***Marketing ist im Info-Overload zuallererst ein Kampf um Wahrnehmungen geworden.***

18 Wissenszwerge unter Druck. Die Krise auf dem Weg ins Informationszeitalter, in: Der Spiegel, 14/93, 150–158

Und je schneller die Neuen Medien sich durchsetzen, desto eher wird dies Realität werden. Niemand kann sich dem Medien*spektakel* entziehen – wobei ich durchaus das Wort Spektakel betonen möchte. Das gilt in rasch wachsendem Maße für alle Branchen, von den Konsumgütern über die Dienstleister bis hin zu den Investitionsgütern. Es gibt keine diskreten Bereiche mehr. Es mag vielleicht noch einige Reservate in Form von hochspezialisierten Nischen geben, aber mit der Entwicklung der Medien dürfte das immer schwieriger werden. Kommunikation wird noch wichtiger, und mit den Neuen Medien werden bis zu einem gewissen Grad alle Unternehmen zu *Medienunternehmen.*

Infomercials, Advertorials, Edutainment: das Zusammenfließen ehemals diskreter Bereiche

Wie es das Marketing bereits geschafft hat, alte Grenzen zum Verschwinden zu bringen, zeigen etwa im Fernsehen die *»Infomercials«*, also Information und Commercials, das Zusammenfließen von Information und Kommerz; oder die *»Advertorials«*, ein Amalgam von Werbung und Editorial; oder das *»Edutainment«*, ein Marketing-Neologismus, der andeutet, daß Software im Ausbildungs- und Erziehungsbereich vermehrt auch Unterhaltungsaspekte integriert und damit das Thema Lernen neu fokussiert.[19] Das beschleunigte Zusammenfließen der drei Pfeiler der Kommunikation, nämlich Information, Bildung und Unterhaltung, nennen die Amerikaner ja nicht zufällig die *Telecomedia Industry.* Auch wenn bei Vorhersagen im Bereich der Neuen Medien Vorsicht geboten ist, so kann man davon ausgehen, *daß sich die Grenzen zwischen Kunden und Unternehmung noch stärker verwischen,* durch die – entweder jetzt schon oder zumindest für die nahe Zukunft angekündigte – Verfügbarkeit des interaktiven Shoppings, interaktiven TVs, interaktiven Bankings, interaktiver Unterhaltung. Da es in Zukunft keine zentrale Öffentlichkeit mehr gibt (Parlamente und Exekutiven), aber auch keine zentralen Medien mehr (TV-Sendungen, die Mehrheiten an Einschaltquoten fesseln können), löst sich für Unternehmen die Abteilung

---

19 Vgl. das Kapitel *Digital Kids* s. S. 175

PR (Public Relations) notwendigerweise auf. PR mutiert zu *Private Relations.* Es gibt nur noch private Beziehungen.
Halten wir uns immer vor Augen: In der Welt der Neuen Medien werden unsere Gehirne zu Datengehirnen. Wir alle werden selbst zu einer Art *»Terminal in multiplen Netzwerken«* (Baudrillard). Und hier wird es immer sinnloser, zwischen Marketing bzw. Werbung und Information zu unterscheiden. Es bildet sich ein Kontinuum von Werbetext, Informationen, Werbeplakat, Werbespot, Videoclip, Kinofilm. Öffentliche Flächen und Werbeflächen sind kaum mehr voneinander zu unterscheiden. Supermärkte verkaufen heute selbst ihre Fliesen an Hersteller. Sogenannte »Tile ads«, also Fliesenwerbung, die pro Bodenfliese einen bestimmten Mietzins erzielt, wird von den Händlern gerne veranstaltet, denn sie bringt zusätzliche Einnahmequellen, die sinkende oder stagnierende Umsätze im Abverkauf kompensieren können. Auch die Transportvehikel sind längst als Werbefläche durchanalysiert worden. Taxi, U- und S-Bahn sind heute recht beliebte Objekte.
Doch inzwischen ist auch die nächste, vielleicht höchste Stufe erreicht: *der menschliche Körper.* Gemeint ist nicht nur das Tragen von teuer bezahlten T-Shirts mit Firmenlogos. Gemeint ist die Oberfläche des menschlichen Körpers, der sich als Werbefläche zur Verfügung stellt. Er ist der wichtigste Werbeträger, denn er ist der *authentischste und damit der glaubwürdigste* unter allen. Tatoos von Logos sind 1996 besonders in Mode gekommen. Das geht soweit, daß *Puma* Sportler bei den Olympischen Spielen in Atlanta mit Kontaktlinsen mit Puma-Logos antreten ließ. Man ist clever genug, immer noch Lücken zu finden, um die Reglements der sportlichen Komitees zu umgehen. Aus den Technoszenen kennen wir den ironischen Umgang mit der Benutzung der Körperoberfläche als Werbeträger: Statt sich mit den berühmten drei Streifen von Adidas im Traineroberteil zu zeigen, malt man direkt drei Streifen auf den linken und rechten Arm. Damit kann man zugleich *totale Identifikation und ironische Distanz* markieren: Ich liebe euch, daher trage ich euch zur Schau, ich verulke euch, ich geb doch nicht wirklich Geld für einen Adidas-Trainingsanzug aus. Doch die Lehre daraus ist eindeutig: Wenn selbst der menschliche Körper als »normale« Werbefläche dient, gibt es wohl informationstechnisch kein »Jenseits« von möglichen Werbeträgern mehr.

Greifen wir den Faden der Informationsüberlastung und der Informationsüberlappung auf. Vergleichen Sie dies nur damit, wie Sie in Ihrem gewöhnlichen Arbeitsalltag Informationen konsumieren. Von dem Moment an, in dem Sie der Radiowecker aus dem Schlaf entführt bis zu dem Moment, in dem Sie nach kurzem Fußweg und Benutzung der üblichen Verkehrsmittel in Ihrem Büro sitzen und die Post erledigen, haben Sie bereits unzählige Kommunikationsangebote aus ganz unterschiedlichen Bereichen bekommen: eine Telekom-Kreditkarte, Kebab, Fast food und Vegi-Sandwich, englische Fußballresultate und Sportinterviews, dazwischen Ethnomusik aus Brasilien, Branchenberichte und personelle Mutationen, Kinderwünsche für die morgige Geburtstagsparty, ein wütender Autofahrer, der an sein Vorfahrtsrecht glaubt, die Erinnerung, daß Homosexuelle endlich heiraten wollen, ein Kriegsausbruch an einem Ort, von dem sie noch nicht einmal den Namen kennen, ein Handyanruf von der Mutter, einer von einem Kunden, der ein sensationelles Angebot hat, dann Angebote für peruanischen Alternativkaffee und Wädenswiler Bügelflaschenbier, Freilandpferdefleisch aus Kanada – alles Kommunikationsangebote, von denen Sie nur ganz wenige oder tendenziell keine mehr annehmen.
Was ist hieran bemerkenswert?
Erstens: Alles, was wir wahrnehmen und wissen, stammt aus einem Medium. Es gibt keine *»information brute«*, keine reine Information mehr, sondern nur noch gefilterte, bereits medial wahrgenommene und präparierte Information. Auch unsere eigene, ganz persönliche Wahrnehmung funktioniert so. Jede Wahrnehmung ist bereits medial gefiltert und abgefedert. Um es formelhaft zu sagen: Der Inhalt eines Mediums ist wieder ein Medium. Die Suche nach der »nackten Tatsache« ist ein frommer Wunsch, der in die Irre führt. Jedes Medium verweist wieder auf ein anderes Medium: ein TV-Report auf ein Buchzitat, ein Buchzitat auf eine alte Geschichte, die alte Geschichte auf ein Gespräch am Telefon etc.
Zweitens: Wir sind ständig auf der Flucht vor Informationen, nicht mehr auf der Suche nach ihnen. Denn sobald wir Informationsangebote annehmen, verweisen sie auf weitere Informationsangebote: Das Angebot über E-Mail verweist auf einen Faxbrief, der Faxbrief auf einen Telefonanruf etc ...

Drittens: Die Überflutung mit Reizen verlangt nach *intensiveren oder ganz anders gerichteten Reizen.* Aus der amerikanischen TV-Werbung können wir z. B. lernen, daß niemand mehr ernsthaft davon ausgeht, daß noch jemand zuschaut, wenn ein Spot läuft. Die Zuschauer und damit die Kunden kümmern sich um anderes und lassen sich durch einen Gang zum Kühlschrank, Gespräch mit dem Partner, Blick in die Zeitung etc. ablenken. Der Blick schweift also anderswohin. Aber man weiß auch, daß die TV-Konsumenten inzwischen zu faul geworden sind, während der Werbepause zu zappen. *Man schaltet nicht mehr um, weil es nichts bringt.* Die Konsequenz daraus? Die Leute gucken nicht mehr hin und schalten nicht mehr um – daher muß sich die Werbung nur noch auf akustische Signale spezifizieren. Alles Visuelle ist Nebensache …

Viertens: Die Situation der Kunden läßt sich ganz kurz in eine Formel fassen: ***Heute suchen nicht mehr Kunden Informationen, sondern Informationen suchen Kunden.*** Heute suchen nicht mehr Kunden Hotelbetten, sondern Hotelbetten suchen Kunden. Heute suchen nicht mehr Kunden Versicherungen, sondern Versicherungen suchen Kunden, z. B. auf der Innenseite der Verpackung des Schokoladenriegels als Überraschung, wie ein Beispiel des Schweizer Großverteilers Migros zeigt, der die Synergien zwischen der hauseigenen Versicherungsgesellschaft Secura und der Handelsmarke in der Schokoladenproduktion zu nutzen weiß. Auch das ist normal, obwohl es sicherlich zunächst irritierend wirken kann. Die Schlüsselfragen lauten deshalb:

- Wie kann ich überhaupt noch eine *wahrnehmbare Differenz* zu den anderen schaffen?
- Wie kommuniziere ich, daß meine Produkte *besser* sind?
- Wie generiere ich also *Zusatznutzen?* Und schließlich:
- Wie *entscheiden* Kunden im Informationsüberfluß?

Der Preis *allein* kann's ja nicht sein. Denn wenn das Profil eines Produktes *nur* im Preis liegt, dann kann auch nur der mörderische Preiskampf weitergehen. Doch wem hilft das? Es ist nicht immer und automatisch so, daß mit der *Mono- und Bipolarisierung* von Märkten der Kunde letztendlich der Gewinner ist. Umgekehrt haben auch die Kunden kein Interesse, daß sich der verbleibende Wettbewerb der wenigen Anbieter allein auf Preiskämpfe reduziert. Mit einiger verständlicher Wut hat das Christian Spengler, der Chef des Basler Mode- und Versandhauses Spengler, auf den Punkt gebracht: »Ewige Schnäppchenjäger müssen aufpassen, daß sie sich nicht selbst wegkonsumieren.«[20]

Vergessen wir nie: *In gesättigten Märkten, in denen die Kunden alles schon haben, was sie eigentlich brauchen, wissen sie auch nicht mehr, was sie eigentlich wollen.* Es bleibt eine große Illusion und Kuriosität zu glauben, man könne heute via Marktforschung herausfinden, was Kunden wollen. Herausfinden kann man nur die technischen und rationalen Aspekte (im Stile von: Soll der Schalter links oben oder in der Mitte sitzen?). Aber das Entscheidende erfährt man so nicht. Denn: ***In übernutzten und informationsgeschädigten Märkten muß man Kunden besser verstehen als sie sich selbst.*** An dieser Stelle sei auf das Kapitel »Marketing-Mythen in gesättigten Märkten« in unserem Kult-Marketing-Buch verwiesen.[21]

Kunden, die gar nicht mehr wissen, was sie eigentlich wollen, muß man ständig mit neuen Ideen überraschen, verführen, ihre Gefühle und ihr Wertebewußtsein ansprechen, also das avisieren, was sie wirklich existentiell interessiert.

Verabschieden wir exemplarisch einen wichtigen Mythos vom Kunden: Kunden kaufen Produkte und konsumieren sie als etwas Materielles. Das mag in dritter oder vierter Instanz stimmen. Viel wichtiger ist aber die Ebene der Gefühle und Werte geworden, die Produkte explizit oder implizit kommunizieren. Wie stark diese Ebene in der informationsüberladenen Warenwelt wirkt, hat der BSE-Skandal überwältigend bestätigt: Niemand kann die *wirklichen* Gefahren abschätzen und in Prozentzahlen angeben. Hier spielen vielmehr *Gerüchte, Medieninszenierungen* und *persönliche Überzeugungen* die entscheidende Rolle. Auch der bestausgewiesenste Experte findet sofort einen »Gegenexperten«, der seiner Aussage widerspricht oder sie zumindest relativiert. Denn nicht nur der Laie, sondern auch der Experte ist in den meisten

---

20 Cash, 23. 8. 1996

21 S. 235–241

Fällen überfordert. Das ist natürlich kein Plädoyer gegen Experten – sie bleiben wichtig –, sondern ein Hinweis auf die zunehmende Komplexität des Konsums. ***Eine steigende Anzahl von Konsumgütern wird sozusagen zur Black Box für die Kunden.*** Mit Gewißheit können wir nur sagen: Seit BSE genießt kein verantwortungsbewußter Zeitgenosse mehr Rindfleisch wie früher. Diesen Zustand kann man nicht mit real besserer Qualität von Rindfleisch verändern – denn sie ist ja nicht sicht- und spürbar, sondern wieder nur über Kommunikation von guten Gefühlen zu erklären, die Sicherheit, risikofreien Genuß und ähnliche emotionale Seelenmassagen vermitteln.

Fünftens: Fassen wir diese Situation der Kunden in eine zweite Formel: Je komplexer die Kommunikation, desto größer der Wunsch nach angemessenen Formen der Vereinfachung, Verständlichkeit, Vergleichbarkeit und vor allem der Verhaltensstabilisierung. ***Entscheidend ist, wie und in welchem Kontext Kunden Produkte erleben.***

Man verkauft den Kunden gute Gefühle. Und diese Gefühle zu managen – ich nenne es **Emotionsmanagement** – ist wohl die anspruchsvollste Aufgabe für die Zukunft. Kunden erleben heute im Angebotsüberfluß das meiste als *reine Zumutung.* Wir sehen das z. B. in der schwieriger werdenden Sortimentsgestaltung im Einzelhandel. Wer braucht schon 12 Sorten Zahnseide, wie sie in jedem durchschnittlichen Supermarkt in Connecticut angeboten werden? Das hat nichts mehr mit Lebensqualität oder Wahlfreiheit zwischen Marken zu tun. Niemand kann all diese Angebote prüfen, ausprobieren, wirklich vergleichen. Kunden erleben vollgepackte und unübersichtlich gestaltete Regale als Zumutung. Da ist der Preis nicht mehr wichtig. Aus diesem Grunde ist nebst der Verständlichkeit, Vereinfachung und Vergleichbarkeit die *Verhaltensstabilisierung* von großer Bedeutung. Sortimentsbereinigungen sowie die Konzentration auf weniger Anbieter ermöglichen es dem Kunden, *ritualisiert* einzukaufen. Wenn er das Grundschema eines Ladens besser versteht, z. B. wenn es eine thematische Ordnung gibt, die er verinnerlicht hat, wird er das Shopping angenehmer erleben, als wenn er sich ständig auf der Suche nach Waren neu orientieren muß.

Einige praktische Konsequenzen können aus diesen Ausführungen gezogen werden, die sich wie folgt zusammenfassen lassen:

- Die Entwicklung von Marketingbewußtsein macht den Unterschied zur Konkurrenz aus – Kommunizieren Sie existentiell wichtige Werte!
  Mit der Globalisierung und Deregulierung und der Entwicklung der Neuen Medien wird die Entwicklung von Marketingbewußtsein zur vordringlichen Aufgabe. Die Zeit unschuldiger Kommunikation ist vorbei. ***Es gibt kein Jenseits von Marketing und Werbung mehr.*** Marketing muß daher eine Denkhaltung, ein »Way of Life« werden und nicht einfach eine technische Einstellung. Man muß sozusagen die Werteveränderungen und Wertehaltung der Kunden *lesen* lernen und ihre existentiellen Wünsche ansprechen.

- Der Kampf auf den Märkten der Zukunft dreht sich nicht mehr um (konkrete) Produkte, sondern um die Besetzung von Symbolen – Vergessen Sie Ihr (konkretes) Produkt!
  Das Leistungsangebot im Zeitalter übernutzter Märkte wird *abstrakter;* auch Produkte verlieren ihre Unschuld und werden zu symbolischen Größen. Die Marktkommunikation der Zukunft scheint nicht in erster Linie in möglichst ausführlicher Kundeninformation zu liegen, sondern in der Konstruktion von einfachen, gut inszenierten Wertebildern, die dem Kunden *persönlich* etwas bedeuten, die also seinen ganz persönlichen Lebensstil oder sein Lebenskonzept ansprechen und bedienen. Das gilt nicht nur für teure Anschaffungen wie eine Golduhr oder einen Personenwagen; es gilt auch für die Güter des täglichen Gebrauchs. Wenn ich Thunfisch esse, will ich etwas über die Herkunft erfahren: Woher kommt der Fisch? Sind andere Tiere mitgefischt worden, und was ist mit ihnen passiert? Wie ist die Qualität des Gewässers? Wie war *der Lifestyle des Fisches?* Kommt er gar aus der Zucht? *Bevor* der Kunde überhaupt die Frage der Produktqualität und des Preises stellt, geht er in seinem Kopf bereits eine ganze Checkliste von Fragen durch, die symbolisch codiert ist. Werden sie nicht oder nur unbefriedigt beantwortet, so wird er auch kein zufriedener Kunde werden.

- Die Emotionalisierung der Märkte nimmt zu – Beginnen Sie mit der Gestaltung von Emotionen!
  Dienstleistungs- und Konsumgütermärkte entwickeln sich zu emotional gestalteten Märkten. Mehr Informationsüberlastung heißt auch größere Notwendigkeit, die Emotionen der Kunden zu gestalten. Kunden anzusprechen und ihr Wertebewußtsein zu gestalten ist nur über ein Management von Emotionen möglich. Angebote müssen zu Gefühlsangeboten werden. Auch wer rationale Informationen anbieten will, muß zuerst die Emotionen des Kunden ansprechen.

Die zunehmende Informatisierung und Vernetzung beschleunigt diese Entwicklung. Was passiert, wenn etwa das Netz bzw. das Telefonnetz der wichtigste Vertriebsweg wird? Die »kommunikative Lust« des Kunden anzuregen ist wichtig, um ihn dazu zu verleiten, trotz Überfluß auf ein Angebot einzusteigen. Kunden kommen nicht von selbst, man muß sie mit geschickter Kommunikation verführen.

Die Rückkehr des Menschen im Marketing

Ich habe im vorigen Kapitel davon gesprochen, daß sowohl die harten wie auch die weichen Faktoren wichtiger werden. Im Zusammenhang mit der Frage der Kommunikation heißt das: Auf der Seite der harten Faktoren muß die technische Entwicklung radikal und konsequent in die Kundenkommunikation integriert werden. Auf der Seite der weichen Faktoren können wir interessanterweise feststellen, daß es zu einer eigentlichen Renaissance des Menschen im Marketing kommt. Wir haben lernen können, daß der Kunde ein immer abstrakteres, von der Marktforschung definiertes Wesen geworden ist, dessen eigentliche Bedürfnisse und Wünsche aber immer weiter aus dem Blickfeld gerückt sind. Heute wissen wir: *Ohne den Menschen genau zu kennen, ist gutes Marketing nicht möglich.* Das heißt also, daß zweierlei wichtig ist:

1. Die kluge Ausnutzung aller Medienkanäle – hier können wir uns auf einen gigantischen Kampf um Kundendaten gefaßt machen –, doch *was* sind diese Daten wert? und

2. Die Verbesserung der sozialen Kompetenz, d. h. Aufbau und Pflege persönlicher Beziehungen werden von zunehmender Bedeutung sein. Dieser Faktor ist noch weitgehend unverstanden.

Rein formell können wir damit der Kundenkommunikation folgendes Grundraster zugrunde legen:

Grundraster der Kundenbeziehung:

TCCC: Total Customer Communication Capability:
Wie kann ich möglichst mit Kunden in Kontakt bleiben?

- *zuverlässig* (Erreichbarkeit verbessern)
- *lang* (bis zur life long customer care)
- *schnell* (der Zeitfaktor ist in Zukunft der wichtigste Erfolgsfaktor)
- *verbindlich* (alte Kunden zu halten ist billiger als neue zu akquirieren)
- *interaktiv* (Feedbacksysteme einbauen! Kunden, die das *Gefühl* haben, daß man ihre Anliegen ernst nimmt, sind die besten Kunden.)
- *informativ* (Die Frage lautet auch: Was kann der Kunde eigentlich für mich tun? Der Kunde ist für ein Unternehmen der wichtigste verbale und – noch entscheidender – der wichtigste nonverbale Informant.)

Kunden muß man also zunächst wieder als Menschen mit ganz persönlichen »Macken« verstehen lernen. Es besteht, wie schon gesagt, diesbezüglich überhaupt kein Zweifel: Die persönliche Beziehung ist mit Abstand die wertvollste Ressource für den Umgang mit Kunden (Beziehungsmanagement oder sogenanntes Relationship Management). Um aber gleich vor zuviel Euphorie und »Menschenfreundlichkeit« zu warnen: Die persönliche Beziehung ist auch die teuerste Beziehung. Man muß sie sich auch leisten können. Wir brauchen zwar eine veränderte Form der Beziehungskultur, aber sie ist nur *hochselektiv* möglich.
Wir können hier eine klare Trendwende gegenüber den 80ern und den frühen 90ern feststellen, als das Schlagwort noch »Networking« hieß. Heute ist »Networking« out. Denn es handelt sich um

eine rein technische Form der Kundenbeziehung, im Small talk bei Empfängen möglichst viele Visitenkarten zu sammeln, um mit ihnen dann ein Namedropping betreiben zu können. Mit irgendwelchen Leuten irgendwelche Beziehungen zu haben, nützt dem Unternehmen langfristig kaum etwas. Heute erkennen wir: Diesen unendlich vervielfältigten Beziehungen mangelt es an Qualität; die *Beziehungsqualität* wird zumeist *überschätzt*, denn wenn es Probleme gibt, sind sie wertlos. Man versucht daher, eine *dauerhafte und persönliche* Beziehung zu Kunden aufzubauen. Ohne eine Investition persönlicher Energie in die Kundenbeziehung geht dies nicht. Hier liegt die Differenz zur rein technischen Form der Zusammenarbeit. *Die Qualität der Beziehung wird also wieder wichtiger als die Quantität.*
Hier liegt der Wandel im Aufbau des Beziehungskapitals:

Quantitative Beziehungspflege:	**Qualitative Beziehungspflege:**
Grundfrage:	Grundfrage:
Wer/was ist interessant?	Mit wem will ich auch morgen noch zusammenarbeiten?
allgegenwärtig	hochselektiv
keine Zeit für alle	Zeit für wenige
Networking	Relationship Management
• Small talk	• Loyalty Management
• Visitenkärtchen sammeln	• Credibility Management
• Namedropping	• Community Management
	• Intimacy Marketing
aktiv/hyperaktiv	interaktiv

Um es nochmals zu unterstreichen: Die beste, vertrauenswürdigste und zuverlässigste Kommunikation ist die persönliche Kommunikation von Angesicht zu Angesicht. Doch sie ist mit dem Problem verbunden, daß sie die aufwendigste und teuerste ist. Man muß also damit sehr selektiv und bewußt umgehen. Es ist die wichtigste Investition, die deshalb auch um so sorgfältiger getätigt werden muß.

Interessant und alles andere als selbstverständlich ist, daß auch im harten Busineßkontext wieder vom »Menschen« gesprochen wird. Dies ist mehr als nur ein Symptom eines tiefgreifenden Wandels. Es reflektiert die Verunsicherung auf unseren Märkten. Man spricht also nicht mehr vom Kundengespräch, sondern von *der Begegnung von Mensch zu Mensch*, als ob es sich um rein private Angelegenheiten handeln würde. Es geht um die Energie zwischen Menschen, nicht zwischen Kunden. *Das Persönliche wird dem Kommerziellen vorgestellt.* Letzteres ist auffälligerweise eine Folge des ersteren! Wir hören daher sogar den Spruch: *»Auch Kunden sind Menschen!«* Ein klarer Unterschied zu den 80ern und frühen 90ern.

Wer wirklich erreichen will, daß Kunden treu sind, kann sich nicht auf ein rein technisches Vorgehen beschränken. Daher steigt ja überall rasch die Vermutung, daß der Ausbau von Serviceleistungen in allen Preissegmenten unvermeidlich wird. Merken wir uns ein für allemal: *»Kundenbindung« heißt nicht Kundentreue.* Menschliche Beziehungen sind nicht manipulierbar wie technische Systeme. Der Zeitfaktor darf nicht unterschätzt werden. Gerade das lernen wir im Informationsüberfluß, daß die persönliche Kommunikation immer auch mit einem *Aufwand* an *sozialer Energie* einhergeht, die nicht beliebig verfügbar ist. Wir können nicht zu beliebig vielen Menschen Beziehungen oder gar »gute« Beziehungen aufbauen.

Beziehungen scheitern am »Menschlichen«, sie gelingen mit dem »Menschlichen«. Es ist das Gesicht des Gegenübers, sein unausstehliches Parfum, sein Mundgeruch, sein fürchterlicher Akzent, sein Jargon – nicht einfach der Preis. *Kundentreue* ist das Resultat persönlicher Erfahrung und der Pflege von gelingenden Beziehungen. *Kundenbindung* hingegen ist Technokratie; die Illusion, man könne Kunden heute mit irgendwelchen Strategien dazu bringen, sich an ein Unternehmen zu binden. Es gibt Unternehmen, die innerhalb des Marketings Abteilungen haben, die sich

»Kundenbindung« nennen. Stellen Sie sich vor, Sie bekommen einen Brief, der von einem Abteilungsleiter »Kundenbindung« signiert ist. Sie wissen genau, er will sie »binden«. Das ist wohl kaum der richtige Einstieg in eine langfristige, gute Beziehung. Kundentreue hat eine ganz andere Qualität. Sie bedeutet, daß die Beziehung auf *Vertrauen* basiert. Vertrauen aber entsteht erst über die Zeit und durch Erfahrungen. Und über positive Erlebnisse in erster Linie mit der Unternehmung (am Point of Sale) und in zweiter Linie mit dem Produkt.

Wir sehen heute, daß der Druck im Marketing rasch zunimmt. Man will Maßnahmen, die Erfolg bringen. Daher wächst die Illusion, man könne mit immer tieferen Preisen und Rabattsystemen Kunden gewinnen. Doch das ist ein kurzfristiger Trugschluß. Mit Niedrigpreisaktionen und ähnlichen Maßnahmen lassen sich kurzfristig Frequenzen steigern, Kunden gewinnen bzw. Kundentreue *aufbauen* sicher nicht. Damit erreicht man nur einen »emotionalen Kick« im Gehirn des Kunden. Schnäppchenjäger und Preiskonsumenten, also sogenannte »Best Price Shoppers«, sind eine bescheidene Kundenkategorie. Denn sie zeichnen sich durch Promiskuität aus: Sie gehen überall hin, wechseln sofort die Firma, wenn sie das Produkt anderswo billiger erhalten können.

Doch mit dem steigenden Druck sehen wir auch, daß der Wunsch nach – sagen wir es einmal so – *»Beziehungswärme«* – wächst. Man will eine wirkliche freundliche Beziehung, keinen Small talk, der nur überflüssige soziale Energie kostet oder gar Bluff. Mit der Erklärung des Ethnologen Hans Peter Duerr:

»Wir hausen in einer Konkurrenzgesellschaft, wo sich Käufer und Verkäufer gegenüberstehen. Hinter der Sehnsucht nach der magischen Welt steht auch *das elementare Bedürfnis nach einer überschaubaren Gruppe von Menschen, die Bindungen zueinander haben und nicht nur oberflächliche Kontakte.* Max Weber sprach von der Unmenschlichkeit der modernen Gesellschaft, in der persönliche Beziehungen zunehmend anonymisiert werden. Das erzeugt eine unangenehme soziale Kälte.«[22]

Wir erkennen, daß das Beziehungskapital das wichtigste Kapital

---

22 Wir wollen staunen, Interview im Spiegel, 50/1996, 222–225

ist. Es handelt sich hierbei aber um etwas anderes als den klassischen Filz und die Seilschaften, das »Vitamin B«. So etwas kann sich keine Firma mehr leisten. Dafür gibt es zu viele Negativbeispiele aus den vergangenen Jahren, insbesondere aus den politiknahen Unternehmungen. Kurz: Man mache sich nichts vor. ***Auch Beziehungen gehören heute in die Kategorie der Leistung.*** Firmen bezahlen gute Mitarbeiter dafür, daß sie die Kompetenz haben, persönliche Energie in Kundenbeziehungen zu investieren und damit dem Aufbau von langfristigen Beziehungen zu den wichtigsten Kunden als Menschen dienen.
Wie stark übrigens im Marketing die Rückkehr der Beziehungsqualität zwischen Menschen Einzug hält, zeigen symptomatisch Schlagworte wie

- ***Relationship Marketing,*** das die ganze Palette des Beziehungsmanagements abdeckt;
- ***Intimacy Marketing***;
- ***Community Marketing*** – also Gemeinschaften aufbauen, oder gar
- ***Loyalty Management,*** wie wir es etwa von den großen Airlines und Kreditkartenunternehmen her gewohnt sind. Firmen wie etwa American Express haben ihren eigenen Loyalty Manager. Hier geht es um Bonus- und Incentiveprogramme, die dem Kunden sichtbare Verbesserungen seines Status in Aussicht stellen;
- ***Interaktive Direct Marketing,*** das aufgrund der technischen Entwicklung immer ausgefeilter und differenzierter wird.

Im größeren Zusammenhang gesehen ist dies Symptom einer Entwicklung, die deutlich macht, *daß alte Loyalitäten nicht mehr funktionieren* und der einzelne seinen persönlichen Weg finden muß. Früher existierte ja beispielsweise noch die doppelte Loyalität: die Loyalität der Unternehmung gegenüber seinem Mitarbeiter und die Loyalität des Mitarbeiters gegenüber seiner Firma – oder eben Kundentreue. Und es gab Loyalität in Form von Markentreue. All dies funktioniert heute nur noch sehr vereinzelt, weshalb man dagegen *aktiv* etwas unternehmen muß. Das moderne Marketing antwortet darauf mit der *Rückkehr des Menschen* in eine Kommunikationswelt, in der es kein Jenseits mehr von Marketing und Werbung gibt, in der also letztendlich auch bei aller Menschlichkeit die Kapitalisierung von Beziehungen den Ausschlag gibt.

Die Welt der Emotionen

»Dinge, die uns wirklich berühren, müssen ein Geheimnis haben.«
Brian Ferry, Roxy Music

Vom Ende der Informationsgesellschaft – Unterwegs zur Gesellschaft der Geschichten und Träume

Die Revolution in der Wertschöpfung von Produkten und Dienstleistungen wird keine »rationale« Revolution sein. Sie wird den Bereich der Emotionen betreffen. Die Evolution der Konsumgesellschaft, wie wir sie heute erleben, erlaubt die These: *Menschen wollen träumen*, und die Chancen, daß *qualifizierte Traumverkäufer* in Zukunft am meisten Geld verdienen werden, stehen gar nicht schlecht. Von diesen Träumen können wahrscheinlich auch die weniger begüterten Menschen profitieren. Während bislang die Welt der Träume den Luxusprodukten vorbehalten war, können »Traumprodukte« bald für sehr viele Menschen erschwinglich sein.
Erfolgreiche Unternehmen – wie zum Beispiel *Disney*, *Microsoft*, *Nike* – können das bereits überwältigend bezeugen. Hilfreich sind daher Forschungen, die sich mit der Emotionalität des Menschen in unserer sich globalisierenden Wirtschaft beschäftigen. Wenn wir z. B. dem Managing Director vom Copenhagen Institute for Futures Studies, *Rolf Jensen*, glauben,[23] betreten wir heute die fünfte Stufe des technisch-ökonomischen Systems der Menschheit:

---

23 The Fifth Society – after the information society, 1996

1. Jäger- und Sammlergesellschaft
2. Agrikulturelles System
3. Industriegesellschaft
4. Informationsgesellschaft
5. Dream Society / Gesellschaft der Träume

Wir können diese fünf Stufen des technisch-ökonomischen Systems der Menschheit wie folgt umreißen:

1. Jäger- und Sammlergesellschaft mit einem nomadischen und seßhaften Stammestypus.
2. Agrikulturelles System, dauerte etwa 10 000 Jahre, fokussiert auf Landwirtschaft und Subsistenzwirtschaft ohne ausgeklügelte Lagermöglichkeiten von Gütern.
3. Industriegesellschaft, begann ca. 1750 mit den Dampfmaschinen in England und damit mit der Technisierung und Automatisierung der Arbeitsprozesse.
4. »Informationsgesellschaft«, »Wissensgesellschaft«, »Technologische Gesellschaft«, auch zusammenfassend als »Kommunikationsgesellschaft« bezeichnet. Seit etwa 1950 sind Wissenschaft und Technologie die Motoren der Wirtschaft. Eine Revolution in der Wertschöpfung wird durch Information und Wissensvorsprung erzielt. Diese Gesellschaftsformation ist stark auf *technische* Fragen ausgerichtet: Wie bekomme ich eine noch bessere Technik? Und besser heißt immer auch schneller. Bessere Bandbreite, schnellere Prozessoren, wann kommt wirklich www, also world wide web, und nicht world wide wait mit dem Stau? etc. Das Hauptproblem dieser Gesellschaftsformation besteht darin, daß die Technik als *langweilig* und *nervig* erlebt wird. Die Shops der Consumer Electronic sind ebenso langweilig und benutzerunfreundlich. Sie sind abschreckend, *»not appealing«*. Jetzt gibt es rasche Fortschritte, wie wir vor allem im wohl zukunftsträchtigsten Geschäft feststellen können, bei den Kindern und Jugendlichen.[24] Oberflächengestaltung, Benutzeroberfläche, Software-Accessoires werden userfreundlicher und damit interes-

24 Vgl. das Kapitel *Digital Kids*, S. 175

santer und ästhetisch anspruchsvoller. Sie müssen den Kunden alle Probleme abnehmen, sonst verlieren diese ihr Interesse an der Technik.

5. »Dream Society«, gegen 2000 beginnend. Hier beginnt die nächste Stufe der Entwicklung, die wir zum Teil schon angeschnitten haben. Sie ist das Resultat einer radikalen Kundenorientierung. Ihr Fokus lautet: *Man muß die Menschen in verschiedensten Facetten träumen lassen; die technokratischen Versionen der Kundenkommunikation gehen nicht mehr auf.*[25]. Daher muß man die *Emotionen gestalten:* Träume, gute, einfache Geschichten, Spiele, Gefühlswelten – also Welten, die an Werte gebunden sind, die die Kunden *wirklich* interessieren.

Wenn nur ein Teil der Versprechungen stimmt, die uns die strategischen Planer von IBM oder Microsoft oder anderen führenden Multimediakonzernen machen, dann können wir ziemlich sicher sein, daß die nächste Revolution die Revolution der Träume sein wird. Damit werden die kulturellen und anthropologischen Voraussetzungen des Menschen wichtiger und besser bedienbar; es geht um seine psychische und mentale Tiefenschicht. Die Menschen haben während der Evolution des Konsums alles Erdenkliche an Produkten erhalten – aber sie sind nicht glücklich geworden.

Was ich damit sagen will: Techniken stellen nur *Infrastrukturen* bereit, die an sich grau und langweilig sind. Eine hochwertige, sehr einfach handhabbare Technologie wird aber bald einmal als gegeben vorausgesetzt – ja vorausgesetzt werden müssen, denn sonst laufen die Kunden davon. Um es zuzuspitzen: Neue Jobs und die höchste Wertschöpfung entstehen in der Entwicklung und Distribution von Träumen. Unternehmen der Zukunft – und nicht nur die Unterhaltungsindustrie, die es als solche vielleicht nicht mehr geben wird – müssen lernen, die meist *unbewußten Träume und Traumwelten ihrer Kunden* zu entschlüsseln. Der Mensch mutiert mit den neuen medialen Technologien vom *mechanischen Konsumapparat zum seelischen Agenten*, der seine Emotionen gestalten kann.

---

25 Vgl. *Mehr Härte = Mehr Magie*, S. 29

Wir können es auch so formulieren: Endlich werden die *inhaltlichen* Fragen gestellt und nicht mehr die mühsamen technischen, die allenfalls die kleine Gruppe der Spezialisten und Technikfreaks interessieren. Die Frage lautet ja: Womit füllen wir denn all die Tausende von Informationskanälen, die Strukturen, die wir aufbauen? Wir können das nur erreichen, wenn wir die Sensibilität für das Wertebewußtsein der Kunden verbessern. Und das heißt: Wie kann ich die Träume der Kunden besser bedienen?
Aus einer ganz anderen Perspektive hat Watts Wacker, früher bei Yankelovic tätig, heute Futurist bei SRI Consulting, ein ähnliches Resultat erarbeitet wie Jensen.[26] Sein Phasenmodell ist lediglich semantisch anders ausgerichtet. Statt von der »Dream Society« würde er wohl von einer Art *»Soul Age«* sprechen. Denn es geht um die Gestaltung der »Seelenlage« des Kunden.
Watts Wacker geht davon aus, daß wir im Zeitalter der Vernetzung und des elektronischen Verkehrs dazu übergehen müssen, auch aus sozialen Gründen jedermann/frau zu vernetzen. Denn menschliches Überleben basiert auf Arbeit. Wir müssen schauen, daß potentiell alle daran teilhaben können. Der Wandel in der Arbeitsethik basierte darauf, daß die Freizeit ein integraler Bestandteil des modernen Lebens wurde. Heute droht statt der Inklusion von Freizeit die Exklusion von Arbeit aus dem Leben. Das ist die große Gefahr.
Die Chancen sind heute gut, daß ein hoher Anspruch eingelöst werden kann. Doch das geht nur noch über die elektronischen Netze.
Bislang wurden die Arbeitswerkzeuge – »Tools« – dazu geschaffen, um uns von der niederdrückenden Last physischer Belastung zu befreien (erste Stufe). Wir bekamen mehr Zeit, um über unsere Arbeit nachzudenken. Daraus entwickelten wir neue »Tools«, die uns auch noch vom Denken, also von kognitiver Belastung, entlasteten (zweite Stufe). Heute sind die beiden Stufen der physischen und kognitiven Belastung weitgehend gedeckt: Niemand muß Kopfrechnen lernen, niemand muß Orthographie lernen – das übernehmen für uns die intelligenter werdenden Maschinen. Daher ist die nächste Ebene die Seele (dritte Stufe): Die seelische

26 Vgl. Wired, Dec. 1996, p. 225

Belastung nimmt exponentiell zu; daher müssen wir uns mit ihr so auseinandersetzen, daß wir ein produktives Verhältnis zu unserer Seele gewinnen können. Mit der Digitalisierung und Vernetzung der globalen Gesellschaft können die beiden ersten Stufen als vorausgesetzt angenommen werden. Daher kann die Seele – oder eben im Sinne von Jensen die Träume – eine neue Dimension in der gesellschaftlichen Gestaltung erreichen, die früher nur für ein Luxussegment möglich war. Dem ganzen Bereich der »Empathie« könnte eine arbeitstechnische Neuorganisation zugefügt werden. Das erinnert auch an den großen Bestseller von Daniel Goleman, der mit der »Emotionalen Intelligenz« ein ähnliches Feld der unbewußten Wünsche erschloß und seit 1996 und 1997 ununterbrochen weltweit auf den Bestsellerlisten steht.
Mir scheint, daß die ***»Dream Society«*** vor allem für Europa eine wichtige Entwicklung darstellt. Wir brauchen die Träume existentiell. Die Amerikaner und auch die Japaner können mit rein technischen Utopien gut leben, erstere, weil dort *Speed* und Veränderungen nicht negativ besetzt sind, und letztere, weil sie, bedingt durch andere Traditionen, ein unbefangeneres Verhältnis zur Technik haben als die Europäer. Für die Amerikaner ist die Dream Society ein Zusatznutzen, für die Japaner ist sie eine kulturell Interesse weckende Entwicklung.
Mit dem Übergang in die Stufe der »Dream Society« oder des »Soul Age« müssen wir uns eingestehen, *daß klassische Aufklärungsstrategien die gesellschaftliche Komplexität nicht mehr bewältigen können.* Gerade die grenzenlose Informationsflut zeigt dies offensichtlich. Mit »normalen« Informationen kommen wir nicht mehr oder nur noch begrenzt weiter – also schriftlich, verbal, einer linearen Logik folgend, nach dem Urmuster, daß ein Buch auf der ersten Seite beginnt und auf der letzten mit der Konklusion schließt. Wir sind rational aufgeklärt und abgeklärt bis zum Überdruß. Langsam erkennen wir, daß wir damit keine tauglichen Lebensstrategien mehr aufbauen können. *Wir brauchen Entlastungsstrategien, die uns das Leben nicht noch schwerer machen. Und wir brauchen mehr denn je den emotionalen Überbau, um uns die Rationalität leisten zu können.* Traumwelten, die heute möglich werden, sind emotionale Agenten, die unsere Gefühlswelt *ritualisieren* und der Ratio vorgelagert sind.

Wir müssen in der Kommunikation der Zukunft assoziative, symbolische Welten schaffen. *Unsere Großväter sind in der Industriegesellschaft groß geworden, wir sind in der Informationsgesellschaft groß geworden, und unseren Kindern gehört die Welt der Träume, Geschichten, Spiele.* Um es zu wiederholen: Wenn unsere Kinder auf die Informationsgesellschaft zurückschauen, werden sie sie als grau und langweilig beschreiben, ohne Bezug auf Wünsche und Werte, die die Menschen wirklich interessieren.

Meine These ist: Je mehr der Druck auf die Menschen im Alltag zunimmt, je schwieriger wird es, ein glückliches Leben zu führen, je weniger wir uns im realen Leben Träume erfüllen können, desto wichtiger werden die Traumwelten, die wir mit Produkten und Dienstleistungen verknüpfen. Denn diese sind in unserem Medienalltag präsent, wir können ihnen nicht entgehen.

Wir können uns diese These mit den unterschiedlichsten Branchen und Produkten verdeutlichen. Was verkaufen denn beispielsweise Lebensversicherer? Sicher nichts Rationales, sondern emotional zu gestaltende Welten. Was ist denn Geld? Geld hat z. B. sehr viel mit Erotik zu tun, und dies läßt sich gut in starke Bilder und Geschichten umsetzen. Die Zukunft unserer Gesellschaft wird also auch davon abhängen, inwieweit es gelingt, intelligente Produkte zu schaffen, die die Kunden wirklich interessieren. Daher können wir eine Formel aus »Kultmarketing« für unsere Zwecke adaptieren:

Formel: Emotional Design (ED):

Daten-(Selektion)-Information-(Design)-Kommunikation

Konkretisiert sieht dies so aus:

Die Datenmenge nimmt stetig zu; dieser Tatsache kann sich niemand entziehen. Doch aus ihr Informationen zu entnehmen, ist schon schwieriger. Daß im Medienrauschen außerdem noch Kommunikation entsteht (= Wahrnehmung einer gewollten Botschaft und deren selektives Verstehen), wird in der Medien- und Datenflut geradezu unwahrscheinlich. Wir müssen daher Informationen so gestalten, daß sie »appetitlich« dem Zielpublikum vorgeführt werden. Daher spielt das Wort Design, also Gestaltung, eine so herausragende Rolle. Innerhalb der Möglichkeiten des Designs hat im Medienüberfluß und -überdruß eindeutig die

Emotionalität den Vorrang. Denn Emotionen sprechen uns direkter an. Wir wissen, daß z. B. die Musik für Jugendliche einen sehr hohen emotionalen Stellenwert hat. Jugendliche kann man mit ihren Lieblingstunes am besten ansprechen. Noch besser kann die Kommunikation gelingen, wenn man die Musik mit starken Bildern untermalt. Wir kennen das aus den Videoclips, die in den Achtzigern groß geworden sind. Noch stärker sind Sound & Bilder, wenn sie Geschichten erzählen. Daraus können wir Emotionalität gestalten: ***Emotional Design.*** Kommunikation wird in einer komplexen Medienwelt zum Resultat *inszenierter Informationen*, die den Regeln der Dramaturgie folgen. Nichts anderes lehren uns die erfolgreichen Konzerne.

Konkrete Produkte und Angebote werden immer mehr zu Resultaten des Emotional Designs, weil klassische Informationskampagnen *erstens zu langsam, zweitens zu langweilig und drittens zu kompliziert* sind, als daß überhaupt noch Kommunikation entstehen könnte. Daß daran sicherlich etwas Wahres ist, können wir daran erkennen, daß die höchste Wertschöpfung in Geschichten liegt, daß schon heute sich abzeichnet, daß die bestverdienenden Leute die Geschichtenerzähler sein werden.

Wer gehört schon heute dazu?

Das Marketingkapital von guten Geschichten: Was Bill Gates, Franz Beckenbauer und Ronald Reagan gemeinsam haben

- An erster Stelle stehen **Unternehmer** wie Bill Gates, wohl heute der berühmteste Unternehmer der Welt. Er ist nicht nur der angeblich reichste Mann der Welt, er ist auch ein gewiefter Stratege. Er tut nichts anderes, als *die Geschichte der Informationsgesellschaft so zu erzählen, daß alle Leute an ihre Zukunft glauben.* Niemand weiß, ob Bill Gates die Wahrheit sagt. Aber was Bill Gates sagt, hört sich an wie ein Gebet. Wenn Sie an die Einführung von *Windows 95* denken, so hat er nichts anderes getan, als vor der ganzen Weltöffentlichkeit und *in allen unterschiedlichen Medienkanälen die Geschichte eines Produktmythos zu inszenieren.* Er ist selbst unermüdlich in den unterschiedlichsten Rollen präsent: in der Rolle (1) des

PR-Agenten und Imageschöpfers für Microsoft, (2) des High-Tech-Experten an Universitäten und bei verschiedenen Managermeetings, (3) des Hollywoodstars, zum Beispiel in Werbekampagnen für Coca-Cola, die mit alten Cola-Automaten die High-Tech-Zukunft ironisieren, (4) des Autors von Sachbüchern, (5) des Visionärs für eine technisch bessere Zukunft und (6) des Marketingsupporters für seine Waren. Er hat mit den Medien gespielt, sich als Marke neu positioniert und am Mythos Bill Gates weitergearbeitet. Hier können wir erkennen, wie sich ein Zyklus ständig erneuert, und wie wichtig Persönlichkeiten für den Support sein können: Medien produzieren die Marke, die Marke produziert den Mythos (= die Geschichte), der von der Person Bill Gates maßgeblich mitgetragen wird, der Mythos lebt durch die Medien weiter, die Marke stärkt den Mythos etc. Leslie Savan vom Village Voice hat die Lancierung von *Windows 95* wunderbar recherchiert und nachgezeichnet; eine Lektüre ihrer Arbeit lohnt sich.[27] Kurz: Es gelingt Bill Gates, Microsoft und sich selbst als »smarten Player« zu positionieren. Microsoft ist in der Wahrnehmung der Kunden nicht mehr eine elitäre Firma, die nur für High-Tech-Freaks etwas herstellt und sich im Hochpreissegment befindet; Microsoft ist eine populäre Firma geworden, deren Produkte *zu dir und zu mir* passen. Unvergeßlich bleibt der erwähnte Auftritt von Bill Gates in einem Coca-Cola-Spot, der diesen Wandel auf den Punkt bringt. Heute kennt fast jeder Bill Gates, aber wer kennt schon den CEO von IBM oder Compaq, die viel größer sind? Microsoft erzielte 1995 etwa 1/8 des Umsatzes von IBM, das mit über 70 Mia. $ abschloß. Wer kennt Gerstner oder Pfeiffer? *Bill Gates ist ein Popstar*, und er funktioniert wie ein Popstar. Und das ist für das Image eines High-Tech-Unternehmens anscheinend von großem Vorteil.
Bill Gates ist ein Beispiel, mit dem man zeigen kann, wie mit einem erhöhten Output an emotionaler Kommunikation der

---

27 Der ursprünglich zur Einführung von Windows 95 unter dem Titel »Bill Gates? Don't get me started« im Village Voice erschienene Artikel wurde im GDI-Impuls zum Teil wiederabgedruckt unter dem Titel »Ich werde diese Fenster niemals öffnen«, 4/95, 63–66

Wert des Unternehmens viel höher erscheinen kann, als er effektiv wäre. Aber dies ist die Basis für die Wertsteigerung der Zukunft.
Oder nehmen wir Phil Knight, den legendären Gründer von *Nike*, dem erfolgreichsten Sportschuhproduzenten und -händler der jüngeren Vergangenheit. Ihm ist es gelungen, über Jahre das Ansehen von Schuhen weltweit kontinuierlich zu verbessern und als großen Kult zu etablieren, angefangen beim ganz gewöhnlichen Turnschuh, bis hin zum Golfschuh. Aus Turnschuhen sind Kultprodukte geworden. Aber möglich war das nur über die Inszenierung von Geschichten. Knight hat ja gesagt, er brauche für den Aufbau seines Sportartikelimperiums »Five cool guys«, also fünf ganz speziell ausgewählte Sportler, die die Philosophie von *Nike* am besten verkörpern. Es sind Figuren, die leicht schräg sind, aber nicht zu schräg, so daß sie zwar leicht subversiv, aber doch für ein Massenpublikum kompatibel sind. Heute wissen wir: *Nike* ist mit seinen Stars ein Geschichtenerzähler geworden, indem die Produkte in unterschiedliche Sportstorys eingebettet wurden. Mit den Stars werden Werte über persönliche Lebensstile kommuniziert. Die Helden der Olympischen Spiele sind die, die die besten Geschichten generieren können, und sie bekommen auch am meisten dafür. So hat die brasilianische Fußballnationalmannschaft 400 Mio. $ für einen Exklusivvertrag mit *Nike* für die nächsten Jahre erhalten.
Wir können nicht mehr sagen, welchen Firmentypus *Nike* nach gängigen Kriterien darstellt: Ist es ein Retailer? Zum Teil. Ist es ein normaler Produzent? Zum Teil. Oder ist *Nike* einfach ein genialer Kommunikations- und Designerkonzern? Wenn man die Ausgaben des Konzerns sowie die Produktionskosten im Verhältnis zum Kommunikationsaufwand anschaut, müßte man zu diesem Resultat kommen. Ein neuer Schuh von *Nike*, hergestellt irgendwo in Vietnam oder in China, kostet gerade einmal 2 oder 3 $. Ein Topschuh kostet aber als neues Modell oft 150 oder gar 200 $. Der größte Anteil des Umsatzes fließt in die Kommunikation bzw. in das Design der Träume und Traumwelten.
Nike verkauft eine hochkonzentrierte Philosophie (»Just do

it«, »There's no finish line«), die die Kraft besitzt, unterschiedlichste Zielgruppen zu faszinieren. »To all the athlets and dreams they chase we dedicated Niketown«, heißt es.
Vom Betreten des Ladens über den Einkauf nach Soft-Sell-Prinzipien bis zum POS wird nichts dem Zufall überlassen. Alles ist dramaturgisch durchkomponiert, und auch das Personal muß die *Nike*-Philosophie verinnerlicht haben. Verkäufer sind »die physische Verlängerung der ›Just-do-it-Philosophie‹«. Und alle sogenannten »Pavillons« sind nach Sportthemen wie Basketball, Golf, Tennis, Fußball, Outdoor Activities etc. gruppiert.
Das *Nike*-Logo, vor dreißig Jahren für 35 $ vom Gründer Phil Knight gekauft, ist heute nach den olympischen Ringen das bekannteste Logo der Welt, so jedenfalls sagt es Rachelle Gillerman, Marketingmanagerin der beiden schönen LA Niketowns. Die Philosophie der Marke ist anscheinend so stark, daß sie sich auf ganz unterschiedliche Sportthemen vom Tennis über den Fußball bis zum Golf ausdehnen läßt. Allein 200 ausführlich getestete Schuhmodelle erscheinen jährlich. Die Kunden fragen nach neuen Modellen etwa von Jordan (Private Shopping für gute Kunden), und der ganze Bestand von 300 Paar neuen 200-$-Schuhen sind im kleinen Orange County Niketown innerhalb von 45 Minuten weg. Falls etwas nicht läuft, verkauft es sich immer noch in einem Outlet-Center, mit 25 % Rabatt.
Die Niketowns sind zu touristischen Attraktionen geworden. Touristen besuchen die Niketowns wie Wallfahrtsorte. Selbst die weit vom Zentrum von LA entfernte Orange County Niketown hat 50 % Tourismus-Kunden. Und solche Besuche verstärken natürlich wiederum den Mythos der Marke.
Bill Gates und Phil Knight sind vielleicht die ersten Unternehmer, die begriffen haben, daß strategische Planung und strategisches Träumen zusammengehören, daß also knallhartes Busineß mit weichen Werten, Soft Values, verknüpft werden muß.

- **Unternehmensberater.** Nicht nur Unternehmer, auch Berater erzählen Geschichten. Gute Berater erzählen Unternehmen Geschichten über andere Unternehmen aus der Busineß-Welt.

Beratergurus wie Tom Peters kassieren dafür Tageshonorare von 100 000 DM. Auch sogenannte hartgesottene Manager sind wie kleine Kinder; sie funktionieren am besten, wenn man ihnen gute Geschichten erzählt, an die sie glauben können. **In der globalen Medienwelt werden gute Geschichten und Gerüchte über Unternehmen immer wichtiger, weil niemand mehr zwischen Fiktion und Faktum, zwischen Erfindung und Realität unterscheiden kann.** Denn jedes Medium verweist auf ein anderes Medium: der Bestseller von Tom Peters auf eine TV-Sendung, diese auf einen Artikel im Wall Street Journal, dieses auf ein Referat eines Topmanagers, dieser auf die Strategie eines Internet-Hackers, diese auf eine E-Mail eines Jugendlichen usw.

- Auch **Politiker** gehören dazu, wie Vaclav Havel oder Ronald Reagan, die beide begnadete Geschichtenerzähler sind. Der persönliche Erfolg von Ronald Reagan liegt sicherlich darin, daß er in Geschichten und Bildern gedacht hat und diese zu kommunizieren verstand. Solchen Politikern gelingt es, sehr komplexe welthistorische Zusammenhänge in einer Geschichte einzufangen. Wir wissen ja, daß es nicht mehr die »eine« Weltgeschichte gibt, die wir »die« Geschichte nennen, also *»History«*. Es gibt unter den heutigen Voraussetzungen der Medien vielmehr nur noch Geschichten, *»Stories«*. Politik lebt ja heute, wie wir unschwer erkennen können, durchgehend von Stories. Und es ist wiederum leicht erklärbar, warum wir heute so gerne »gute Stories« haben wollen. ***Informationsgesättigte Konsumenten wollen gute Stories, weil die Politik ja nichts anderes darstellen als die emotional gestaltete politische Geschichte.***
  In gewissem Maße ist es auch den großen französischen Politikern wie Mitterrand immer wieder gelungen, sich selbst als Mythos darzustellen. Es ist auch da kein Zufall, daß die Franzosen schon ein Jahr nach seinem Tod so eine große Sehnsucht nach Mitterrand haben. Wir verdanken übrigens Ronald Reagan ein wunderbares Zitat aus dem Jahre 1986:
  »Ideen haben Folgen, Rhetorik ist Politik, und Worte sind Aktion«.

Setzt man »Geschichten« für Ideen und »Design« für Rhetorik und »Bilder« für »Worte«, so haben wir den Satz: »Geschichten haben Folgen, Design ist Politik, und Bilder sind Aktion.«
Auch am Beispiel von Ronald Reagan als Geschichtenerzähler können wir wie bei Bill Gates den ***Zyklus von Marken – Medien – Mythen*** wiedererkennen. Es gelingt Reagan, die Freiheitsmythen der USA immer wieder in seiner Bildersprache plastisch zu erzählen und zu kommunizieren, dabei wird die Marke USA gestärkt und von den Medien mitgetragen. Wenn Reagan spricht, hat man das Gefühl, der Marlboro-Cowboy reite vor unseren Augen vorbei. Zwei Mythen treffen zusammen, weil sie ähnliche Werte symbolisieren (Freiheit, Abenteuer).

- **Lehrer bzw. Universitätsprofessoren** gehören selbstverständlich auch zu den Geschichtenerzählern der Zukunft mit den höchsten Potenzen. Denken wir an den berühmten Hirnforscher Oliver Sacks, der seine komplexe Forschung mit gehirnkranken Menschen in spannende Geschichten einbettet, die er in Büchern erzählt, die regelmäßig zu Weltbestsellern werden. Sacks gelingt es immer wieder, scheinbar trockene Materie in gut erzählte Geschichten zu kleiden, die ganz unterschiedliche Zielgruppen faszinieren. Daß Wissenschaft als solche ein großes Potential hat, ihre Langeweile abzuschütteln und mit »Emotional Design« mit einem breiteren Publikum zu kommunizieren, zeigt das folgende Beispiel:
  Im Elsaß gibt es ein Projekt mit Namen »Bioscope«,[28] das die Geschichte des menschlichen Körpers in einem Erlebnispark darstellen soll. Bioscope soll den Leuten die hochkomplexe Gentechnologie mit erlebbaren Bildern näherbringen. Dieses Beispiel zeigt, daß die Hinwendung zu Geschichten auch einen ganz pragmatischen Charakter hat: hochkomplexe Themen, die wichtig sind und viele Ängste schüren, so darzustellen, daß sie Aufmerksamkeit gewinnen und damit Diskussionen auf einem verständlichen Niveau auslösen können.

- Auch **Werber** zählen zu den Geschichtenerzählern. Gute Wer-

---
28 BAZ, Basler Zeitung, 12. 7. 1996

bung erzählt gute Geschichten. Sie ist nicht, wie so oft der Fall, auf einen *billigen Gag* oder eine *gesuchte Pointe* aus, sondern versteht es, Produkte in *spannende Kurzgeschichten* einzubetten. Werbung gewinnt sofort an Potenz, wenn sie nicht einfach Wörter aneinanderreiht und mit Musik untermalt, sondern dramaturgisch professionell vorgeht. Die Zuschauer wollen eine gute Story. Wir kommen im Kapitel über »Digital Kids« darauf zurück.

- Amerikanische **Priester** haben ebenso das Potential von Geschichten, insbesondere der Umsetzung von *biblischen Geschichten*, längst erkannt. Es ist kein Zufall, daß es heute im Trend liegt, biblische Geschichten und biblische Zitate zu erzählen. In der Schweiz hat der berühmte Pfarrer Ernst Sieber die Basis seiner Reputation ohne Zweifel damit geschaffen, daß er seine moralische Botschaft in Geschichten verpackt und gut inszeniert hat. Er hat erkannt: Die Bibel ist ja ein Buch mit wunderbaren Geschichten, die nur noch in zeitgemäße »Stories« umverpackt werden müssen. Dann hören die Leute gerne wieder zu. Warum werden sie nicht besser genutzt?
  Wer lernen will, wie säkularisierte Leute wieder verzaubert werden, kann z. B. bei George G. Hunter III in die Lehre gehen. Der Dean der E. Stanley Jones School of Evangelism and World Mission aus Wilmore, Kentucky, zeigt in seinem Buch »How to reach secular people«,[29] wie Religion und Marketing zusammengeschlossen werden. Dort lernt man mehr als in jedem professionellen Marketinglehrbuch.

- **Characters.**[30] Insbesondere die großen US-Medienkonzerne wie *Disney*, *Time Warner* oder *Viacom* haben riesige Lagervorräte an sogenannten künstlichen Charakteren wie Mickey Mouse, Tieren wie Dinosauriern, Comics etc. Wir wissen aber auch: *Characters* mit großem Potential stellen auch historische Figuren von Sokrates über Jesus, Caesar bis Goethe und Che Guevara. Wir wissen, daß Mickey Mouse der berühmteste

29 Erschienen Nashville 1992
30 Vgl. auch das Kapitel *Digital Kids*, S. 175

Charakter der Welt ist, heute dicht gefolgt von Super Mario. Hier liegt das Potential in der Lizenzierung und der Öffnung aller möglichen Gebührenkanäle. Wer den richtigen Film und die gute Story im Archiv hat, kann sich mit den Charakteren weltweit vermarkten. Ein eindrücklicher Beweis ist die simple, aber wirksame Jurassic-Park-Story. Der 1993 erstmals lancierte Film mit den Dinosauriergeschichten, der Merchandisingprodukte vom Joghurtbecher bis zum T-Shirt und der Lernsoftware mit sich brachte, feiert drei Jahre später bereits sein *Revival* als Erlebnispark in Los Angeles, und vielleicht bald auch als Restaurant. Das heißt: Merchandising Business als Resultat von Geschichten.

Die erfolgreichen neuen Restaurantketten wie House of Blues oder Rainforest Cafe erzählen alle Geschichten und sind dem Modell des Hard-Rock-Cafes und Planet Hollywood nachgemacht. Es sind Restaurants mit einer flexiblen Geschichtenstruktur. Wie sagte es der CEO von Disney Europe? »Eine Achterbahn hat jeder, der Vergnügen anbieten will. Aber eine Achterbahn, die eine Geschichte ›mit Persönlichkeiten‹ erzählt, ist etwas ganz anderes.«
Persönlichkeiten, die Geschichten verkörpern, neue Bilder und Welten erschaffen und Themen bereitstellen, an denen sich die Kunden orientieren können, werden in der globalen Kommunikationswelt wichtiger. Sie bieten sogenannte »Patterns of Recognition«. Sie liefern Idealnormen für Gefühlswelten. Denn sie absorbieren sozusagen die steigende Komplexität kraft ihrer Persönlichkeit und können die Werte für ihre Zielgruppe kommunizieren.
Ebenfalls ein sehr interessantes Studienobjekt ist in dieser Hinsicht auch ein Großkonzern wie der F.C. Bayern München, der seit Beginn der 90er Jahre seinen Umsatz verdreifacht hat und in einem sehr labilen Geschäft hochprofitabel arbeitet und rasant wächst (Umsatz 1995: 140 Mio. DM, Zielgröße für 2000: 400 Mio. DM). Davon kommt ein wachsender Teil aus den Medien (TV, Pay TV), aber auch dem Merchandising. Vereine wie Bayern München oder Borussia Dortmund verkaufen nicht nur ihr eigenes Bier oder T-Shirts, es gibt sogar die Borussen-Milch. Auch hier wird,

wenn auch natürlich auf einem bescheidenen Niveau, dem klassischen Handel ein Teil des Umsatzes strittig gemacht.
Der F. C. Bayern ist auch ein schönes Beispiel dafür, wie eine Persönlichkeit für die Geschichten prägend sein kann. Es zeigt wiederum den Verstärkereffekt von *Medien – Mythen – Marken* über die Persönlichkeit von Beckenbauer: Ohne die Figur von Franz Beckenbauer wäre so etwas undenkbar. Auch hier zeigt sich eindrücklich, daß *das Produkt als solches gar nicht so wichtig ist, wenn es gelingt, eine Erfolgsgeschichte zu kommunizieren* und die Aufmerksamkeit von Kunden zu absorbieren und auf Dauer zu stellen.
All diesen Beispielen ist gemein, daß sie Geschichten erzählen, und jeder wird danach beurteilt, welche Träume sie für die öffentliche Konsumption liefern können. Wir müssen diese Entwicklung immer in Zusammenhang mit der Entwicklung der neuen Medien und der Technik beobachten:
Die Technologien selbst, vom Internet bis zum TV, werden immer mehr als etwas Gegebenes vorausgesetzt, als eine Art »Commodity«. *Die Diskussion ist heute noch stark von der technischen Ebene dominiert* – der Datenstau und die Langsamkeit der Übertragbarkeit, die Qualität der Bilder und des Tons, die Vereinfachung des Zugangs zu den Daten etc.
Für die Wertschöpfung sind zwei Ebenen interessant: die erwähnte mit den Geschichten, weil sie Quantensprünge erlaubt. Aber unterdessen schreitet auch die Automatisierung der Informationen rasch voran. Wir haben außer den mehr ideellen Prozessen die Automatisierungsrationalisierung durch Maschinen, die mit modernster Technologie ausgerüstet sind. Wenn wir von Rationalisierung sprechen, denken wir in der Regel an diese lineare Fortschreibung der bisherigen Rationalisierungsmöglichkeiten, also an die Verbesserungen bei den bisherigen Abläufen wie beim ECR. Efficient Consumer Response will ja den Datenfluß von der Produktion über den Einkauf beim Händler bis zum Kunden rationalisieren. Das sind spannende, v. a. logistische Fragen. Ich möchte hier nur zwei Punkte festhalten:

- Erstens: *Billige Arbeit wird automatisiert.* Zum Beispiel Fastfood-Restaurants können sich robotisieren, von der Bestellung über die Nachfüllung der Fritieranlagen bis zum bargeldlosen Einkassieren. Ähnliches gilt für Dienstleistungen bei den Banken oder bei den Fluggesellschaften und für den Handel. Menschen wechseln nur noch die technischen Systeme aus und adaptieren bessere Versionen und neuere Produktgenerationen.

- Zweitens: *Sogar Expertenarbeit wird der AI (Artificial Intelligence) überantwortet.* Chirurgie, Engineering, Architektur, Jurisprudenz. Die Rolle der menschlichen Arbeit verändert sich auch da: Der Experte ist nur noch für den Notfall da, analog zum Piloten im Flugzeug, der nur noch für extreme Situationen und *für das gute Gefühl* der Passagiere an Bord ist. Kurzstreckenflüge bräuchten eigentlich keine Piloten mehr.

Gerade in diesem Zusammenhang wird das Wertebewußtsein entscheidend. Um es nochmals zu unterstreichen: In gesättigten Märkten muß man einen Unterschied zur Konkurrenz kommunizieren, und das wird nur gelingen, indem man zwischen das Produkt und den Kunden klar positionierte Werte schiebt. Diese Werte kann man nur kommunizieren, indem man die Emotionen gestaltet. Je nach Trend wechselt die Bevorzugung von Werten. Sicher aber ist, daß die Gestaltung der Emotionen für die Kommunikation der nächsten Jahre (Informationsüberlastung!) das Nadelöhr für die Aufmerksamkeit des Kunden ist.
Kunden wollen Werte angeboten bekommen, die sie wirklich interessieren. Nehmen wir aus den Trends z. B. die steigende Sehnsucht nach »reiner« Natur, nach dem Authentischen, Unverbrauchten und Naturbelassenen: Wälder, Seen, Gebirge, wilde Tiere etc. Solche Werte, die starke Gefühlswelten kommunizieren können, werden vielleicht bald wieder verehrt, wie zur Zeit *vor* der Industrialisierung und Technisierung. *Nicht mehr der rationale Aspekt der Herrschaft über die Natur wird wichtig, sondern das Spielerische und das Traumhafte der Natur.* Sie brauchen nur denjenigen Bereich der Wirtschaft anzuschauen, der Träume zu produzieren versucht, also die Werbung. Hier zeigt sich ganz deutlich, wie grundlegende Werte, die wir im Zeitalter von Technologie und Wissenschaft instrumentell wahrgenommen haben, heute *resakralisiert* werden (vgl. Informationsgesellschaft vs. Dream Society).

Der Wald ist nicht mehr etwas, das einfach möglichst viele Kubikmeter Holz zur Verfügung stellt, das Wasser ist nicht einfach eine Substanz, die als Energiequelle wahrgenommen wird oder als Instrument der Bedürfnisbefriedigung. Hier erleben wir eine Neubewertung, die über das Rationale weit hinausgeht. Wenn sie heute z. B. den Getränkemarkt anschauen, so spielt fast jede Bierwerbung mit Natur, insbesondere mit der Reinheit des Wassers, indem Seen abgebildet werden (das trifft auf viele wichtige deutsche Biermarken von Beck bis Holsten zu). Ebenso übrigens die Werbung für Malz-Whiskey. Es ist kein Zufall, daß das Mineralwasser als Symbol mit hoher assoziativer Attraktionskraft in den letzten fünf Jahren enorm an Status gewonnen hat.

Daß Mineralwässer noch andere Mythen und Geschichten als die Natur erwecken können, hat unlängst die eher biedere Marke Passugger aufgezeigt. Sie wirbt unter der Flagge dessen, was ich den *Bekenntniskonsum* nenne (Bekenntnisplakate waren im Sommer und Herbst 96 in Zürich überall zu sehen). Mit dem Kauf eines Produktes bekenne ich mich zu einem bestimmten Wert. Passugger setzt sich für die Homosexuellen ein: Gemeinderat Adrian Ramsauer appelliert: »Ich will meinen Freund heiraten dürfen.« Das hat nichts mehr mit dem Produkt zu tun. Oder selbst ein Politökologe (Heinzpeter Studer) darf den Zeigefinger erheben gegen den Konsum: »Je gedankenloser Sie einkaufen, desto wahnsinniger werden die Rinder.«

Gehen wir einen Schritt weiter.

Die Zeit des nützlichen, rationalen und selbstgenügsamen Produkts geht zu Ende. Produkte als solche verlieren ihre Unschuld. Wir wissen ja: Den Big Mac esse ich wegen des Lifestyles und nicht wegen des Essens, die Jeans kaufe ich ebenso wegen des Lifestyles und den Bildern, die ich damit assoziiere. Seit dem Rinderwahn wissen wir: Wir essen ein Stück Fleisch möglichst nur noch, wenn es eine Geschichte erzählt. Wenn ich im Restaurant ein Huhn bestelle, will ich möglichst seinen Lifestyle kennenlernen: Während es im Ofen gebacken wird, erzählt mir der Wirt die Lebensgeschichte des Geflügels: Wie es gelebt hat, was es gegessen hat, wie der Bauer ausgesehen hat, der es pflegte und hegte. Damit erreichen wir eine neue Stufe der Entwicklung des Konsums.

Kommerzialisierung der Emotionen

Die Konsequenzen für die Märkte der Zukunft sind vielfältig.
Die ***Kommerzialisierung der Emotionen*** durch Kommunikation wird zentrale Bedeutung erlangen.
Ein Schlüssel scheint mir darin zu liegen, daß sich die Grundlage der Segmentierung im Marketing ändert. Kunden werden nicht mehr klassisch nach Kriterien der Demographie und der Kaufkraftklassen kategorisiert, sondern nach emotionalen Kriterien. Ich denke, wir gehen in Richtung einer emotionalen Segmentierung, die sich an dem orientiert, was die Kunden in gesättigten Märkten wirklich interessiert. Interessante Hinweise dazu können wir wiederum den Arbeiten des Dänen Rolf Jensen entnehmen.[31] Diese Entwicklung zu einer stärker emotional ausgerichteten Segmentierung kann man nur verstehen, wenn die kulturanthropologischen Voraussetzungen des heutigen Menschen verstanden werden. Die *Konsequenzen*, die sich abzeichnen, die neu entstehenden Märkte, sind die folgenden:

- ***Der Markt für Thrills & Excitement, auch Gewalt***

Die gewöhnlichen Erlebnisse genügen nicht mehr. Sie verpuffen zu rasch und produzieren zu schnell Enttäuschung, weil sie nicht in der Erinnerung haften bleiben. Daher werden *intensivere Erfahrungen* gesucht, wie sie z. B. die Extremsportarten darstellen, wo Selbstüberwindung ein zentrales Motiv ist. *Spaß und Erlebnis genügen nicht; es muß eine existentielle Erfahrung sein:* Sich selbst, seinem lädierten Ego etwas beweisen. Ein schönes Beispiel dafür, daß Steigerung und Intensivierung noch immer zu den zentralen Lebensmotiven gehören, können wir in Las Vegas beobachten. Das Neue ist das Verrücktere. Wer einmal den seit 1996 eröffneten *Stratosphere*-Turm erlebt hat, kennt das Gefühl, das man erlebt, wenn man im freien Fall aus 350 Meter Höhe 50 Meter hinunterfliegt – um gleich nochmals nach oben gehievt und fallengelassen zu werden.

---

31 A.a.O.

- ***Der Markt für Einsamkeit, Meditation, Gelassenheit***

Nicht zufällig erleben wir Esoterik, neue Formen der Religiosität, hohe Akzeptanz des Buddhismus und verschiedene Formen der Weltentsagung, vermehrte Formen der Zurückgezogenheit, einen Boom von Psychosekten und unterschiedlichsten Lifeservices. Werte, die zum Persönlichkeitsdesign beitragen, Produkte, die Körper, Geist und Seele erheben, gewinnen an Bedeutung. *Religion, Kunst, auch Wissenschaft haben alle wichtigen Lebensfragen immer wieder zu beantworten versucht.* Sie können jetzt spielerisch und mit Geschichten neu interpretiert und umgesetzt werden. Wir leben in einer Zeit der *Leichtgläubigkeit*, die *Sinn als Sehnsucht* kennt.[32]

- ***Der Markt für Entlastung, Befreiung von Zumutungen***

Alles, was Sorgen wegnimmt und Verdruß erspart, wird wichtiger. Um aber gleich Mißverständnissen vorzubeugen: Produkte und Dienstleistungen, die wir verkaufen wollen, müssen mit diesen Werten *assoziiert* werden, nicht diese *Eigenschaften* aufweisen. Emotionale Welten und Sinn- oder Glaubenswelten gestalten heißt, diese Werte aufzunehmen und in der Kommunikation umzusetzen.
Was die emotionale Kompetenz zu erhöhen suggeriert, ist de facto interessant und erlebenswürdig.

Der Schweizer Händler Manor hat ansatzweise in der Richtung der emotionalen Segmentierung gearbeitet, indem er für seinen Möbelfachmarkt Casa X mit der Biostrukturanalyse des US-Gehirnforschers *Paul D. McLean* gearbeitet hat. McLean hat zur Korrelation von Persönlichkeitsstrukturen und Farbanalysen geforscht; diese Grundlagen können Segmentierungskriterien abgeben. Wir wissen ja, daß Farben und Farbkombinationen sehr viel über die Persönlichkeit aussagen. Mit Farben und Farbkombinationen zu arbeiten, kann ein interessanter Ansatz sein, v. a. um Nischen zu erschließen und Fehleinkäufe zu vermeiden. Wir werden beim Thema »Auf der Suche nach den verlorenen Kun-

---

32 Vgl. Peter L. Berger, Sehnsucht nach Sinn. Glauben in einer Zeit der Leichtgläubigkeit. Frankfurt/Main 1995

den« auf diese mehr forschungsbezogenen, methodischeren Fragestellungen zurückkommen.
Eine Bestätigung für die hier skizzierten Ansätze läßt sich ebenso aus der Entwicklung des Internets ablesen.
Jupiter Communication, eine der führenden Unternehmen für Marktanalysen im Bereich neue Medien, hat in Untersuchungen belegt, daß das, was die Leute wirklich interessiert, das *Gefühlsleben* ist, also vorwiegend die sogenannten weichen, innenorientierten Werte:[33]
Was interessiert die Surfer am Internet und an den Online-Dienstleistungen wirklich?

- Constructing Communities (Gleichgesinnte suchen. Erleben ohne *gemeinsames* Erleben geht nicht auf. Geteilte Freude ist doppelte Freude.)
- Chat (Plaudern, Schwätzen)
- Playing Games (Spieltrieb entfalten)
- Enter & Participate in Virtual Worlds (Erkunden von neuen Welten)

Daraus ist ersichtlich: Die Neuen Medien haben Therapiefunktion.[34] Die neue Medienwelt ist eine Welt, die den alten Sigmund Freud in einen Cyberfreud verwandelt.
Für die Produkte in der Marketingkommunikation heißt das: Es gibt verschiedene mögliche Strategien, um Zusatznutzen zu erreichen.
In der *Marketingkommunikation* werden deshalb die folgenden Typen wichtig. Sie arbeiten allesamt mit der Differenzierung durch einfache Werte:

- Emotionalisierte Images: Geschichten, Stars, Charaktere (z. B. Nike, Reebok, Disney, Incredible Universe)
- Cause Marketing: Moral, Politik, Ökologie (auch: Gesundheit. Vgl. ferner z. B. Passugger, Benetton, Body Shop, Ben & Jerry's)

---

33 Cf. die Konferenz Beyond Browsing, 18.–20. Sept. 1996 San Francisco, die von Jupiter Communication durchgeführt wurde
34 Vgl. dazu die Arbeiten von Sherry Tuckle

- Demarketing: Verzicht, radikaler Consumerism (Adbuster-Kampagnen gegen große Konzerne; Greenpeace)
- Sozialer Mehrwert (Man vergißt zumeist: Menschen sind zuerst soziale Wesen! Kultprodukte, die verschiedene Formen der Zugehörigkeit generieren: Club-Ideen wie Harley Owners' Club, Jaguar Owners' Club, d.h. *Exklusivität* und *Clanbewußtsein* kommunizieren. Wenn heute alle Produkte von allen gekauft werden können, sind neue Differenzierungskriterien gefragt, vgl. z. B. Golf; Technokultur mit ursprünglichem Flyer-System. Der Zutritt und die Zugehörigkeit muß für nicht Eingeweihte erschwert werden.)
- Kommunikativer Zusatznutzen (Bonussysteme wie etwa beim Kauf von Coca-Cola-Dosen zusätzliche Gratis-Online-Dienstleistungen über Sportinfos; oder Frequent-Flyer-Programme bei den Fluglinien, die upgraden, sobald eine bestimmte Distanz zurückgelegt wurde.)

Für den Konsumbereich können wir so zusammenfassend und ergänzend die folgenden Entwicklungen feststellen:

1. Innenorientierter Konsum:

Meine intime, persönliche Welt ist entscheidend, meine Träume müssen sich in den Produkten verwirklichen.
Ich-Genuß / Action-Genuß
»Egointensive« Produkte mit »emotionalem Zusatznutzen«[35]

2. Weg vom Materiellen überhaupt:

Vom Product-Shopping zum Ideen-Shopping.
Themenshopping, Symbole- und Metaphern-Shopping, vgl. z. B. Ikonen für Kids wie Pingu, Hugo etc., an denen sich Storys und Wünsche und Träume kristallisieren, statt außenorientiertem Impression-Konsum.
Harley Davidson sagt ja: »Wir verkaufen keine Motorräder. Wir verkaufen eine Philosophie. Das Motorrad gibt es gratis dazu.«
Das Bike-Lebenskonzept als Philosophie, an die – ganz zufällig – ein Motorrad gehängt wird, das diesen Lifestyle symbolisiert.

---

35 So der ehemalige Chef von Karstadt Walter Deuss, Spiegel 33/96

Hier ist der Wert der Marke von zentraler Bedeutung, die Marke als formbare Energie im Bewußtsein des Kunden. Aus diesem Grunde scheint mir auch, daß der nationale Hintergrund, den eine Marke mitkommuniziert (Made in ...) wichtiger wird; es ist eine Hypothek, die man nicht so einfach abschütteln kann.

3. Produkte selbst sind zu komplex, um verstanden zu werden

Dies können wir am eindrücklichsten an der Entwicklung der Landwirtschaft feststellen.
Heutige Landwirtschaftsprodukte versteht der Konsument nicht mehr. Ob der Konsument dennoch Landwirtschaftsprodukte kauft, ist eine Frage der Kommunikation. BSE hat zum Wunsch nach mehr Authentizität der Produkte geführt. Das heißt: Produkte mit Quellenangabe bzw. direkt ab Quelle, also etwa direkt vom Bauernhof, sind »authentischer«. Doch zu glauben, diese seien *sicherer* als landwirtschaftliche Industrieprodukte, ist eine Illusion: »Unsere Produkte sind sicherer als Wurst oder Milch direkt vom Bauern«, sagt Helmut Maucher.[36] Das heißt: Der Konsument hat das *gute Gefühl beim Bauernhof, aber die Sicherheit bei den industriell erzeugten Produkten.* Kunden kaufen *gute Gefühle* ein, good vibes.
Kurz: Komplexe Produkte kann man gar nicht mehr mit Informationen kommunizieren; sie brauchen die *emotionale Abfederung* mit Bildern, Metaphern und musikalischer Darstellung. Kunden kaufen gute Gefühle ein. Das heißt aber auch: Die Verantwortung und die Ansprüche an die Händler steigen.

---

36 Die Zeit, 19. 7. 1996

4

Die Neucodierung der Kunden

Veränderungsschübe I: Der neue Luxus

Ein Witz ist vielleicht am geeignetsten, um die Stimmung auf den Konsumgütermärkten und insbesondere den Luxusmärkten auf den Punkt zu bringen. Den folgenden Witz erzählen sich übrigens auch Mercedes-Benz-Manager.

Herr Müller möchte gerne ein schönes Auto kaufen. Er besucht daher einen autorisierten Mercedes-Händler. Schließlich findet er einen S-Klasse-Wagen für 129 000 DM. Der große Handel um den Endpreis beginnt. Schließlich einigt man sich per Handschlag auf 99 800 DM. Der Käufer zieht die Tausender aus der Brieftasche, zählt die Scheine ab und erreicht die Summe von 90 000, zieht die blauen Scheine aus den Hosentaschen und kramt schließlich das Kleingeld aus den restlichen Taschen hervor. Doch es fehlen exakt 4 DM. Was kann er da tun? Der Händler zeigt sich unnachgiebig. Man hat schließlich fair verhandelt, und damit gibt es keine weiteren Rabatte. Das ist eine Grundsatzfrage. Der Käufer sucht nach einer raschen Lösung des Malheurs und tritt aus dem Laden. Da erspäht er einen Bettler. »Sag mal, kannst du mir 4 DM geben, ich möchte gerne einen Mercedes kaufen«, fragt er hoffnungsvoll. Der Bettler kramt in seinen Taschen und antwortet: »Da hast du 8 DM, bring mir auch einen.«

Menschen wollen sich unterscheiden, und zwar mehr denn je. Doch je bleibender man sich unterscheiden möchte, desto schwieriger wird es. Daher wird eine genaue Beobachtung von Luxusmärkten noch relevanter und aussagekräftiger. Es scheint, als ob die Trendsetter zu einer Flucht nach vorn ansetzten, die zu weit härteren Kriterien des Zugangs führen als je zuvor, während die klassischen Symbole des Luxus, insbesondere die Luxusmarken, eine noch viel breitere Distribution erfahren als bisher. Luxus zeichnet sich mithin durch paradoxe Bewegungen aus: eine Flucht nach vorn, die neue Kriterien und Zugangsbarrieren schafft, aber auch die gleichzeitige Stabilisierung bzw. Rückkehr von alten Mustern.

Luxus – eine Massenflucht nach oben

Die Psychodynamik dieses ausgehenden Jahrhunderts ist durch ein äußerst eigenartiges, aber erklärbares Phänomen gekennzeichnet: Wir leben in einer Gesellschaft von übernutzten und langweilig werdenden Märkten. Im Vernichtungskrieg von Händlern und Produzenten nähert sich das Produktprofil dem Preisprofil an, und das immer schneller. Daher schlägt die Wucht der neuen Trends auch immer schneller ein, und der Kommunikationsaufwand, der in den Produkten stecken muß, wird dementsprechend größer.
In dieser Gesellschaft tritt scheinbar jedermann die Massenflucht nach oben an. *Alle wollen oben sein, auch wenn es nicht alle zugeben.* Niemand möchte »unten« sein, und schon gar niemand »in der Mitte«. Denn wer sich »in der Mitte« befindet, kann noch absteigen. Diese Bewegung können wir bei uns feststellen, aber auch in den aufstrebenden Märkten. Dort wollen alle Luxusgüter bekommen.[37] In Hongkong konnte man bislang immer noch die billigsten Luxusgüter kaufen.[38] Die leichte Verfügbarkeit von Informationen über Produkte, Qualität, Preise etc. haben diesen Prozeß noch beschleunigt: Scheinbar aspirieren alle nach dem Oben. Dort aber kann gar nicht genug Platz sein – weder für Menschen, noch für Produkte, noch das Umfeld des Luxus. Denn die Massenflucht bringt Schaden für alle: die Menschen, die Produkte und das Umfeld des Luxus. Sagen wir es deutlich: Sich zu unterscheiden wird in den kommenden Jahren anspruchsvoller und härter.
Denn wir wissen aus europäischen Erfahrungen: Luxus ist zur

---

37 Dies erklärt sich natürlich über die dortigen aufstrebenden Mittelklassen, vgl. Vietnam-Investment Review, July 8, 1996, 15

38 Commercial Times, February 21, 1995, 30

Zeit fast ein Tabuwort; Luxus ist politisch nicht korrekt. In Zeiten der Arbeitslosigkeit, der Verunsicherung, der Ökoprobleme, der Zukunftsangst, aber zugleich der unstillbaren Gier nach mehr Profit etc. gilt das Elitäre als das Verpönte. Es ist kein Zufall, daß Geld unter diesen Voraussetzungen zum einzigen Vergleichsmaßstab avanciert. Darunter leidet auch unser Luxusverständnis. Das ist eine kontraproduktive Einstellung. Eine Konsumgesellschaft, die ihre menschlichen Voraussetzungen bewahren will, muß zum Luxus ein positives Verhältnis finden. Denn in keinem Segment drücken sich die intimsten menschlichen Träume und Wünsche so sublim aus wie im Luxus. Wenn der Luxus verschwindet, oder genauer und vorsichtiger: Wenn er nicht mehr ein Kriterium für das Außergewöhnliche ist, wenn er »ausfranst«, dann verschwindet auch das eminent Menschliche …

»Le grand danger de cette fin de siècle, qui est en même temps le grand défi du luxe, c'est l'effilochage du désir.«
Christian Blanckaert, Président-Délégué du Comité Colbert 1988–1996

Aufgrund der Erfahrungen der letzten Jahrzehnte können wir festhalten: Luxus ist eine zentrale Kategorie unseres Lebens. Alle Menschen, alle Einkommensschichten wollen so etwas wie Luxus. Luxus gehört auch anthropologisch zum Menschen: Der »Homo luxus« ist eine Tatsache.[39]

---

39 Vgl. die »Encyclopédie« von Diderot aus dem 18. Jahrhundert, die einen interessanten Artikel über den Luxus beinhaltet; dt. erschienen als: Denis Diderot, Enzyklopädie. Philosophische und politische Texte aus der »Encyclopédie«. München 1969, 308–333. Vgl. auch Dominique Picard, Les rituels du savoir-vivre. Paris 1995, Dictionnaire raisonné de la politesse et du savoir-vivre. Du Moyen Age à nos jours. Collectif sous la direction d'Alain Montandon. Paris 1995. Noch immer als Klassiker gilt die Arbeit von Werner Sombart, Luxus und Kapitalismus, die 1922 in der 2. Auflage erschien; neu aufgelegt als »Liebe, Luxus und Kapitalismus. Über die Entstehung der modernen Welt aus dem Geist der Verschwendung«. Berlin 1993 und 1992

Kein Segment des Marktes ist auch in der Marktforschung so schwierig zu bearbeiten wie das Luxussegment. *Es gibt keine typischen Luxuskunden.* Wie die Autoren Dubois/Paternault im Journal of Advertising Research schreiben,[40] sind die wirklichen Motive der Akquisition von Luxusgütern weiterhin enigmatisch, und Kunden eine Art Black Box. Man kann sie als extravagant, emotional oder impulsiv beschreiben: »The processus according to which consumers acquire and consume luxury items remain enigmatic. It seems particularly difficult to explain and predict the conditions under which ›dreams‹ of luxury emerge and how such dreams materialize into purchase acts.«
Zwar hat sich in den letzten Jahren – seit 1991 haben wir Rezessionsjahre – sehr viel geändert, aber die kulturanthropologischen Voraussetzungen des Menschen, seine intimsten Wünsche und sein Begehren bleiben unangetastet. Der Streit in den übernutzten Märkten ist daher mehr denn je ein Streit um diese Wünsche. Wir können sie – ultrakurz auf den Nenner gebracht – mit zwei Prinzipien erklären, die mir heute aktueller denn je erscheinen: Menschen funktionieren nach dem Prinzip der Selbstbehauptung und dem Prinzip der Anerkennung. Für die Philosophen heißt das: Hobbes und Hegel. Hobbes ist der Philosoph, der nachgewiesen hat, daß Selbstbehauptung ein zentrales menschliches Motiv ist. Hegel, der Philosoph der Dialektik, hat die Anerkennung der Menschen als ebenso zentrales Motiv nachgewiesen. Menschen wollen sich selbst behaupten, daher ist ihnen unvermeidlich auch eine hohe Portion an Egoismus eigen. Und Menschen suchen Anerkennung von ihresgleichen, sie wollen sozial und kulturell anerkannt und akzeptiert werden. Aber sie wollen sich auch unterscheiden. Niemand will so sein wie alle anderen. Doch Unterscheidung wird in der komplexer werdenden Produktwelt mit schrumpfenden Halbwertszeiten immer schwieriger einzulösen. Anerkennung heißt daher immer auch *Anerkennung in der Unterscheidung.* Konsum ist und bleibt ein zentrales Mittel der Selbstbestätigung. Beide Motive sind für den Luxus von herausragender Bedeutung.

---

40 Jul/Aug 1995, 69–76

Homo luxus: Lob der Verschwendung – Die Ökonomie des »großen Umsonst«

Schweizer und Deutsche haben kein Verhältnis zum Luxus, vielleicht könnten wir es ein verklemmtes nennen. Wie ambivalent heute unser Verhältnis zum Luxus geworden ist, können wir daran erkennen, daß wir kein Verhältnis zur *Verschwendung* haben. Wir sehen das übrigens auch beim verwandten Thema Abfall. Jede Gesellschaft produziert Abfälle, aber wir haben auch dazu kein nicht gestörtes Verhältnis. ***Wahrscheinlich ist das Verständnis von Konsumkrisen in der heutigen Zeit nur zu verbessern, wenn wir das Thema Verschwendung begreifen.*** Generell können wir in unseren puritanischen Zeiten festhalten: Mit unserer Rationalisierungs- und nun auch Sparwut haben wir auch kein Verhältnis zur Verschwendung mehr. Das Leben ist zu einer Art Rationalisierungsprojekt geworden, das tendenziell alles mit bösen Blicken bestraft, was nach Verschwendung aussieht. Wer Ressourcen verschwendet, ist heute ein ganz Böser, ein Unmensch. Wie kontraproduktiv eine solche Haltung ist, und wie wichtig die Verschwendung für Menschen ist, können wir am besten bei einem der vielleicht wichtigsten Philosophen dieses Jahrhunderts lernen, nämlich bei Georges Bataille. Bataille hat in verschiedenen Texten, vor allem aber in seinem »Essay über die allgemeine Ökonomie«, der nicht zufällig den Titel »La part maudite« trägt, also der verfemte Teil, festgestellt: Die heute dominierende Ökonomie hat den großen Fehler, daß sie all das ausspart, was die Menschen wirklich interessiert. Sie unterdrückt bewußt oder unbewußt alles, was *wirklich* interessiert, und was daher in die Haushalte der Menschen gehört.

Bereits in einer früheren Arbeit über »La notion de dépense« hat er diese Phänomene aufgezählt: »Le luxe, les deuils, les guerres, les cultes, les constructions de monuments somptuaires, les jeux, les spectacles, les arts, l'activité sexuelle perverse«.[41] All das sind traditionell ökonomisch bewertet sogenannte *»unproduktive Verausgabungen«* (Bataille); sie werden als Verlust bewertet,

---

41 Georges Bataille, La notion de dépense, La Critique sociale no. 9 (Janvier) 1933, 7–15, 8

und nicht als etwas, das in den normalen menschlichen Haushalt gehört. Weil wir diese Teile ausscheiden, werden unsere Gesellschaften pervers. Denn Bataille folgt in seiner Kritik der Ökonomie des Mangels Nietzsche, für den ja *nicht die Notdurft der Normalfall des Daseins ist, sondern der Überfluß*. Daher kommt Bataille zum Schluß, daß die Grundlage der Wirtschaft und der Kultur der »verfemte Teil« ist, den wir gar nicht thematisieren. Wenn man also Phänomene wie das Unmaß, den Rausch oder gar den Wahnsinn nicht mitbedenkt, sondert man das Menschliche auch gleich aus – die moderne Ökonomie stimmt daher schon von ihrer Ausgangslage her nicht. Bataille spricht keinesfalls einer naiven Verherrlichung dieser Phänomene das Wort, er sagt aber deutlich: Wir müssen dieses »große Umsonst« mit einbeziehen, ohne ihm zu verfallen.
Luxus hat also immer auch mit Verschwendung im weitesten Sinne zu tun: mit der Verschwendung von Talenten und Qualitäten, und bis zu einem gewissen Maß auch von Quantitäten: Wenn ich z. B. in einem Luxusrestaurant nach einem herausragenden Essen zum Kaffee Petits Fours – kleine Patisseriekostlichkeiten – gereicht bekomme, die im voraus abgezählt worden sind, so sind wir nicht mehr im Bereich des Luxus. Was wirklich luxuriöse Bedienung und Verschwendung heißt, kann man vielleicht immer noch am besten im Restaurant von Paul Bocuse lernen, obwohl es auch bei ihm nicht mehr so gut läuft wie noch vor ein paar Jahren.

Sechs Denkfehler bei Luxusgütern

Wichtig scheint mir: Die *Bewertungssysteme* sind heute falsch justiert, wir machen einige systematische Denkfehler, wenn wir von Luxus sprechen. Ich komme auf *sechs geläufige Denkfehler*, die ich kurz erklären möchte. Luxus und Luxusgüter zeichnen sich in den üblichen Meinungen durch folgende Merkmale aus:

1. Das Primäre durch den hohen Preis *(Preisluxus-These)*
2. Lebt nur von den Reichen *(Geldadel-These)*
3. Das Gegenteil von Armut *(Moral-These)*
4. Ist demonstrativer Konsum *(Conspicuous Consumption-These)*

5. Läßt sich herstellen *(Entkontextualisierungs-These)*
6. Ist für alle da *(Industrialisierungs- & Demokratisierungs-These)*

Denkfehler Nr. 1:

Luxus und Luxusprodukte zeichnen sich zuerst durch ihren sehr hohen Preis aus. Luxus ist etwas für die reichen Leute. Luxus = Geldluxus. Das ist kein Zufall und liegt in der Logik, die wir aus den 80ern her kennen, die den Luxusprodukten sehr geschadet haben.
Luxusprodukte werden heute allgemein als sehr teuer erachtet, also zunächst über die Preiskategorie wahrgenommen. Daher zerstören sich die Luxusmärkte ja auch selbst. Denn der Aufstieg der Preisluxusmärkte ist identisch mit dem Aufstieg des dekadenten Luxus. Wir haben heute fast nur noch den *dekadenten Luxus.* Daß wir heute Luxus *zuerst* als etwas extrem Teures wahrnehmen und nicht seine symbolische Seite sehen, ist selbst ein Zeichen von Dekadenz und hat mit dem »Ausfransen des Wünschens« zu tun, also mit einer steigenden Unfähigkeit, die Christian Blanckaert ebenso erwähnt.[42]

Denkfehler Nr. 2:

der in dieselbe Kategorie gehört: Die Annahme, *Luxus und Luxusmärkte lebten von den Reichen. Der Luxus lebt sehr oft gerade nicht von denjenigen, die sich den Luxus finanziell erlauben können, sondern von denjenigen, die ihn pflegen und hegen als persönliches Lebenskonzept.* Wir können auch empirisch nachweisen, daß es die interessierten Mittelschichten sind, die die Luxusmärkte tragen und pushen. Sie müssen sozusagen auf den Geschmack kommen; sonst funktioniert die Kontinuität nicht. Wir sehen daher auch bei den Nationen, die keine Mittelschichten haben, daß dort Luxusprodukte und -marken große Probleme haben. Luxus hat also Probleme, wenn es nur noch Reiche und Arme gibt in einer Gesellschaft (das ist eine der Kernthesen, die man dem schönen Buch von Blanckaert über Luxus entnehmen kann). Das ist alarmierend, gerade auch für Europa.

---

42 Vgl. Blanckaert, 1996

Ein schönes Beispiel ist die Luxusgastronomie: Sie lebt *nicht* von den Reichen oder den Spesenrittern – diese vermitteln nur das falsche Gefühl, daß wir in einer Nation von Gourmets leben –, sondern von den Fans der geschmacklich verfeinerten Küche, die sich die Luxusgastronomie im Verhältnis zu ihrem persönlichen Einkommen eigentlich gar nicht leisten können. Ich verdanke einige diesbezügliche Erkenntnisse Silvio Rizzi, der wohl zu den besten Kennern der Haute Cuisine im deutschsprachigen Raum gehört. In der Hochkonjunktur vertraten einige Optimisten die Meinung, daß wir schon in einer Nation von Gourmets leben, wenn sich plötzlich über 10 % der Bevölkerung für Luxusgastronomie interessieren. Die Rezession hat die Wahrheit an den Tag befördert. Die wahren Fans – und das sind weniger als 2 %, kümmern sich unabhängig von Moden um ihre Luxusliebhaberei.

Denkfehler Nr. 3:

Luxus ist das Gegenteil von Armut.
Niemand geringerer als Coco Chanel hat diesen Denkfehler aufgedeckt und auf den Punkt gebracht: »***Luxus ist nicht das Gegenteil von Armut, sondern von Vulgarität.***«

Daher drängt sich eine kategoriale Unterscheidung für den Luxus auf:

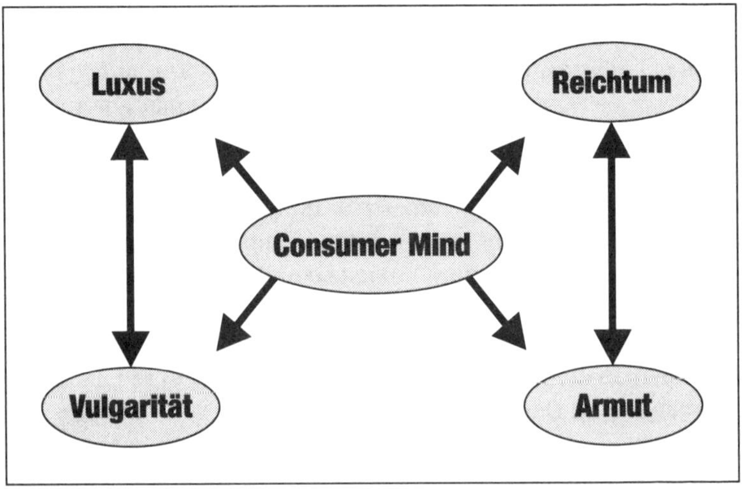

Luxus ist wie kein anderes Produkt auf den Kontext angewiesen, in dem es »lebt«, verkauft wird. Ein Luxusprodukt verstehen, heißt den Kontext verstehen, in dem es gebraucht wird. Um es zuzuspitzen: Gehören Turnschuhe und Shorts in ein Luxushotel? Das Produkt hat eine ethische und eine ästhetische Dimension; Umgang und Geschmack. Luxus differenziert nach oben, Vulgarität ebnet ein nach unten und ist nur noch ein Einheitsbrei: mit dem teuren Operngglas ins Pornokino, echter Champagner bei Aldi. Beide Dimensionen sind ästhetisch-ethisch, sie haben nur in einer ganz nebensächlichen Dimension mit Kaufkraft zu tun.
Aber wir haben auch ein falsches Verständnis von Armut. Armut ist heute kriminalisiert. Wir haben uns nicht zufällig in den letzten Jahrzehnten des steigenden materiellen Wohlstandes angewöhnt, *auch Armut* nur noch über Geld zu definieren (Armutsgrenze). Aber arme Leute können sehr wohl luxuriös leben. Arme Leute können sich luxuriös verhalten, reiche Leute hingegen sind oftmals die vulgärsten. Wir wissen aus Studien über Randgruppen,[43] daß sich schichtenunabhängig auch bei Bettlern, Aussteigern, etc. Eliten bilden, die das Verhalten in ihren Gruppen elitär und luxuriös codieren.

Denkfehler Nr. 4:

Luxus zeigt sich vor allem als »conspicuous consumption«, als demonstrativer, überlegener Konsum.
Das mag für das schmale Segment der Neureichen und Aufsteiger noch stimmen, die sichtbares Geprotze nötig haben; für die *Trendsetter* – und diese sind ja von Interesse, weil sie die neuen Werte pushen – stimmt es ganz sicher nicht mehr. Wir leben *definitiv* nicht mehr in der Zeit des außenorientierten Luxuskonsums.
Luxus ist heute, wie wir noch sehen werden, wieder etwas viel diskreteres, auch »softindividualistischeres« geworden. Sicherlich ist er frei von jeder Art von »Shock Value«. Heute ist der Luxus trotz aller elitärer Komponenten stärker sozial eingebunden. Luxus ist immer »Raffinement«, aber nicht unendlich und nicht in alle Richtungen. Sonst wird er verspielt, gesucht, gekün-

43 Z. B. des österreichischen Soziologen Roland Girtler

stelt. Heute geht es viel stärker um das Wesentliche, das die Persönlichkeit hegt und pflegt. Harmonie mit sich, den anderen und der Umwelt sind auch im Luxus zu aufsteigenden Sinnkomponenten geworden. Oder um die erwähnten philosophischen Prinzipien zu wiederholen: Selbstbehauptung und Anerkennung – das »Wir« ist ein Teil des »Ichs«.

Denkfehler Nr. 5:

Luxusprodukte lassen sich herstellen. Luxus aber braucht die wichtigste Ressource: Zeit.
Aus historischen Produkten mit einer gewachsenen kulturellen Tradition werden heute unter dem Druck nach Umsatz und Marktpräsenz immer stärker *gemachte* Mode- und Trendprodukte, v. a. zu sehen bei den Line Extensions. Luxus aber muß immer elitär und darf bis zu einem gewissen Grad nicht massenkompatibel sein. Das ist das sogenannte »französische Argument«, auf das wir noch zu sprechen kommen.

Denkfehler Nr. 6:

Luxus ist für alle da; Luxus läßt sich demokratisieren.
Im Bereich der Luxusgüter gilt per definitionem: Die Masse hat nie recht.
Die Luxusproduktewelten, die meisten Luxusmarken sind heute zu Einheitsbreiwelten verkommen. Und, so müssen wir beifügen, das ist für niemanden gut, weil es unter dem Strich tendenziell nur noch Verlierer gibt. Wolfgang Joop hat zu Recht unterstrichen, daß wir in den letzten Jahrzehnten eine konstante »Industrialisierung des Luxus« erlebt haben.[44]
Halten wir fest: *Das wirklich Exklusive läßt sich nicht »vermassen«, ohne daß es den Status des Exklusiven verliert.* Dafür gibt es unzählige Beispiele. Nehmen wir etwa den Lachs. Wer heute das ehemalige Luxusprodukt Lachs kauft, bezahlt oft weniger als für beliebige Wurstware. Ein Kilo Lachs wird im Discounter schon einmal für unter 10 DM im Sonderangebot angepriesen. Aber wir wissen auch: Wer heute das vermasste Luxusprodukt Lachs einkauft, kauft in Wahrheit *Sondermüll* ein. Ein nur noch

---

44 Spiegel 51/1996

handelsmäßig als Lachs definierbares Tier, das real z. B. mit dem unverwüstlichen Nervengift Ivermectin von Merck & Co. vollgestopft wurde, das gegen alle möglichen Parasiten auf Tieren antreten kann. Vor zwei Jahrzehnten war Lachs ein Luxusgut, das man sich nur zu Weihnachten gönnte. Heute ist Lachs eine Megaindustrie mit einer weltweiten Jahresproduktion von mehr als einer halben Million Tonnen geworden.[45] Industriell ist aus dem ehemaligen Luxusprodukt ein Chemofisch geworden. Wenn wir heute wirklich Lachs der Luxusklasse wollen, müssen wir sehr viel Zeit aufwenden, um ihn als Nischenprodukt zu finden, wir müssen den Lifestyle des Lachses kennen, Vertrauen zum Händler haben und die Produktqualität einschätzen können.
Kurz: Sich unterscheiden wird anspruchsvoller, aber in Zeiten der Vermassung des Luxus so begehrt wie noch nie. Um es an dieser Stelle zu wiederholen: Noch nie wollten eigentlich alle nach oben, aber noch nie waren die Zeiten so hart, um wirklich nach oben zu kommen. Doch dazu später. Fügen wir hier zusammenfassend bei: Geld genügt bei weitem nicht; sich wirklich zu unterscheiden, wird viel anspruchsvoller. Denn Luxus ist »ein hartnäckiger Widersacher der Gleichheit« (Enzensberger).

Die feinen Unterschiede – Die französische Macht über die klassischen Luxusmärkte

»There is one thing worse than ordering a Coke.
That's Diet Coke.«
Jean-Baptiste de Franssu[46]

Geschichtlich gesehen haben sich in den vergangenen Jahrzehnten der sich entwickelnden Konsumgesellschaft bestimmte Vor-

45 Die Zeit, 6. 12. 1996

46 Franssu ist Managing Director von Invesco's Continental fund-management operations, vgl. zu diesen kulturellen französischen Eigenheiten Douglas Lavin, Don't make a Faux Pas with the Fois Gras, how to do lunch in Paris – the Right Way, in: Wall Street Journal 9–10, May 1997, 10.

stellungen von Luxus herauskristallisiert, die heute ins Wanken kommen und sich neu positionieren. Es sind vor allem die *Schöpfer des Luxus*, also die, die den Luxus erschaffen haben. Dazu gehören die Lebensstilelemente, die sich an französischen Mustern orientieren: Bekleidung, Parfums, Küche – aber auch Verhaltensstile. Wenn wir von Luxus sprechen, müssen wir uns stark an den französischen Vorgaben orientieren, weil fast die Hälfte des Weltmarktes im Luxusbereich von französischen Produkten dominiert wird. Die ästhetische Vorgabe des Geschmacks schließt auch die ethische Vorgabe der Verhaltensregulierung mit ein (oder eben: Verhaltensderegulierung!).

Daran wird sich m. E. insgesamt wenig ändern, einfach schon aufgrund der Voraussetzung, daß die Franzosen so starke international begehrte Traditionen haben, die ihnen in den klassischen Segmenten schwerlich streitig zu machen sein dürften. Wenn wie erwähnt der »Homo luxus« keine Fiktion ist, so ist er zumindest in einer traditionellen Luxusdefinition ein französisches Phänomen.

Nirgendwo schöner als beim Markt der Fälschungen und Kopien zeigt sich das. Er blüht insbesondere in den aufstrebenden Märkten, wo er eine gewaltige Dimension erreicht hat. Der Markt der Kopien und Fälschungen hat im asiatischen Raum verschiedene Formen und Qualitätsstufen von Fälschungen aufgebaut. Der weltweit erzielte Umsatz mit Fälschungen erreicht nicht selten den Umsatz der Originale. Louis Vuitton hat einen Fälschermarkt von 5 bis 6 Mia. Francs, gegenüber einem Umsatz, der sich seit den letzten Jahren auf dasselbe Niveau emporgeschwungen hat.[47] Das gilt auch für die schwierigen Märkte im französischen Food- und Gastronomiebereich. Diese Produkte sind nebst der ersten und der neuen Welt insbesondere in Asien so begehrt – man denke etwa an die französischen Weine und Champagner, daß es unwahrscheinlich erscheint, daß diese Aura gänzlich absinkt, auch wenn effektiv in Frankreich Krisenstimmung unter vielen Luxusproduzenten herrscht. Trotzdem ist eines sicher: Die Wahrnehmung, die Attraktivität und die Konkurrenzverhältnisse des Luxus wandeln sich.

---

47 Cf. Blanckaert, 1996, S. 45 ff.

Bezüglich des Konsums können wir festhalten: Luxus war immer ein Motor in der Entwicklung des Konsums. Der Luxus hatte Vorbildfunktion für viele neue Produkte wegen seiner Begehrlichkeit. Doch an dieser Stelle müssen wir uns zu Recht fragen: Was ist eigentlich Luxus? Luxus ist nicht so leicht objektivierbar. Wir wissen zwar, daß Frankreich die wichtigsten Standards im Luxusbereich gesetzt hat und damit über ein großes symbolisches Kapital verfügt. McKinsey-Berater haben vor einigen Jahren versucht, Zugehörigkeitskriterien für den Luxus zu definieren. Sie haben dann z. B. gesagt, dazu gehöre der hohe Preis in einer Kategorie, der während mindestens sieben Jahren durchgehalten werden muß, mit einer ausgewählten Distributionsstrategie... etc. Aber was sind schon sieben Jahre im Luxusbereich? Nichts. In sieben Jahren kann man keine Tradition und dauerhafte emotionale Bindung aufbauen, die über Jahrzehnte, ja Jahrhunderte hält und Geschichte schreibt. Hier darf man sich mit kurzfristigen Perspektiven nichts vormachen.
Es geht hier ganz allgemein um Fragen des *Geschmacks;* es geht um Distinktionsspiele, die man nur angemessen beurteilen kann, wenn man Traditionen und Kulturen versteht. Mächtige Symbole sind die Haute Couture, die großen Bordeaux-Schlösser wie Château Mouton Rothschild oder Château Margaux oder Louis-Vuitton-Taschen. Der Luxuskonzern LVMH (Louis Vuitton Moët Hennessy) mit seiner Produktpalette ist das Vorzeigebeispiel für Luxus. Christian Blanckaert, Chairman von Hermès Sellier, früher acht Jahre Präsident des Comité Colbert, einem Eliteclub der feinsten Luxusproduktehersteller, sagt in einem Newsweek-Artikel auch unmißverständlich:[48]

»Die Amerikaner versuchen es, aber sie produzieren keine Luxusgüter. Sie produzieren High Quality Goods.«

Das ist der Punkt. Luxus ist eine Geschmackssache, die mit Tradition zu tun hat, die man nicht einfach mit bloßem professionellen Know-how und Marketing aus dem Boden stampfen kann. Luxus kann man nicht einfach herstellen und ist etwas anderes als nur

---

48 Newsweek, 29. 7. 1996

hohe Qualität. In der wirklichen Luxusindustrie sieht man nicht die Dachmarke (LVMH) oder die Produktmarke, sondern das Produkt mit seiner kulturellen Tradition, die mit ihm verbunden ist. Luxusprodukte sind eigentlich Kulturprodukte, die mit einem bestimmten Verhalten zu tun haben. Mit Luxus muß man umgehen können. Daher spielt nicht das Geld die entscheidende Rolle, sondern die Fähigkeit, Luxus sozusagen zu *leben*. Wissen, wie man sich benimmt mit Luxusprodukten. Wissen, wie man – modern gesagt – kommuniziert mit Luxus. Das Geld hat den Luxus sozusagen ruiniert, oder wie schon Alexis de Tocqueville bemerkte, daß nämlich der Geldadel der niedrigste Adel ist, weil er sich nicht einmal benehmen kann. Jede Differenz ist nur auf das Geld abgestellt. Wenn ich daher eine Flasche Margaux 86 kaufe, kaufe ich nicht das Etikett – wie es der moderne Marketingmensch sieht, der in Markenkategorien und Umsatz denkt –, sondern den Geschmack, »la distinction«.[49] Selbstverständlich lebt auch ein Konzern wie LVMH vom Geld und von Aktienkursen, aber es ist richtig, wenn man ganz französisch sagt, daß Profite und Aktienkurse eine Konsequenz, ein Nebeneffekt der Luxusstrategie sind, bei der es eben um die Frage geht, ob man Leder fühlen und riechen kann, das sich für einen Reisekoffer eignet. – Daher ist es übrigens nur konsequent, wenn Christian Blanckaert sagt, er sei persönlich (beim Marketing von Luxusgütern) gegen das Internet, weil hier nur eine optische Beziehung zum Produkt entstehen kann: Es gibt dort kein Fühlen, kein Riechen, keine effektiven Möglichkeiten, den Geschmack zu testen. Das Internet ist für Luxusprodukte ein Geschmacks- und Lustkiller.

Luxus braucht Wissen, wie man mit ihm umgehen soll. Und Luxus braucht einen Kontext. Sonst bietet er keinen Genuß, sondern sehr schnell Überdruß. Daher brauchen Luxuskunden heute eine Gebrauchsanleitung für die erworbenen Produkte. Wir wissen ja von den rührigen Geschichten von Lottomillionären, daß sie sich einen Ferrari gekauft haben und die teuersten Zigarren zu rauchen anfingen. Doch das machte sie nicht glücklich, sondern fru-

49 Zu diesem Thema muß man natürlich immer noch den Klassiker von Bourdieu konsultieren, La distinction, Critique sociale du jugement. Paris 1979, dt. 1987 und 1989

strierte sie, weil sie damit im Grunde nichts anzufangen wissen. *Zumindest für den Luxus scheint zu gelten: Man kann nicht beliebig Lebenswelten wechseln, ohne sich lächerlich zu machen.* Genauso ist Kaviar oder Foie gras d'oie für jemanden, der das noch nie gekostet hat, kein Luxusprodukt. Das entsteht nur mit Geschmacksbildung, und das dauert lange Zeit. Und Zeit, das wissen wir, hat heute niemand. Luxus braucht Zeit, und er braucht Zeit, um Traditionen zu bilden. Das aber ist heute kaum mehr möglich – und daher für den wirklichen Luxus um so besser.
Heute gibt es nicht mehr die Kreatoren von Luxus, nur noch einige Marken, die mit Luxus assoziiert werden. Es ist für die dominierende französische Version des Luxus strenggenommen bereits Dekadenz, wenn die Magie des Produktes in der Marke liegt, im Label, und nicht im Produkt und seinen kulturellen und traditionellen, also mit Geschichte verbundenen Qualitäten. Die magische Dimension des wirklichen Luxus liegt im Unverfügbaren, nicht in dem, was man jederzeit neu erfinden und herstellen kann. Daher sind die Amerikaner nie Luxusproduzenten, wie Blanckaert bemerken kann. Die Magie von Romanée Conti oder von Château Petrus liegt im Unverfügbaren, während Disney oder Coca-Cola halt nur ein absolut genialer Trick von Markenmagiern waren.

Produkte mit Luxusprofil, Kultprofil, Preisprofil und die Probleme der Mitte

Luxusprodukte unterscheiden sich von Kultprodukten. Es lohnt sich an dieser Stelle, an diesen Unterschied zu erinnern.[50] Wir können ohne Risiko behaupten: Kultprodukte beziehen ihre Kraft und Magie daraus, daß sie Heiligkeit und Vulgarität zu kombinieren wissen. Kultprodukte sind Wachstumsprodukte; sie bedienen differenzlos mit genial inszenierten Produktwelten ihre Kunden, die sie fast mühelos global erreichen. Sie haben einen hohen Grad an Sex-Appeal. Je stärker sie sind, desto mehr können sie sich im Umgang mit Kunden erlauben – man denke etwa an Microsoft.

---

50 Vgl. zu den Kultprodukten Norbert Bolz und David Bosshart: »Kult-Marketing«

Luxusprodukte sind kategorial verschieden. Sie beziehen ihre Kraft und Magie von elitärem Bewußtsein, und sie bedienen mangelbewußt und geschmacksdifferenziert ihre Klientel mit erotischen Strategien.
Kultprodukte können, wenn sie *sehr stark* sind, wie etwa das Genußmittel Marlboro, mit dem Preis *spielen*, wenn es die Situation erfordert. Im April 1993 hat Philip Morris für Marlboro als stärkste Zigarettenmarke der Welt in den USA eine Preisreduktion von fast 25 % eingeführt, um die Marktstellung zu stärken. Viele Kenner der Zigarettenmärkte haben vom Tod der Marke Marlboro gesprochen. Wir wissen heute, daß die Untergangsszenarien nicht eingetroffen sind. Im Gegenteil: Der Marktanteil ist markant gestiegen, und es hat die Kunden und den Markt nicht gestört, denn er ist nicht elitär codiert.[51] Ganz anders beim Luxus. Luxus ist sozusagen preisavers, und daher ist das Spiel mit dem Preis beim Luxus tödlich. Denn es ist ein Eingeständnis, daß man sich in einem Käufermarkt befindet.
Kultprodukten gehört die Zukunft in globalen Märkten, und einige Luxusprodukte werden sich ebenfalls die Zukunft sichern. Am meisten Probleme werden alle Produkte in der Mitte haben, denn sie sind profilschwach. Luxusprodukte und Kultprodukte zeichnen sich durch Profilstärke aus. Gehen wir ins andere Extrem, so haben wir die reinen Preisorientierungsprodukte. Auch sie haben eine zunehmend starke Position am Markt. Aber in dem Moment, indem das Profil eines Produktes mit dem Preisprofil identisch ist, läuft es Gefahr, ein beliebig austauschbares Produkt zu werden. Alles, was mit dem Preisprofil zu tun hat, muß zeitlich schnell am Markt sein, weil es sonst von Konkurrenten eingeholt wird. Wird ein Produktprofil mit dem Preisprofil einmal als iden-

---

51 Die Marlboro-Friday-Story ist ein sehr lehrreiches Beispiel, wie Marken und Preise zusammenhängen können. Zur Philip-Morris-Story um Marlboro vgl. A. Benady, The Marlboro Miracle?, in: Marketing, July 21, 1994, 16; ferner Allen Rosenshine, Schlußakt oder Ouvertüre? Zur US-Aktion »Marlboro gegen Anbieter von Billigzigaretten«, in: Planung und Analyse, Heft 4, 1994, 7 f.; Patricia Sellers, A Brand New Day in Marlboro Country, in: Fortune, June 22, 1995, 16. Zur Geschichte von Philip Morris: Richard Kluger, Ashes to Ashes: America's Hundred-Year Cigarette War, the Public Health, and the Unabashed Triumph of Philip Morris. New York 1996

tisch wahrgenommen, kann es kaum mehr nach oben kommen. Aber Preisprodukte gehören in unsere Märkte der Polarisierung. Mit Schwierigkeiten und mit dem Niedergang zu rechnen haben alle Produkte in der Mitte: Sie sind traditionslos bzw. ohne starke Tradition, ohne Kult, ohne klares Preisprofil. Das Schlagwort der »Ausdünnung der Mitte«, das wir aus der gesellschaftspolitischen Diskussion kennen, gilt auch für die Produktwelt.

Produkte/Dienstleistungen und ihr Profil:

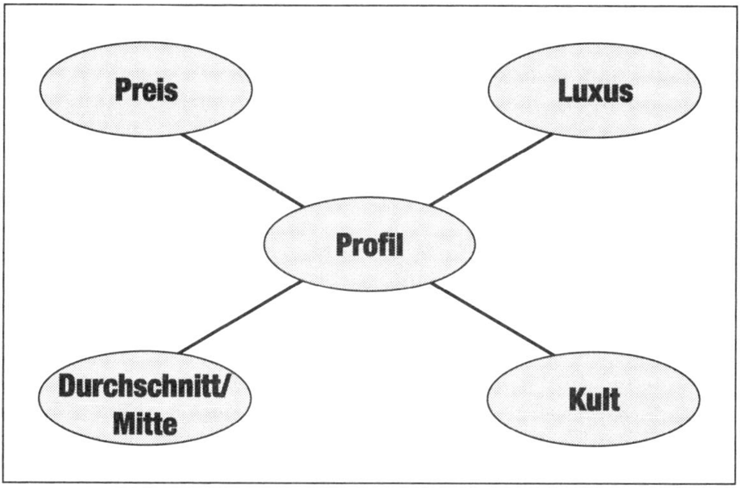

Alles, was in der Mitte liegt, wird Probleme bekommen, weil es in der Medienwarenwelt nicht wahrgenommen wird.

Die Absteiger in den Luxusmärkten

Daher ist es hochrelevant, hier auf die Veränderungen zu achten. Der klassische Luxus klingt allmählich ab, genauer: *Die Eliten als die Trendsetter verlieren das Interesse an ihm.* Ihre Energie geht anderswo hin. Und das gilt nicht nur für die angezeigte hochelitäre französische Version des Luxus, die auf »Distinction« aufbaut, sondern auch für Luxusmarken, die unter dem Preisdiktat Schwierigkeiten haben werden. Anzeichen dafür sind die folgenden Entwicklungen, die hier schlicht und exemplarisch beschrieben und nicht als »Nostalgietrip« mißverstanden werden wollen:

- (a) *Automobile der Luxusklasse verlieren an Prestigestellenwert.* Wie der Generalmanager Absatzplanung von Mercedes-Benz sagte, steigen heute mehr Kunden von einem S-Klasse-Mercedes auf einen VW Golf um, als auf einen 7er BMW. Das mag auf den ersten Blick überraschen. Aber die Anzeichen sind deutlich. Sogar überaus beliebte und starke und nicht nur wegen ihrer technischen Perfektion bewunderte Marken wie Porsche oder Jaguar bieten heute Automobile in einem Preissegment an, das auch für den mittleren Manager erschwinglich ist. Luxus verwandelt sich zum *Business-Class-Luxus*, zum *Effizienzluxus der Manager*. Erschwinglichkeit und Funktionalität werden wichtigere Kriterien. Es ist weniger ein mit Muße verbundener Luxus.

- (b) *Die Haute Couture ist am Ende.* Die Couturiers sind grau geworden, ihre Rituale sind zu leeren Produzentenritualen geworden, die nichts mehr mit dem Kunden und seinen Wünschen zu tun haben. Es gibt Anfang 1997 gerade noch 15 Betriebe der Haute Couture; illustre Namen haben sich in der letzten Zeit zurückgezogen, unter ihnen Cardin und Laroche. Der Stellenwert der Bekleidung hat in den letzten Jahren generell an Attraktivität verloren. Selbst wenn wir in die Luxusboutiquen der einschlägigen Großstadtquartiere gehen, stellen wir fest: Kaum jemand kauft noch zu Normalpreisen ein. Am besten gehalten hat sich bis jetzt noch Armani, der prozentual am wenigsten Nachlaß geben mußte. Aber vielleicht hat sich das inzwischen schon wieder verändert.

Heute geht der Trend weg von der Anziehungskraft der Haute Couture, und damit entwickeln sich neue Vorbilder. Es dominieren Textilprodukte, die *Authentizität* und, noch wichtiger, *hohen Alltagsgebrauchsnutzen* besitzen. Daher sind zwei Megatrends der letzten Jahre gerade im Bekleidungssektor so wichtig geworden: *Street Style & Casual Life.*[52] Die Attraktivität des Street Style ist eine Konstante über die Jahre hinweg; die wunderbare

52 Vgl. Ted Polhemus, Street Style. From Sidewalk to Catwalk. London 1994

Londoner Ausstellung dazu im Victoria-and-Albert-Museum (16. 11. 1994 bis 19. 2. 1995) war eine schöne Demonstration dieser Entwicklung. Ergänzend zum Street Style erleben wir den Aufstieg des Casual Style als Lebensphilosophie der heutigen Kunden. Sogar im grauen und schwarzen Busineß setzt sich Casual Wear langsam durch. Die Tochterfirma von Levi's, Dockers, hat dieses Potential erkannt und versucht, Casual Style in die Managementetagen zu verkaufen und dort den uniformen Look der Anzüge aufzulockern.[53] Dockers verkündet seine Philosophie in der »The Mission« genannten Kampagne. In mehrseitigen Anzeigen, etwa im Wall Street Journal oder im USA Today, aber auch in deutscher Übersetzung in einer 32seitigen Broschüre im Großformat wird behauptet, daß die Umstellung auf Casual auch auf die Leistung und Motivation der Manager abfärbt. Downdressing im Dienste des Human Ressource Management. Daß die »Casualisierung« auch im konservativen Busineß vorrückt, wissen wir spätestens seit dem berühmten »Casual Friday« von IBM.

Zu diesem Wandel beigetragen hat sicherlich auch, daß es lange Zeit einen eigentlichen »Fashion Overkill« gab. Es gab viel zu viele und viel zu schnelle Veränderungen. Kaum eine Branche hat so viele Überkapazitäten aufgebaut wie die Textilbranche. »Liquidation« ist daher das am häufigsten erwähnte Stichwort unter Textilhändlern. Eines können wir für den Luxus festhalten: *Von oben darf nie zuviel Neues kommen.*

Halten wir weiter fest: Teure Marken aus der Modebranche ziehen weniger, und nur wenige entgehen einer rasch einsetzenden Verramschung. Dagegen kann man sich auf Dauer auch nicht mit ständigen Neueinführungen von Produkten und Marken schützen. Wichtiger ist, daß man »gute Qualität« will, und vor allem der von den Jugendmärkten gepushte Street Style entwickelt sich immer mehr zum Mainstream. Das Fashion-System hat sich dramatisch verändert. Wir können die Übergänge mit dem italienischen Trendanalytiker Francesco Morace zusammenfassen:[54]

---

53 Eine bemerkenswerte Recherche zu diesem Thema lieferte Leslie Savan in Village Voice, vgl. Conformity ends! Easygoing corporation says so, 16. 4. 1996, 16 f.

54 Vgl. Francesco Morace, 1996, 230 ff.

- dalle collezioni stagionali → alle proposte no-season e iperseason
- dallo stile di vita → all'occasione d'uso
- dai canoni dell'eleganza → alla qualità della percezione
- dalla moda come lusso → all'abbigliamento come sogno
- dalla vestibilità → alla portabilità

Um die wichtigsten Punkte kurz zu kommentieren:

- Das Zeitschema hat einen falschen Rhythmus, statt saisonalen können z. B. natürliche Rhythmen berücksichtigt werden.
- Die Materialien sind zuwenig flexibel eingesetzt und nicht den Lebensumständen des Benutzers angepaßt.
- Ein multipler Gebrauch ist kaum möglich.
- Qualität muß sich von der Beurteilung des Modediktats lösen und von der konkreten Alltagserfahrung des Benutzers, d. h. von seiner Wahrnehmung bestimmen lassen; außenorientierter Luxus wird durch persönliche, innenorientierte Wertehaltung abgelöst.
- Kleider müssen *alltägliche Träume* verwirklichen, spielerische und auch kindliche Momente integrieren, die Wohlbefinden kommunizieren. Das ist heute auch zu einem erschwinglichen Preis möglich.
- Transformation von der *Vestibilität zur Portabilität:* Das hat mit der veränderten Wahrnehmung des Körpers zu tun. Der Körper ist nicht mehr einfach eine Möglichkeit, ein Kleidungsstück zur Schau zu tragen, sondern etwas Multifunktionales: Accessoires mit unterschiedlichsten Funktionen und Bedeutungen, wie Uhren (z. B. Swatch), Schuhe (z. B. Doc Martens oder Caterpillar), Taschen (z. B. Rucksäcke aller Art), elektronische Gadgets (z. B. Mini-TV oder umhängbarer Newton) – sie machen aus dem Körper eine Art mobile Architektur, wo ein Gerüst immer wieder mit unterschiedlichen Elementen bestückt wird, die sich situativ ändern. Nicht zufällig wird der klassische Haute-Couture-Luxus immer stärker von Accessoires unterstützt.

Interessant ist in diesem Zusammenhang auch der Wandel der

Bedeutung von Models. Schaut man sich den herausragenden »Fashion«-Band an, den die Fashion-Editorin von American Vogue, Camilla Nickerson, und der New Yorker Kunstkritiker Neville Wakefield 1996 herausgegeben haben,[55] so müssen wir zu dem Schluß gelangen: *Der Claudia-Schiffer-Typ ist allenfalls noch für eine Bemitleidung gut.* Hier hat der private Blick die harmlose Schönheit und Jugendlichkeit der klassischen Luxusmode völlig zerstört, der ungenierte private Alltagsblick setzt die Norm. Der Einfluß der Fotografie auf die Mode, der natürlich von Blättern wie The Face, i-D und Arena stark gemacht wird, profiliert einen **Luxustrash** und einen **Trashluxus**, der sich jeglichem Diktat entzieht und der nach der Regel funktioniert, der Körper sei ein Kleiderständer. Umgekehrt verschmilzt dagegen die ehemalige Mode mit der Biographie des Körpers: abgestandene Tätowierung, geschlechtliche Ambiguität, Ironisierung von Marken, Gleichzeitigkeit von Eleganz und Widerwärtigkeit... Nicht mehr die Mode als geschlossenem System wird zelebriert, sondern die Banalität von Situationen, in denen wir mit Kleidern umgehen.
Man kann fast schon als generellen Konsumtrend festhalten: Die Welt hat sich mehr in Richtung »casual« entwickelt. Sogar die Geldaristokraten sind heutzutage preisbewußt und eben nicht mehr standesbewußt. Man will – und kann – nicht mehr 50 000 Mark für ein handgearbeitetes Abendkleid ausgeben. Auch die nicht mehr, die es sich leisten können. *Dieses* Ritual will man sich nicht mehr leisten. Der Kreis der elitärsten Modeschöpfer ist in den Jahren 1993 bis 1996 von 21 auf 15 geschrumpft. In der Glanzzeit, in den 50ern, beschäftigte die Haute Couture über 35 000 Mitarbeiter, heute sind es gerade noch etwa 4 500. Der Stellenwert der exklusiven, förmlichen Kleidung ist immer kleiner geworden. Guy Laroche hat sich aus dem Luxusgeschäft zurückgezogen; es wird eine preisgünstigere Linie zwischen Maß und Konfektion angeboten. Die große Zeit von Christian Dior oder von Yves Saint Laurent oder von Coco Chanel *als Kreatoren des Luxus* sind vorbei, nicht aber als Marken. Yves Saint Laurent bleibt im Haute-Couture-Geschäft, weil er es liebt und weil er es sich leisten kann. Vom Gesamtumsatz der französischen Luxusmode – Haute Cou-

55 Fashion. Photography of the Nineties. Zürich/Berlin/New York 1996

ture, Prêt-à-porter, Accessoires – entfällt heute gerade noch 6% auf die Haute Couture. Und das bedeutet: Accessoires, Parfum und Kosmetik machen den Umsatz und zehren vom Imagetransfer der Haute Couture. Aber auch diese Märkte sind nicht leicht und stagnieren. Immer mehr drängen sich hier hinein. Für die Haute Couture hat es Emanuel Ungaro so zusammengefaßt: »Make money? You can forget it. Not for years. Instead it's a ritual. It's about an intimacy between the couturier and the client.«[56] Wenn dem so ist, braucht man sich um die Zukunft der Haute Couture als Symbolträger keine Sorgen zu machen.

Der vielleicht wichtigste Grund für den Niedergang der Haute Couture liegt in den *Veränderungen des sozialen und kulturellen Umfeldes*, mehr noch als im rein kommerziellen Aspekt: Der Alltag *und* die Festlichkeiten werden heute mehr »casual« und »fast«. Schlichtheit und Zeitfaktoren oder »Fast Couture« ersetzen sozusagen Haute Couture. 50% der Chanel Collection sind slender dresses, weil man sich mit der Haute Couture nicht genügend frei bewegen kann und die Mobilität eingeschränkt ist. Und das heißt wiederum auch: Der *Kontext* für den Luxus hat sich gewandelt. Pierre Bergé von Saint Laurent sagt: »It is not a question of economics or there be no longer rich women. *It is a question of where to wear that dress.* The object of clothing is to follow life, to fit life and today that way of life is about to vanish. We are at the end of *L'age d'or.*« Elisabeth Hirschmann, die pro Saison 25800 $ für Haute-Couture-Kreationen ausgibt, bringt das Kontextproblem auf den Punkt:

»Perhaps one can still wear couture to Le Ritz or the Plaza Athenée in Paris, but elsewhere it would be ridiculous. Dressing up will maybe last another 20 years. But then everyone will be in Reeboks. And then there is the problem of caring for these clothes. When you travel, who still knows how to iron perfectly? Maybe at The Palace in Saint Moritz, The Pierre in New York, Hotel de Paris in Monte Carlo. Today, why do you need these clothes when even the rich go to McDonald's?«[57]

---

56 Zu Zahlen und Zitaten vgl. Weekend FT Issue 9, 1996, sowie FAZ vom 10. 7. 1996/16. 10. 1996

57 A. a. O.

Zusammenfassend können wir sagen: Der Grund des Niedergangs der Luxus-Couture liegt darin, daß auch die Bekleidung ins System der Trends integriert wird. Kleidermode wird stark von Trendlabels beeinflußt, die weniger von Traditionen abhängen als die Pariser Luxuskreatoren. Daher spielen nebst den Italienern von Prada bis Gucci die Amerikaner von Donna Karan bis Calvin Klein in den 90ern eine wichtige Rolle. Damit kommen mächtige Symbole und Traditionen ins Wanken...

• (c) Ganz ähnliches gilt übrigens für die **traditionelle Luxusgastronomie**: Die Haute Cuisine hat sich analog zur Haute Couture nachhaltig gewandelt. Wir können uns hier exemplarisch an die Veränderungen der großen Küchen und an die Veränderungen der wichtigsten Gastrokritiken in den 90ern halten, wie Michelin, Gault et Millau, Guide Champérard, Pudlo Gourmand von Gilles Poudlowsky und Lebey von Claude Lebey:[58] Grundsätzlich sind in den Jahren der schleichenden und nunmehr offensichtlichen Krise die Ambitionen nach unten geschraubt worden. Die Nachsichtigkeit ist sehr groß.
Wir können festhalten: *Es gibt weniger Persönlichkeiten und weniger klar eine Elite, das System der Stars scheint sich zu erschöpfen* bzw. werden nicht mehr so rasch neue Stars aus der Taufe gehoben wie bis in die frühen 90er hinein. In dieser Hinsicht können wir ein Zitat von Henri Gault hervorholen, der in der 20jährigen Jubiläumsnummer von Néo Restauration Magazine schon vor Jahren gesagt hat: »Paul Bocuse sera la dernière star de la cuisine, tout comme Brigitte Bardot aura été la dernière star du cinéma français.« Das mag maßlos übertrieben sein; sicher ist: Innovatoren und Kreative im Bereich Luxusgastronomie haben es in jeder Hinsicht sehr schwer. Erneuerungen gar wie die Nouvelle Cuisine sind nicht mehr zu erwarten. Lieber promoviert man nochmals Bewährte und bereits mehrfach Ausgezeichnete, wie für 97 Jacques Chibois (Cuisinier de l'année), Alain Passard und Marc Meneau. Während der Guide Michelin immer schon französisch-konservativ war, sich aber auch verändert hat, sind insbe-

58 Diese Kritiken erscheinen alle jährlich in Paris, die meisten erscheinen im Herbst für das darauffolgende Jahr

sondere die letzten Jahre beim Gault et Millau und die Editorials relevant: Man findet allgemeine Abwertungen in Frankreich für 96, alle wurden um mindestens 1 Punkt degradiert und es wurde klar kommuniziert, nun seien andere Zeiten angesagt. Auch preisgünstige Restaurants bzw. ein ausgezeichnetes Preis-Leistungs-Verhältnis finden nun mehr Beachtung.
Wie wenig Experimentierfreudigkeit in der Elite gefragt ist, zeigt das Beispiel Pierre Gagnaire. Gagnaire ist wohl einer der genialsten und kreativsten Köche der Gegenwart, mit 19,5 GM-Punkten und 3 Michelin-Sternen mit Höchstnoten versehen. Kritiker haben ihn gerne als Picasso der Gastronomie bezeichnet. Er hatte in seinem erst 1993 neu bezogenen Restaurant an der Rue Richelandière immer weniger Kunden. Gagnaire ging 1996 als erster 3-Sterne-Koch in Frankreich Konkurs. Die Erklärung mit dem Provinznest St. Etienne, und daß es da nicht einmal ein richtiges Hotel gäbe, ist plausibel, aber unbefriedigend. Er hat 1996 seine drei Sterne und die 19,5 Punkte deponiert. Anfang Dezember 1996 hat er sein neues Restaurant an der Rue Balzac in Paris eröffnet. Niemand kann sagen, ob sich hier der Erfolg einstellen wird.
Auch Joël Robuchon buchstabiert zurück, er will in Zukunft nur noch ein Einsternerestaurant. Auch er hat nach nur zwei Jahren sein neu bezogenes Belle-Epoque-Restaurant verlassen – allerdings nach ritualisierten Ankündigungen, um es trendgemäß an Alain Ducasse zu übergeben, dem nicht zufällig neuen Star der Franzosen. Aber man täusche sich nicht: *Die Zeit der Pioniere ist vorbei, es macht sich Ernüchterung breit.* Es gibt keine Nouvelle Cuisine mehr. Es gibt zwar qualitativ sehr guten Nachwuchs, aber *kein wirkliches Elitebewußtsein mehr, das sich auch durch entsprechende Leistungen ausweisen könnte.* Megastars der achtziger Jahre wie Robuchon oder Fredy Girardet sind in Japan und New York gefragt, wo sie sofort eine finanziell attraktive Karriere starten könnten. Vielleicht hat eine Art »Brain Drain« tatsächlich Zukunft. So wird der Sohn des legendären, Anfang 1996 verstorbenen Jean Schillinger aus Colmar, Jean-Yves – unter anderem ein Schüler von Robuchon – demnächst in New York ein Luxusrestaurant eröffnen.
Analoges, wenn auch in viel bescheidenerem Umfange, können wir in Deutschland beobachten: Die Zeit der Aubergine und von

Eckard Witzigmann ist vorbei und erweckt bereits Nostalgiegefühle. Eine Weltstadt wie München hat gerade noch ein großes Restaurant, für mehr reicht der kleiner werdende Kundenstamm scheinbar nicht mehr aus. Nur noch das legendäre Tantris, in dem heute Hans Haas kocht, hat überlebt. »Ein solches Restaurant ist in schlechten Jahren oder Monaten ein effektiver Zuschußbetrieb«, sagt Fritz Eichbauer, alleiniger Eigentümer der Tantris GmbH & Co. KG.[59] Um mit 35 Mitarbeitern kostendeckend arbeiten zu können, benötigt das Restaurant jeden Tag 100 Gäste. Heute ist man schon froh, daß im Sommer die Touristen 60 Plätze im Garten und 70 Plätze im Freien füllen können.

Mir scheint: Inbesondere die *Steifheit* und das als *zwanghaft erlebte Ambiente* ertragen auch die Stammgäste immer weniger, und die potentiellen Kunden, vor allem die jüngeren, schreckt das ab. Es ist zuwenig *cool*, zuwenig *casual. Casual* ist wohl auch hier das treffende Wort. Die Rituale der klassischen Luxusgastronomie sind zu teuer und zu leer geworden; Stichworte Atmosphäre, Stimmung. Hier gewinnt oder verliert man.

Hier rächt sich auch, daß für viele hervorragende Köche nach wie vor die Sensibilität für Kunden ein Fremdwort ist. Eine Untersuchung in Frankreich von 1993 scheint mir heute noch gültige Resultate hervorgebracht zu haben: Den 73 französischen Küchenchefs mit mehr als 17 G&M-Punkten wurde die Frage gestellt: Wie schätzen Sie Ihre eigene Küche ein? Antwort:

Cuisine de simplicité 22 %
Cuisine de réflexion 16 %
Cuisine créative 15 %
Cuisine en liberté 14 %
Cuisine spontanée 10 %
Cuisine moderne 8 %
Cuisine traditionelle 5 %
Cuisine de réponse à la demande 3 %
Autre 7 %.[60]

In absoluten Zahlen haben also gerade einmal zwei Köche angegeben, daß sie nachfrage-, also kundenorientiert kochen. Die

59 FAZ vom 4. 12. 1996

60 Umfrage Source Ben Hammo, cf. Néo Restauration Magazine, 19. 2. 1993

anderen sind die alten Selbstverwirklichungskünstler. Sie kochen – zwar mit bestem Wissen und Willen –, aber eben nur für sich selbst. Das genügt heute nicht mehr.
Die Luxusgastronomie hat die Sensibilität des Wandels in ihren Einstellungen und Werten zuwenig reflektiert und kaum in die eigenen Konzepte einfließen lassen. Es hat eine regelrechte Kundenentfremdung stattgefunden. Hier könnte man ironischerweise gerade von Disney viel lernen.[61]
Deshalb ist nochmals ein Schrumpfungsprozeß innerhalb der Spitzengastronomie abzusehen, der recht willkürlich verläuft (insbesondere Qualität des Standortes als Schlüsselfaktor etc.). In den 80ern und zu Beginn der 90er wurde zuviel Überkapazität aufgebaut. Der damalige wirtschaftliche Boom hat die Schweizer (oder die Deutschen oder die Österreicher) nicht in eine Nation von Gourmets verwandelt. Nur noch die obersten Ränge entgehen am ehesten noch dem Fallbeil der Kosten und der schwindenden (Stamm-)Kunden.
Zudem hat sich nicht nur das Spesenverhalten der Unternehmen in den letzten 10 Jahren in Richtung strenges Kostenbewußtsein verändert, auch die veränderten Essensgewohnheiten machen sich bemerkbar: Die Menschen sind es nicht mehr gewohnt, mehrgängige Menüs ohne negative körperliche Nebenwirkungen durchzustehen. Spätestens nach zwei Gängen sind sie erledigt. Vorbei sind wohl die Zeiten, in denen man mit Zeitgenossen in aller Fröhlichkeit im Piemont 6 oder gar 9 großzügig bemessene Gänge durchschlemmen konnte. Es ist allerdings kaum betrauernswert, wenn die Leute heute nicht mehr die miniaturisierten Gourmet-Menüs durchgehen, die in Wahrheit einem mehrgängigen Amuse-Bouche-Menü gleichkommen, bei dem man am Schluß zwar weniger Kalorien eingenommen hat (Motto: drei Tropfen Olivenöl extra vergine und einen Tropfen Aceto balsamico statt

61 Der Erfolg von Disney liegt weitgehend darin begründet, daß es seine Verkäufer so trainiert hat, als würden sie in einem Film mitspielen. Das heißt, das Personal hat Drehbücher im Kopf und ein Script bekommen wie in einem Film. So entsteht eine ganz andere Atmosphäre. Die amerikanische Handelskette Incredible Universe, die elektronische Konsumgüter verkauft, läßt ihr Personal von Disney-Verkaufstrainern schulen. Es geht nicht unbedingt darum, Disney zu kopieren, man etabliert so eine andere Sicht.

1 dl Rahm) als bei einem durchschnittlichen Eingänger, dafür aber nach dem Essen in den nächsten McDonald's rennen muß, um den Hunger zu stillen. Luxusgastronomie lebt von einer hohen Anzahl von Stammkunden. Doch gerade sie sind in der Zeit der Herrschaft der Trends eine rare Spezies geworden. Klassische Stammkunden kehren wieder zurück, während Kundenstämme in den heutigen Trendmärkten eine zufällige Ansammlung von Kunden sind, die sich nomadisch verhalten: Sie lassen sich dort nieder, wo sie sich die fetteste Beute versprechen, also das bestmögliche Angebot. Sie legen keinen Wert auf Kontinuität.

• (d) Was für die Haute Cuisine und die Luxusgastronomie gilt, gilt großo modo auch für die *Luxushotellerie*. Im klassischen Luxushotel Suvretta House in St. Moritz sind 60 bis 70 Prozent der Kunden Stammkunden, die schon lange, oft über Jahrzehnte, ins selbe Hotel zurückkehren. Die Verkaufsleiterin des Hotels bringt es auf den Punkt: »Sie wollen hierher nach Hause kommen.« Um es auf eine Formel zu bringen: In den Luxushäusern von noblen Orten wie St. Moritz, Montreux, Gstaad, Monte Carlo oder Paris erlebt man heute eine ständige Ambivalenz der Gefühle: Einerseits trifft man dort auf *vormoderne Stammkunden*, Überbleibsel vergangener großer Zeiten mit ihren vielen Anekdoten aus der Zeit, als das Reisen noch einen ganz anderen Stellenwert hatte, und andererseits auf *postmoderne Kundenstämme*, die sich an den rasch wandelnden Trendmärkten orientieren und Hotelferien in Form von kurzfristigen Arrangements mit wenigen oder gar nur einem Tag buchen. Dazwischen liegen zwar Welten, aber sie werden als Gleichzeitigkeit des Unvereinbaren erlebt und verkauft. Genau wie bei der Haute Couture müssen wir feststellen: *Insgesamt wird immer weniger ausgegeben und immer mehr gefeilscht.* Auch die, die es noch vermögen, stecken das Geld nicht mehr in Haute Couture, nicht mehr in die Haute Cuisine und nicht mehr in die Luxushotellerie. Um es französisch-kulturell zu sagen: Traditionellen Luxus rettet man nicht dadurch, daß man sich umdefiniert als Business-Class-Hotel und sich für Megakongresse für Pharmakonzerne oder Banken prostituiert. Denn dann befinden wir uns im Feld des Effizienzluxus, der nur unter funktionalen Aspekten abläuft.

Ein möglicher Ausweg, aber nur ein kleiner, sind die sogenannten Boutiquehotels, also Minihotels mit maximal 60 Zimmern, individuellem Ambiente und perfektem persönlichen Service. Sie unterscheiden sich vom Effizienzluxus der großen Fünfsternekästen. Und sie haben wieder mehr Stammgäste. Beispiele dafür sind das Schloßhotel Vier Jahreszeiten in Berlin, die Villa Viktoria in Düsseldorf oder das Hotel Hanseatic in Hamburg. Sie sind nicht unbedingt sehr teuer, bieten nicht ganz den Luxus der großen alten Häuser, aber sie sind persönlich und werden von sogenannten »Kettenflüchtlingen« überaus geschätzt.[62]

Auch die Hotellerie ist also – man muß es leider kraß ausdrücken – ein Fall für die Dekadenz. Berühmte Hotelanlagen verrotten, werden verkauft oder trauern nur noch großen Zeiten nach. Luxushotellerie ist heute auf die Stufe der *Liebhaberei für dreistellige Millionäre und Privatiers* geworden, denen Renditefragen egal sind. Es sind sozusagen Hobbyhotels geworden. Ein Beispiel ist der Quellenhof in Bad Ragaz, dessen Neubau 70 Millionen kosten durfte, weil es einen kapitalkräftigen Aktionär mit Namen Thomas Schmidheiny gibt. Ein anderes Beispiel ist Zürichs zur Zeit wohl erste Adresse, das Widder Hotel, das der Schweizerischen Bankgesellschaft gehört und das mit gigantischen Summen renoviert und subventioniert wird. Ohne diese Subventionen wären die Zimmer auch für Topkunden wohl unbezahlbar. Aber das Hotel ist stilvoll renoviert worden und ist für die Stadt Zürich ein Gewinn. Hobbyhoteliers sind auch Rudolf August Oetker (Brenner's Park Hotel & Spa in Baden-Baden, Le Bristol in Paris, Park Hôtel in Vitznau, Grand Hôtel du Cap Eden-Roc am Cap d'Antibes in Südfrankreich oder das Château du Domaine Saint-Martin im südfranzösischen Vence, das auch schon von Konrad Adenauer als besonders himmlisch gepriesen wurde)[63]. Andere Hobbyhoteliers sind Tengelmann-Inhaber Erivan Haub oder Reinhard Mohn von Bertelsmann, der sich als Nebenerwerbshotelier für das Parkhotel Gütersloh engagiert. Die Liste läßt sich beliebig fortführen. Nebst den Unternehmern, die sich als Mäzenen profilieren können, sind es neuerdings vor allem internatio-

62 Wirtschaftswoche, 14. 11. 96

63 Wirtschaftswoche, 17. 10. 96

nale Stars aus der Unterhaltungsbranche, die sich dank ihrer steigenden Einkommensverhältnisse ebenfalls hobbymäßige Investitionen ohne Renditeabsichten erlauben können. Man denke etwa an Stars wie die Bandmitglieder von U2 oder den Ur-James Bond, Sean Connery.

Daß übrigens gerade Rockstars wie Bono oder The Edge von U2 zu den Besitzern und »Rettern« der Luxushotellerie gehören, ist selbstverständlich ebenso ein Ausdruck unserer heutigen Perversion der Verhältnisse. Denn es besagt ja nichts anderes, als daß die Gegenkultur, stärker: die subversive Kultur von unten mittlerweile definieren kann, was als Luxus gilt. Die schlampige Grungekultur, die lieber auf Downdressing und egalitäre Verhaltensmuster setzt, kann heute Luxus definieren. Das ist eine äußerst interessante Wendung in der Vorstellung von Luxus. Gegenkultur und Elite verschmelzen; die beiden Extreme fließen zusammen.

Auch die Luxusheimat Frankreich ist kein Ausnahmefall. Mit Ausnahme des Crillon in Paris (Sitz von Relais & Château), das zur Familie Taittinger gehört, gibt es kein einziges Pariser Hotel, das Mitglied des Comité Colbert ist – also der größten Vereinigung der Luxusmarken in Frankreich –, dessen Kapital französisch wäre. Das Ritz gehört den Arabern, das Bristol ist deutsch, George V und Plaza Athénée sind englisch. Das sind nur einige Mosaiksteine in einem Puzzle, das in den letzten Jahren gigantische Veränderungen erfahren hat.[64]

Neuer Luxus I: Der Wandel des Luxus

Stellen wir uns im Sinne eines Überblicks die Frage: Warum ist der klassische Luxus in die Krise gekommen? Das hat nicht nur mit dem Abstieg der Mittelklassen zu tun, die sich gerne nach oben, an der Oberschicht und den Reichsten orientieren.

• (a) *Traditioneller Luxus ist banal geworden.* Der Luxus von heute ist das Gemeingut von morgen. Der Luxus ist so erfolgreich, daß er normal geworden ist. Er ist »a commodity«, wie die Engländer sagen. Er ist eine Ware geworden, die man konsumiert

64 Vgl. Christian Blanckaert 1996, S. 31 f.

wie alles andere auch. Dies ist, wie schon erwähnt, beispielhaft bei der Karriere des Produktes »Lachs« festzustellen, der vor zwanzig Jahren als Exklusivität auf den Weihnachtsabendtisch der bürgerlichen Familie kam, und heute als Sandwichbeilage billiger geworden ist als viele Wurstwaren. Oder nehmen wir die Karriere des Produktes »Golf«, vor wenigen Jahren noch das Statussymbol von prestigebewußten Zeitgenossen, die sich vom Tennis in eine neue Dimension des Elitesports zu retten versuchten. Golf ist heute fast schon ein Volkssport geworden. Und damit verliert er rapide seine Attraktivität bei den trendbestimmenden Eliten. Banal heißt in dieser Situation: langweilig.

- (b) *Luxusgüter sind »overdiffused«;* man kann sie überall kaufen. Überall gibt es Champagner, teure Markenkleider etc. Ob ich durch die Luxusmeilen von Zürich (Bahnhofstraße), Los Angeles (Rodeo Dive), London (Oxford Street), Düsseldorf (Königsallee), München (Maximilianstraße) oder welche Adresse auch immer in den Metropolen schlendere: von Armani über Tiffany bis Louis Vuitton – dieselben großen Namen, dieselben Marken. Oder wenn wir reisen, fallen uns in allen Duty Free Shops dieselben Produkte, Marken und Logos ins Auge, was wiederum heißt: Sie sind nichts mehr wirklich Exklusives. Was ich in Mailand vergessen habe zu kaufen, kann ich mit großer Wahrscheinlichkeit auch auf der nächsten Transitstation meiner Reise bekommen.

- (c) *Luxusgüter sind zu normalen Preisgütern geworden.* Es wird heute als normal erlebt, daß echter Champagner bei Aldi oder Denner für 16 DM oder 15 sfr. eingekauft werden kann. Auch Luxusgüter definieren sich – wenigstens tendenziell – *zuerst* über den Preis. Interessant ist in diesem Zusammenhang: Nirgendwo können wir schöner beobachten als in der Luxushotellerie, wie sich Luxus selbst zerstört, wenn er preisliche Konzessionen macht.

- (d) *Luxusgüter leiden unter Überalterung der Klientel;* es ist im Unterschied zu den Achtzigern nicht mehr gelungen, den mittleren Schichten Luxus schmackhaft zu machen. Das gilt auch dann noch, wenn man deren Einkommenssituation berücksich-

tigt. Insbesondere im Automobilsektor können wir das gut nachvollziehen. Erst jetzt stellen die Luxusmarken fest, daß sie wirklich etwas für ihre Kunden tun müssen. Mit neuem Serviceangebot, Busineß-Klassen als Einsteigermodelle (z. B. Jaguar) und neuer Preispolitik.
In diesem Zusammenhang ist vor allem der kulturelle Wandel ein entscheidender Faktor. Die demographisch größte Gruppe, die sogenannten Baby-Boomers, haben in den achtziger Jahren alles gekauft, was an Statussymbolen zu ergattern war. Heute merken sie, daß sie viel ausgegeben haben, aber auch, daß sie dadurch nicht viel glücklicher geworden sind. *Sie entdecken die Werte Qualität und Stabilität* und setzen sie über das Prestige, das mit Luxusgütern verbunden ist. *Die erwähnte Unterscheidung zwischen High Quality Products und Luxusgütern mit ihren Traditionen ist also auch hier ein nicht zu unterschätzender Faktor. Es ist m. E. ein weiteres Indiz für die Amerikanisierung der Lebensstile.* Exemplarisch dafür steht die Aussage des 50jährigen Patrick Connolly, Head des Mail Order Business bei Williams-Sonoma: »I don't need a Rolex watch to represent who I'm but I'd like to own a nice watch.«[65]

• (e) *Traditionelle Luxusgüter werden heute immer mehr von Großkonzernen aufgekauft und verwaltet, die nicht mehr die Intimität, Geschichte und Kenntnisse kleiner Häuser haben, die auf Tradition und familiären Netzen basieren.* Das bricht ihnen das Genick. Marketing und Luxus vertragen sich, wie noch zu thematisieren sein wird, per definitionem nicht. Wenn heute Riesenluxuskonzerne wie Cartier oder LVMH (Louis Vuitton Moët Hennessy) Produkte vermarkten, so können sie zwar perfekt Marken managen. Genauso können sie High-Quality-Produkte herstellen und verkaufen, aber nur beschränkt Luxusprodukte. Diese haben immer ihren Ursprung im Handwerklichen, nicht beliebig kopierbaren.

• (f) *Kontextveränderung – Es hat mit einer grundsätzlichen Enttraditionalisierung des Konsums zu tun.* Das ist vielleicht

65 Fortune, December 25, 1995, 54

der wichtigste Grund. Es bedeutet: Konsum war früher einmal mit einem bestimmten Verhaltenskodex verankert. Das ist heute vorbei. *Kunden lassen sich nicht mehr in Kaufkraftklassen und nach demographischen Kategorien einteilen.* Genauso wie heute jeder mit Turnschuhen und Shorts ein Fünfsternehotel oder ein Dreisternerestaurant betreten darf, erhält jeder auch Zutritt zum teuersten Shop, wenn er nur über das nötige Kleingeld verfügt. Sitten und Benehmen, Rituale des Verhaltens, und das heißt: Demonstration von Bildung, Raffinesse, Geschmack werden gegenstandslos, *weil der Kontext des Luxus gleichgültig geworden ist.* Um ein Beispiel zu nehmen: Um den rückläufigen Absatz von Cognac abzufangen, soll der exklusive Digestiv zu einem kühlenden Aperitif umfunktioniert werden, der in einem Longdrinkglas serviert wird. »Ein Eiswürfel, der nie Cognac gekannt hat, hat nichts gekannt«, lautet der Werbeslogan. So wird versucht, ein traditionelles Getränk neu zu positionieren, indem man seinen Kontext wechselt. Was bei gewöhnlichen Produkten eine normale Angelegenheit geworden ist, kann für Luxusgüter tödlich enden.[66]

• (g) *»Greed works«* – Auswirkungen der 80er Jahre auf die Images des Luxus. Luxus ist in den 80ern stark der Gier anheim gefallen. Die yuppisierte Version des Luxus prägt insgeheim noch viele Wahrnehmungsmuster der Kunden. Wunderschön auf den Punkt gebracht hat die alleinige Abstellung unseres Begehrens auf Gier kein geringerer als der Hauptdarsteller des Hollywoodfilms »Wall Street«, nämlich Gordon Gekko, der es auf die ultrakurze und präzise Formel gebracht hat: »GREED WORKS«. Heute wissen wir: Das stimmt, aber die Nebenfolgen für den Luxus sind schlimmer als der Nutzen, wenn wir uns auf diese Formel einlassen.

Neuer Luxus II:
Luxus plus statt Luxus minus

Schematisch können wir uns den Wandel und die Entstehung von neuen Luxusmärkten wie folgt verdeutlichen:

---

66 Tages Anzeiger, 7. 12. 1996

(1) *Luxus plus vs. Luxus minus:*

Wir können aus den Fehlern der klassischen Luxusmarken viel lernen. Luxus beginnt und endet wiederum beim Verhalten: Dienen gegenüber dem Produkt und dem Kunden. Wer von Luxus spricht und aus verständlichen Gründen bei den Personalkosten den Hebel ansetzt, also beim Service Abstriche macht, beginnt beim Lebensnerv des Luxus und zerstört ihn sofort. Das heißt: In rezessiven Zeiten wird »Luxus minus« praktiziert. Man geht von der irrigen Annahme aus, der Kunde merke das nicht. Gerade in der Luxushotellerie können wir heute zuhauf tragikomische Erlebnisse machen. Zumeist handelt es sich nur noch um 1/4-Luxus-Hotels, bei denen der Gast sich glücklich wähnen darf, wenn irgendein Mensch am dritten Abend ihn mit Namen ansprechen kann.

»Das Zimmer können Sie gratis haben. Aber fürs Personal müssen Sie schon bezahlen«, sagt Manfred Hörger, der das Luxushotel Savoy Baur en Ville am Paradeplatz in Zürich leitet. Damit bringt er ein wesentliches Problem auf den Punkt. Guter Service macht per definitionem in vielen Bereichen des Luxus die Differenz, und daher kann er gar nicht anders als personalintensiv sein.

Luxus lebt aus der Quelle einer *Unternehmenskultur* heraus. Luxus leben heißt, eine ethisch-ästhetisch einheitliche Lebensphilosophie zu verfolgen. Luxus lebt von zwei wichtigen Grundwerten: Diskretion und Knappheit der Ressourcen. Daraus entsteht die fundamentale Diskrepanz zu jeder Form modernen Marketings und Managements: Marketing muß per definitionem immer »Mehr-Strategien« entwickeln, also auf die Optimierung des Pricing Powers, des Absatzes, des Bekanntheitsgrades schielen. Marketing muß immer auf segmentierte Lifestyles abzielen, Luxus hingegen auf eine ganzheitliche Lebensphilosophie.

Heute heißt *Luxus plus* zuerst, ein Bewußtsein für Dienstleistungen zu entwickeln. Der klassische Luxus baut darauf, daß es einen *impliziten Verhaltenskodex* gibt, der für alle Luxuskunden gilt – Selbstverständlichkeit der Höflichkeit, der Kenntnisse des Luxusproduktes, des Kunden. Diesen impliziten Verhaltenskodex können wir nur noch bei einem ganz schmalen, schwindenden Kundensegment voraussetzen. Heute sind die Luxuskunden und die Luxusmärkte *individualisiert* und das Verhalten *fragmentiert.*

Das heißt, wir können bei ein und demselben Luxuskunden feststellen: Der Verhaltenskodex mag in einem Luxussegment noch der klassische sein (z. B. exzellenter Golfspieler, aber in Sachen Gastronomie ein Banause, oder: exzellente Kenntnisse in allen Bereichen der Oper, aber totaler Banause in den Bereichen der Couture), in einem anderen. Segmentierte Lebensstile führen zu einem »Overspending« in Bereichen, die einem besonders am Herzen liegen, dafür zum »Underspending« in anderen Bereichen.
Die Konsequenz: Wir können beim Service nicht mehr davon ausgehen, daß der Kunde einen durchgehenden Verhaltenscode hat. Sein Verhalten ist also schwer einschätzbar.

Daraus wiederum läßt sich nur ein Schluß ziehen: ***Luxus hat in Zukunft nur dann eine Chance, wenn er vollständig individualisiert mit Kunden umgeht und seine Präferenzen bezüglich Produkte und bezüglich Verhalten bis ins Intime versteht.***

Der Widerspruch, der sich hier abzeichnet, ist der folgende: Luxus ist etwas sehr persönliches. Die Neuen Medien erlauben aber eine detaillierte, unendlich verfeinerte technische Aufarbeitung von Kundendaten. Die Kunst wird darin bestehen, vom Luxuskunden möglichst viele Daten zu sammeln, seine Wünsche zu kennen, ohne ihn wie einen Data-base-Kunden zu behandeln, und nicht Marketingleute und Kundenbetreuer auf ihn loszulassen, die das Handling mit Massenkunden beherrschen.

Tendenziell können wir feststellen: Mit der Angleichung des Preisniveaus wollen sich alle über den Service differenzieren. Sie werden alle auf die Nase fallen, wenn sie das »Dienen« als eine Technik begreifen, die man in Tageskursen rasch anlernen kann. »Dienen« ist eine Lebenshaltung, die man verinnerlichen muß. Sonst wird es noch schlimmer als – vor allem im deutschen – Kommunismus der real existierenden Kundenorientierung (die ja, nomen est omen, nicht zufällig von Kunden*bindung* spricht, als ob man Kunden einfangen und in Ketten legen könnte).
Meine These ist: Die mittleren Schichten werden neue Konzepte des Dienens erlernen, und damit neue Formen eines Verhaltenskodex erfinden, immer aber auf der Basis individualisierter Kundenwünsche. Die Gegebenheit, daß es statt einer große

Stammkundenschaft nur noch kleine, fluktuierende Kundenstämme gibt, bleibt bestehen.

(2) *Markenluxus vs. Kreatorenluxus:*

Luxus orientiert sich tendenziell nur noch am nackten Namen und am Preis, statt an der Kreation. Die Entwicklungskosten werden minimiert, die Marketing- und Kommunikationskosten steigen. Das heißt, daß wir in der Tendenz das »amerikanische Verständnis« von Luxus haben: Ein Luxusgut wird zunehmend ein High Quality Product sein, das man standardisiert herstellen und nach »normalen« Marketingregeln mit viel Kommunikationspower vermarkten kann.
Auch dies ist eine unmittelbare Paradoxie, die aus dem Spannungsverhältnis von Marketing und Luxus entsteht. Die Entwicklung zur Amerikanisierung der Lebensstile entspricht aber der Entwicklung, die wir allgemein in den Konsum- und Dienstleistungsmärkten beobachten können.

(3) *Luxus light – Business-Class-Luxus:*

Die Mittelschichten als wichtigste potentielle Kunden können sich Luxus nicht mehr leisten (»Jaguar-Syndrom«). Business-Class-Luxus als eine Lightversion des Luxus bietet sich an, aber als Ersatz ist sie ein Managerluxus, ein standardisierter »Effizienzluxus«, und nicht mehr der elitäre Distinktionsluxus. Heute bevölkern immer mehr Business-Class-Kunden die klassische Luxusdomäne.
Wir können diese Entwicklung etwa daran ablesen, daß sich viele Hersteller auch nicht mehr trauen, das Wort »Luxus« in den Mund zu nehmen. Man will gleich für die Business-class dasein.

(4) Luxus basic – das Notwendigste als das Höchste:

Der für die Zukunft wichtigste Wandlungsprozeß geht in Richtung eines Rückzugsluxus. Er ist defensiv und stellt eine Art Komplexität auf höherer Stufe dar. Die Differenzierungen der Ungleichen werden viel härter und anspruchsvoller als bis anhin (vgl. weiter unten Enzensbergers Luxustheorie als »Theorie der Rückkehr des Notwendigen«, die eine weitgehende Ablösung vom Geldadel mit sich bringt).

Um es nochmals zu unterstreichen: Menschen wollen sich um so mehr unterscheiden, je egalitärer die Lebensvoraussetzungen werden. Aber der Versuch, sich zu unterscheiden, wird härter als früher werden. Interessanterweise wird sich der Luxus der Zukunft an Grundsätzlichem orientieren, das wir bislang stillschweigend vorausgesetzt haben.

(5) Luxus innenorientiert – »Softhedonismus«:
Luxus dematerialisiert sich, der persönliche Gebrauch und die Nützlichkeit mit hohen Egoqualitäten kommen auf, ostentativer Bluff nimmt an Bedeutung ab, also ein Wandel hin zur »unconspicuous consumption«.
Die Konsequenzen der Entwicklung der Konsumgesellschaft machen sich auch in der Luxusdefinition bemerkbar: Was alle schon konsumiert und demonstriert haben, verliert für die Trendsetter-Elite an Attraktivität. Nicht mehr die außenorientierten Werte sind die attraktivsten, sondern die innenorientierten, die das eigene Ego pflegen.
Kurz: Luxus muß immer Luxus plus sein und sich nach oben orientieren, nicht nach unten oder gar nach ganz unten. Wir werden bei den Marketingparadoxien auf die grundsätzlichen Widersprüche zwischen Marketing und Luxus zu sprechen kommen.

Neuer Luxus III: Der Luxus des Notwendigen

Wir können allerdings feststellen, daß sich heute eine neue Form des Elitären und des Luxus herauskristallisiert, die in ihren Dimensionen noch nicht erfaßt sind. Kein Geringerer als der vielleicht interessanteste deutsche Trendanalytiker, nämlich Hans Magnus Enzensberger, hat wichtige Erkenntnisse zu diesem Thema geliefert, die er Ende 1995 in St. Gallen in einem Vortrag präsentierte.
Luxus erlebt eine Flucht nach vorne und zugleich eine Rückkehr ganz alter Formen. Luxus wird in einigen Punkten *dekommodifiziert:* Er ist nicht mehr ganz käuflich und nicht mehr ganz eine Ware. Damit erhält er eine *subversive Note.*
Es ergibt sich eine weitgehende Wegpositionierung von den traditionellen Formen des Luxus und des Hedonismus. Nicht mehr der

Überfluß und die Üppigkeit zählen, sondern das Notwendige. Enzensberger hat diese neue Lebensform skizziert. Der Hedonismus findet seine Vollendung im Glück des Notwendigen, und das heißt:

① ***Raum.*** Die Verdichtung von Lebensverhältnissen hat in den vergangenen Jahren rasch und intensiv zugenommen. Überall herrscht ein Gedränge, das zum Teil fast an Freiheitsberaubung grenzt (Straßen, Fußgängerzonen, Diskotheken, Wohnverhältnisse, Ferien- und Freizeitanlagen, öffentlicher Verkehr). Der Stau ist die Grunderfahrung von Menschen geworden, die sich bewegen wollen. *»Wer sich dieser Käfighaltung entziehen kann, lebt luxuriös. Dazu gehört auch die Bereitschaft, sich aus dem Warenberg freizuschaufeln.«* Also: Weg von dieser Form von Dichte und Überfluß, mehr Ruhe und Abgeschiedenheit.
Luxus heißt hier, genügend Platz zu haben, um sich Bewegung zu ermöglichen. Ich bewege mich in Räumen ohne Stauverhältnisse. Meine Räume haben nur die notwendige Möblierung, nicht zuviel. Stärker: »Heute wirkt ein Zimmer luxuriös, wenn es leer ist.« Bei diesem Punkt des Raums kommen übrigens die nationalkulturellen Unterschiede in der Wahrnehmung des Luxus sehr schön zum Ausdruck. Wir können Enzensberger etwa mit den Luxusrecherchen und -beiträgen vergleichen, wie sie in der Zeitschrift *Fortune* in den letzten Jahren publiziert wurden, also US-bezogen. Dort ist man viel schneller im Geldthema drin. *»Pay more for less«*, ist ein wichtiges Stichwort. Hier geht es um Phänomene der sogenannten *»Marginal Futility«*. Die wirklich Reichen lassen sich die Wohnungseinrichtung von einem Stardesigner optimal minimalisieren; ein riesiger, nahezu leerer Raum, aber bis ins Detail durchdacht und richtig teuer. Luxus dieser Art gibt es auch bei Alltagsprodukten zu beobachten: Man bezahlt mehr für ein Mineralwasser als für eine Coca-Cola, obwohl die Herstellungskosten für die Cola höher sind als für das Mineralwasser. Man bezahlt mehr für ein Chicken ohne Haut als für ein Chicken mit Haut im Restaurant.[67]

---

67 Vgl. Fortune, August 5, 1995

② ***Zeit.*** Vielleicht ist die Zeit das wichtigste Luxusgut. Die Funktionseliten, aber auch und insbesondere wiederum die mittleren Schichten, verfügen darüber nicht, sie haben meist nur Geld, aber keine Zeit. Der Terminkalender sorgt für die detaillierte Verplanung der nahen und fernen Zukunft. Hausfrauen sind von Plänen der Schulen und Freizeitaktivitäten der Kinder und Ladenöffnungszeiten abhängig. Und das teuerste und exklusivste Handy ist kein Luxusgut, sondern bestenfalls ein Kultobjekt, dessen Besitzer vom neuen Homo luxus gerade noch ein bemitleidendes Lächeln erhält.
Luxus heißt hier: Ich habe einen leeren Terminkalender; ich weiß noch nicht, was ich übermorgen machen werde, aber was ich dann mache, bestimme ich selbst. Der Zeitfaktor ist auch für den traditionellen Luxusbegriff zentral: *»Le temps – le temps dans le luxe – est la clef de tout«*, sagt Christian Blanckaert.[68] Luxus läßt sich nicht schnell herstellen.

③ ***Aufmerksamkeit.*** Das ist der Kampf der Medien, der Werbung, der PR-Maschinerien um Sendezeiten und Aufmerksamkeit der Kunden. Der *Information Overload* ist allgegenwärtig. Niemand kann es sich mehr leisten, sich dem Mediengedröhne zu entziehen. Wir alle sind dazu verurteilt, ständig überall angeschlossen zu sein, scheinbare Informationsvorsprünge zu nutzen.
Luxus heißt hier: auf Informationen soweit als möglich verzichten zu können. Ich konsumiere nur noch die Informationen, denen ich wirklich Aufmerksamkeit schenken will. Meine Aufmerksamkeit ist also sehr selektiv; ich bestimme freiwillig, was ich hören, fühlen, wahrnehmen will. Vielleicht leiste ich mir »Info Serfs« oder »Microserfs« (Douglas Coupland), also Informationssklaven, die für mich hinhören, aufnehmen und mir vermitteln, was ich hören will. »Unter dem Trommelfeuer arbiträrer Informationen nehmen unsere sinnlichen und kognitiven Fähigkeiten ab; sie wachsen mit der Reduktion auf das und nur auf das, was wir selber sehen, hören, fühlen und wissen wollen.«

---

68 A. a. O., S. 10

④ ***Sicherheit.*** Sie ist vielleicht das prekärste Gut. Der Staat kann sie nicht mehr garantieren. Sicherheit kann man sich als Reicher kaufen, mit einem hohem Preis (vgl. »Scanscape«, Beverly-Hills-Syndrom), aber damit erliegt man der »Dialektik des Gefängnisses«, wie es Friedrich Dürrenmatt in seiner denkwürdigen GDI-Rede vom November 1990 in bezug auf die Schweiz so schön beschrieben hat. Der Luxus in den Villenvierteln ist ein ambivalenter Luxus, der sich mit Angst mischt, oder zumindest ein gemischtes Vergnügen darstellt.[69]
Luxus heißt hier: Ich lebe in Sicherheit, obwohl ich weiß, daß weder der Staat noch private Überwachungsdienste Sicherheit garantieren können. Diese Form der Sicherheit wird immer ambivalent bleiben.

⑤ ***Ruhe.*** Krach und Kakophonie sind allgegenwärtig; Baulärm schallt mir entgegen, wenn ich eine Unterführung durchquere, Baulärm nochmals, wenn ich mein Bürofenster öffne; wummernde Straßenfeste, wenn ich ein Sommerwochenende in einer Großstadt genießen will; Musik aus allen Ladenecken, wenn ich Einkaufsstraßen ablaufe; unaufgefordertes Gedudle am Morgen früh in der U-Bahn, für das ich auch noch meinen Obolus entrichten soll, Handy-Töne in allen möglichen und unmöglichen Varianten, wenn ich an einer Verkehrsampel stehe oder in der S-Bahn reise. Weitere Beschreibungen erübrigen sich wohl.
Luxus heißt hier: Sich all dem entziehen können. Dort hinhören, wo ich freiwillig hinhören will. Ich gehe in ein Restaurant, in dem ich mehr bezahle, um weniger zu erhalten: z. B. daß es keine Musikberieselung gibt; oder in Kombination: weniger Tische stehen in einem Raum.

⑥ ***Umwelt.*** Eine Luft einatmen, die nicht stinkt, Wasser ohne Probleme trinken können. Reine Luft und reines Wasser sind nicht zufällig zu wichtigen Symbolen in unserer Gesellschaft geworden. Alte Selbstverständlichkeiten schwinden; ihr Wert wird langsam bewußt und steigt. Oder: Schadstofffreies Gemüse und Obst verzehren zu können. Auch diese Möglichkeiten werden immer rarer.

---

69 Vgl. Mike Davis, City of Quartz, Verso 1990

Luxus heißt hier: Ich lebe an einem Ort, an dem die Umwelt (Wasserqualität, Luftqualität) soweit als möglich intakt sind.
Kurz: Diese Lebensform des Luxus Basic ist ein ***Rückzugsluxus,*** der, das können wir mit Sicherheit sagen, nur für ganz wenige möglich sein wird und nie zur Commodity für die Masse avancieren kann. Die herkömmlichen Parameter gehen nicht mehr auf. Der Investmentbanker, der Bundeskanzler, der Fußballstar in England – sie können nur noch erschwert luxuriös leben. Wie bei den Segmentierungsfragen können wir feststellen, daß Einkommen, Vermögen, Status nicht mehr ausreichen. Denn man braucht *mehrere* dieser Luxuselemente oder Basics, um wirklich luxuriös leben zu können.
Das heißt: Von all diesen Gütern können sich die Reichen und Einflußreichen Raum und Sicherheit kaufen, aber sie haben keine Zeit und keine Ruhe. Zeit wiederum haben Arbeitslose, Alte, Flüchtlinge – aber viele von ihnen haben kein Geld, keine Ruhe und vor allem keine Aufmerksamkeit von anderen. Die mittleren Schichten, die diesen Luxus wollen, können sich allenfalls einen *»Virtual Luxus«* erlauben. Für sie ist der Rückzug in diese neue Luxuswelt unmöglich, statt dessen können sie sich in einer Massenflucht in elektronische Cyberwelten retten, die ihnen *künstlich* die Gefühle einer reinen Natur, eines nichthektischen Alltags und der persönlichen Befriedigung von Informationsinteressen erlauben. Es gibt ja bereits einen privaten TV-Sender in Los Angeles, der jeden Tag 24 Stunden lang nichts anderes als das Meer zeigt; nur reines Meer und Meeresrauschen. Solche Phänomene sind Seismographen für wichtige Veränderungen. Anscheinend sind die Marktsegmente für solche Phänomene vorhanden. Meines Erachtens wird der »virtuelle Luxus« eine Zukunft haben, weil er Sehnsüchte befriedigen kann, die man *real* nicht mehr erreichen und ausleben kann.
Luxus ist in dieser Hinsicht geblieben, was er war. Um nochmals Enzensberger zu zitieren: »Ein Widersacher gegen die Gleichheit.«

Neuer Luxus IV: Der Luxus des Essentiellen – Das Beispiel einer französischen »Querelle«

Wenn wir Luxus als die Nobilitierung des Notwendigen definieren, so dürfen wir die Pionierleistung der Grünen nicht vergessen. Obschon wir die Ökofundis und Moralisten in der Regel nicht gerade zu den Geschmackseliten zählen können, haben viele Grüne als erste den unschätzbaren Wert des Wesentlichen erkannt. Luxus heißt heute, mit dem Wesentlichen leben zu können. Das Wesentliche kommt ohne Üppigkeit und Schnörkel aus, verzichtet auf alle Formen des Bluffs und überflüssigen Gehabes. Es reduziert auf das Unverzichtbare und hat damit den Vorteil des Schlichten. *Das Wesentliche ist nie einfach*, aber es überzeugt durch seine Fähigkeit der – wie wir heute im Jargon sagen – »Reduktion von Komplexität«. Interessanterweise können wir gerade in der Luxusgastronomie den Durchbruch des Essentiellen erkennen. Dem Gast werden nicht mehr verrückte, bis zur Unkenntlichkeit verkomplizierte Gerichte und Gerüche serviert, sondern die Qualität des Wesentlichen demonstriert.

Alain Ducasse, der wie erwähnt in Paris das Restaurant von Joël Robuchon übernommen hat, und damit als erster Kochkünstler *gleichzeitig* zwei Luxusrestaurants von Weltklasse führt, gilt als einer der Verfechter dieser Küche des Wesentlichen und der Star der französischen Küche der späten 90er. Die Vorstellung von französischer Küche, die er in Paris verwirklichen will, ist zwar nicht mit den mediterranen Gerichten zu vergleichen, die er in Monaco im Louis-XV, seinem angestammten Restaurant, auftragen läßt. Sie erhalten aber ebenfalls noch immer höchste Noten von den Kritikern und sind die Basis seines Erfolges. Was macht Ducasse?

Für Ducasse sind optische und geschmackliche Ablenkungen absolut verwerflich. Besser ist, was leichter ist, und besser ist, was leichter zuzubereiten ist. Kochen hat nichts mit Kreativität oder gar Genialität zu tun. Dadurch dürften auch viele europäische Traditionen, die in den letzten Jahrzehnten mit ihrer rastlosen Suche nach dem Neuen in die Versenkung geraten sind, einen Aufschwung erleben. Ducasse nähert sich der Luxusdefinition von Enzensberger. Während in den Achtzigern alle Formen von Ablenkung positiv bewertet wurden, wird heute dem Luxus wieder viel

mehr die Dimension der Strenge zugetragen. Gilles Pudlowski, einer der einflußreichsten französischen Gastrokritiker, hat Ducasse euphorisch zum Escoffier unserer Epoche erklärt.
An diesen Wandel hin zum Einfachen, Leichten und seiner Veredelung und dem Siegeszug des Mediterranen ist wiederum das gewandelte Ernährungsverhalten gekoppelt. Wir können das anhand einiger Produktpräferenzen von Spitzenköchen – mit symbolischem Wert! – aufzeigen, die den Trend von Ducasse verstärken:

Olivenöl / Jus	vs.	Butter/Rahm/Sauce
Ziegenkäse	vs.	Camembert
Rouget	vs.	Lachs
Kaninchen	vs.	Charolais Bœuf
Aubergine	vs.	Karotten
Kräuter		

Überspitzt kann man auch sagen: Die klassische Eiweiß- und Fettküche wird heute etwas moderater und vor allem vitaminreicher.
Den Franzosen ist dieser Wandel allerdings nicht geheuer. Wie oft in allen Sphären des ihnen kulturell Wichtigen inszenieren sie einen großen Streit, der zwei Lager bildet. Sie nennen das üblicherweise *»La querelle des Anciens et des Modernes«*, also den Streit zwischen den Anhängern des Alten und den Erneuerern. Gault Millau hat wieder die Unterscheidung von roten und schwarzen Noten eingeführt, um die Differenz zwischen einer »cuisine classique« und einer »cuisine d'auteur« zu unterstreichen. Der *Guide Champard* unterscheidet zwischen den Verteidigern einer »cuisine française«, wie sie von Alain Ducasse vertreten wird, und einer »cuisine créative«, wie sie von Marc Veyrat oder dem bereits erwähnten Pierre Gagnaire vertreten werden. Letztere sind zur Zeit nicht vom Erfolg gekrönt; nur noch G&M stützt sie bzw. erhofft sich ihren Erfolg. Alain Ducasse nennt Gagnaire und Veyrat auch klipp und klar Dilettanten. Für ihn hat Kochen überhaupt nichts mit Genialität, Kreativität und Inspiration zu tun, sondern mit Interpretation der Tradition und perfektionierter Professionalität. Die Fasanenbrust z. B. wird bei exakt

54 Grad gebraten, dafür wurden sämtliche Temperaturen ausprobiert. *Das Restaurant wird zum inszenierten Museum der französischen Kochkultur.* Die Kreativen und die Hyperkreativen sind gegenüber dieser konservativen Linie zur Zeit eindeutig auch wirtschaftlich im Hintertreffen.
Man sollte diese Unterscheidungen nicht überstrapazieren, *sie zeigen aber die Marschrichtung unmißverständlich an:* Essen ist etwas Konservatives. Wenn es um das Emotionalste geht, von dem wir unmittelbar abhängig sind, eben Essen und Trinken, sind wir unter den heutigen Bedingungen überhaupt nicht kreativitätshungrig. Wie bei der mehr intuitiven Ablehnung von genmanipulierten Nahrungsmitteln geht es auch bei diesem Trend um die Würdigung der ursprünglichen Produkte und ihrer einfachen, technisch perfekten Interpretation. Nicht zuviel Kreativität! Als Nachfolger von Joël Robuchon in Paris kam daher eben nicht Pierre Gagnaire in Frage, sondern Alain Ducasse.
Fügen wir der Vollständigkeit halber noch bei: Kein geringerer als der große Altmeister Paul Bocuse hat es sich nicht nehmen lassen, diese Entwicklung hin zum Mediterranen zu kritisieren. Für ihn repräsentiert Ducasse keine »Haute Cuisine« mehr, sondern eine italienisch inspirierte, viel zuwenig komplexe Küche. Er nannte diese Küche mit unübertrefflich abwertender Bezeichnung eine »Bonne Cuisine«. Sie sei gut gemacht, mit guten Produkten, aber eben: nur eine »gute Küche«.
Auch hier müssen wir erkennen: Die alte Luxusküche verändert sich.
Denn vergessen wir nicht: Das heißt auch, *daß das Neue als solches an Stellenwert verliert.* Das Charakteristische der Moderne war ja, daß das Neue immer auch das Bessere war. Wenn nicht mehr die ganz Kreativen und Zerstörer von Traditionen wie Pierre Gagnaire oder Marc Veyrat die Führungsposition einnehmen, die für ständige Unruhe und Bewegung sorgen, hat sich ein Wandel vollzogen. Mit Ducasse kehren wir zurück zum Essentiellen, das wir eigentlich schon kennen.
Ein letztes: Der große Trend zum Essentiellen wird sich m. E. nur durchsetzen, wenn er sich vom Hang zum Chauvinismus befreit, der gerade der »Cuisine des Anciens« eigen ist, wie sie durch Robuchon, Ducasse oder auch Bernard Loiseau vertreten wird.

Wenn das Essentielle auch heißt, daß nur noch die einheimischen Produkte die richtigen sind, ist der Mißerfolg vorprogrammiert. Es wirkt geradezu grotesk – und das hat wiederum Paul Bocuse erkannt, der in dieser Hinsicht ein kluger Vertreter der »Cuisine des Modernes« ist –, wenn Starköche Krustentiere aus Australien oder Truthahn aus den USA ablehnen und statt dessen nur noch auf einheimische Gewächse zählen. Der Chauvinismus der »Anciens« geht auch Michel Guérard zu weit, einer der letzten großen und bislang unbestrittenen Köche und Erfinder der Nouvelle Cuisine. Ohne Weltoffenheit wird sich die französische Haute Cuisine zu Tode retourentwickeln. Daß es nicht soweit kommt, dafür sorgen die Querelles, die der Gastronomie Impulse verleihen oder zumindest ihre Wichtigkeit medial unterstreichen.

Zum Marketing von Luxusgütern: Die Paradoxien des Luxus

Bereits oben wurde darauf hingewiesen, wie schwierig es ist, Luxus definitorisch einzufangen. Wir können jetzt hinzufügen: Alle Luxusthemen treten in eine grundsätzliche Spannung zum Marketing, und damit verknüpft, mit Werbung und PR. Allein schon das technische Vokabular des modernen Marketings widerspricht der feinen, differenzierten Sprache und Lebensart des Luxus. Mit dieser Perspektive kommt man leicht zum Schluß:

- Marketingtechniken sind etwas für die *Neureichen*, die sich mit Produkten ihr persönliches Image und ihre fehlende Familientradition gegenüber Altreichen und sich selbst bestätigen wollen;
- Marketingtechniken sind etwas für die *Kleinbürger*, die ihrem Nachbarn mit durchschnittlichen Produkten imponieren wollen, mit einem Personenwagen, der einige PS mehr oder einen elektrischen Fensterheber hat;
- Marketingtechniken sind etwas für die *Provinzler*, die noch nie etwas von Massengütern gehört haben. Aber ein Genie, ein Traum, das läßt sich nicht unter Marketinggesichtspunkten erfassen und kategorisieren. Marketingmanager sind per definitionem – so scheint es – kulturelle Banausen, die mit ihrer

technischen Sprache elitäre Güter an andere Banausen vermarkten oder genauer: vulgarisieren – und sie damit in ihrer Qualität zerstören.

Bernard Dubois hat in einer Studie sehr schön die wichtigsten Paradoxien des Luxus und des Luxusmarketings herausgearbeitet:
Es gibt fünf zentrale Paradoxien des Luxusmarketings:[70]

① Le paradoxe de la demande
② Le paradoxe du produit
③ Le paradoxe du prix
④ Le paradoxe de la distribution
⑤ Le paradoxe de la communication

① *Die Paradoxie der Nachfrage*

Luxusprodukte können niemals billige Produkte sein. Daher stützt man sich im Marketing auf die naheliegendsten Faktoren bei der Ausarbeitung von Marketingkonzepten: Der Luxuskunde hat eine hohe Kaufkraft, liest also z. B. nur Hochglanzpublikationen. Aber: Kein Kunde ist so schwer zu definieren wie der Luxuskunde. Denn in keinem anderen Güterbereich ist der symbolische, nichtmaterielle und damit nichtquantifizierbare Teil des Produkts so entscheidend wie bei Luxusgütern. Die Segmentierung läuft daher nur sehr bedingt über Kaufkraftklassen und Demographie. Sie läuft auch nicht über soziopolitische Kategorien wie konservativ, christlich-demokratisch oder progressiv. Die Progressiven geben sogar eher mehr aus für Luxus als die Konservativen.

---

70 Bernard Dubois, Comment surmonter les paradoxes du marketing du luxe, in: Revue française de gestion, janvier-février 1992, 30–37, vgl. ferner Bernard Dubois und Claire Paternault, Observations – Understanding the world of international luxury brands: The »dream formula«, in: Journal of Advertising Research, a. a. O., Thomas J. Stanley, Marketing to the Affluent. Homewood 1988

② *Die Paradoxie des Produktes*

Marketing geht von den Bedürfnisanalysen und Erwartungen des Marktes aus. Führt man ein neues Produkt ein, so macht man ein Konzept, entwickelt das Produkt, macht Tests mit Zielgruppen, Verpackungen etc. Auf der Ebene der Bedürfnisse mag das bis zu einem bestimmten Grad aufgehen. Wie wir mit dem Buch »Kultmarketing« sehr schön nachweisen können, sind wir im Bereich der Kulte in einer analogen Situation wie bei Luxusprodukten: Wir sind nicht mehr im Bereich der rationalen Bedürfnisse, sondern im kaum verbalisierbaren Bereich der Wünsche und des Begehrens. Es ist kaum möglich, in Befragungen etwas Substantielles über den Zusatznutzen von Luxusprodukten herauszubekommen. Sie sind ohnehin nutzlos, oder sie bieten sicherlich keinen funktionellen Zusatznutzen gegenüber einfacheren Produkten, die weniger kosten. Eine Louis-Vuitton-Tasche für 2500 SFr ist ein schließbarer Behälter wie ein ganz gewöhnlicher Sack für 20 SFr. Dem Kauf liegt keine rationale Entscheidung zugrunde, sondern eine emotionale. Der Vorteil liegt im Symbolischen, und daher sind alle Details wichtig, die zum Kontext eines Luxusgutes gehören: die Aufmerksamkeit für die Details der Verpackung, des Services vor und nach dem Kauf. Eine negative Erfahrung mit den Qualitäten eines Produktes wird ebenso maßlose Reaktionen provozieren wie die Erwartungen vor dem Kauf. Aus diesen Gründen kann ein Luxusprodukt nie wirklich ein Nachfrageprodukt sein, sondern viel eher ein *Angebotsprodukt.* Mit den Resultaten von Befragungen wird man keine Luxusprodukte erschaffen können. Daher ist der Erfolg von Luxusprodukten sehr unterschiedlich. Diesen Erfolg kann man nicht wirklich antizipieren und planen.

Luxusprodukte lösen nie ein Problem, sie konkretisieren einen Traum. Es ist ganz normal, daß Kunden nicht sagen können, mit welchen Träumen sie gerne verführt werden möchten. Viel mehr als um das rationale Messen geht es hier um das, was wir im »Kultmarketing« als »Emotional Design« bezeichnet haben, um das Gestalten von Emotionen. In diesem Bereich können Kunden ihre affektiven Reaktionen ausdrücken. Im Luxus muß also viel mehr verstanden und nachempfunden als gemessen werden; man muß Emotionen gestalten und bestätigen; man kann sie nicht wirklich sprachlich erforschen.

③ *Die Paradoxie des Preises*

Es ist ein Gemeinplatz zu sagen: Man erkennt ein Luxusprodukt an seinem Preis. Ein Luxusprodukt ist »teuer« – aber teuer im Vergleich wozu? Wir finden heute fast in allen Branchen immer mehr Produkte, deren Verkaufspreise in keinem nachvollziehbaren Verhältnis zu den jeweiligen Produktionskosten stehen. Ein luxuriöses Parfum hat fast 100 % symbolischen Wert und nichts mit Produktionskosten zu tun – aber das gilt auch für die meisten Produkte im Gesundheitsbereich, es gilt für die Kultprodukte und es gilt für die meisten Produkte im gesamten Beratermarkt. So gesehen gäbe es immer mehr Luxusprodukte. Aber wie hoch wäre der »angemessene« Preis für einen Traum?

Ein Luxusprodukt hat strenggenommen gar keinen Konkurrenten. Es gehört in ein anderes, konkurrenzloses Universum und partizipiert nicht am selben Wettbewerb wie andere Produkte. Es gibt im Luxusbereich keine graduellen Unterschiede, sondern Unterschiede »de nature«. Ein Luxusprodukt hat nur eine Referenz, nämlich sich selbst. *Es bezieht sich auf sich selbst.* Im Luxus vollendet sich die Selbstreferenz des Konsums. *Der Preis ist die delikateste Frage, weil der Preis vergleichbar macht und daher zu Fehleinschätzungen geradezu einlädt.* Wie löst man die Paradoxie des Preises?

Ein Luxusprodukt lebt von der Bereitschaft, einen affektiven Mehrwert zu bezahlen, der schon bei den »emotionalen Welten« ausschlaggebend war. Dieser entsteht durch das Begehren, an einem Universum teilzuhaben. Das *Luxusuniversum* ist im Unterschied zum Kultuniversum von Nike oder von Disney nur differenzierter codiert. Es bietet subtile an Geschmacksnuancen. Diese wiederum sind elitärer, und sie haben strengere familiale Zutrittskriterien. ***Ein Kultprodukt wie Nike oder Disney ist demokratischer strukturiert, ein Luxusprodukt hingegen muß den Zugang limitieren, nicht elargieren.*** Luxus lebt vom Elitären. *Der Preis* ist hier die letzte aller Möglichkeiten, um den Zutritt zu steuern. Daher ist seine Frage so delikat. Sehr schön können wir das mit Beispielen aus dem Weinhandel demonstrieren. Wenn wir die prestigeträchtigen Bordeaux-Regionen nehmen, können wir beobachten: Extreme Knappheit wie die der Pomerol-Weine, die aus sehr kleinen Weingütern stammen, hat inzwischen astronomische Preise provoziert, zumindest gilt dies für einige spezielle Schlösser. Château Le Pin, mit einer Jahresproduktion von gerade einmal etwa knapp 3 000 Flaschen (aus 2 ha Anbaufläche), ist in den letzen Jahren sowohl zum Luxusprodukt als auch zum Kultprodukt avanciert. Zwar genießt der Wein Luxusstatus bei seinen Liebhabern, aber er hat auch Kultstatus bei einer riesigen Fangemeinde von Weinfreaks auf der ganzen Welt, von denen nur wenige die Gelegenheit haben, je einen Le Pin zu trinken. Auch hier sehen wir die Paradoxie des Preises: Wenn ein Luxusprodukt zu populär wird, gewinnt es nicht an Status bei den Kennern; es verliert. Es erzielt die höchsten Preise, aber seine Popularität schreckt ab, denn sie verhindert die Diskretion und nimmt den Charme.

④ *Die Paradoxie der Distribution*

Wie soll man ein Produkt vermarkten, dessen Rarheit im Vordergrund steht? In der Regel versucht man, möglichst alle Point of Sales zu kontrollieren (ist z. B. Strategie von Louis Vuitton). Der Versuch, die POS in der Anzahl knapp zu halten, bringt das Problem mit sich, möglichst die erwünschte Zielgruppe dorthin zu führen.

Wir können festhalten: Die Wahl der Distributionskanäle ist delikat und verlangt eine extrem sorgfältige Auswahl. Ich habe an x Marketingkongressen gehört: Multiplizieren Sie die Distributionskanäle, installieren Sie eine stärkere Verkaufsmaschinerie. Einverstanden. Aber dafür sind Luxusprodukte, die Luxusprodukte bleiben wollen, zu sensibel: Denn dieses Spiel läuft in der Wahrnehmung der Kunden nach dem Muster ab:

Exklusives Produkt → Luxusprodukt →
Markenprodukt → Massenprodukt →
Preisprodukt (Allerweltsprodukt)

Dies sind die Elemente des Abstiegs. Das System der Boutiquen, des Franchising, der Lizenzen ist eine Möglichkeit, um die Distributionskanäle zu optimieren. Aber die Frage ist grundsätzlicher Natur: Sind z. B. Lizenzen mit Luxus überhaupt kompatibel (vgl. die Probleme von Cardin!)? Man kann, wie häufig, über *Accessoi-*

res das Eintrittsbillet in die Universa des Luxus schaffen. Damit kann man den Geschmack der Kunden schrittweise nach oben erziehen. Aber das Risiko bleibt bestehen, dann an *Image* und *symbolischer Kraft* zu verlieren. Wann ist die Schwelle erreicht, wo die Distributionskanäle das Luxusprodukt und sein Image zu zerstören beginnen?
Grundsätzlich können wir festhalten: Ob wir Kaviar von Petrossian in den Supermärkten von Leclerc oder Intermarché kaufen können, hat nicht nur für die Marke Petrossian Konsequenzen, sondern für den Kaviar insgesamt. Dasselbe haben wir beim Lachs oder beim Fois Gras gesehen, die schnell in die Produktkategorie der »Déclassés« hinunterrutschen. Bei anderen Luxusprodukten können wir lernen, daß nicht die Supermärkte oder die große Fläche entscheidend sind, denn die größere Gefahr geht von den spezialisierten Discountern aus, wie etwa in der Parfümerie gesehen. Sie können per definitionem nicht den Kontext anbieten, der das Produkt angemessen würdigt: Die Atmosphäre ist bescheiden. Daher legt man den Finger auf Boutiquen, Franchising, Corners, damit der Hersteller die Distributionskanäle besser kontrollieren kann. Doch die Kontrollmöglichkeiten soll man nicht überschätzen: *Jeder Kontext hat wieder einen Kontext.* Wenn eine Boutique zwar eine gute Atmosphäre und zudem eine angemessene Lage hat, kann sich, wie wir heute wissen, die Nachbarschaft und die anliegenden Geschäfte schnell ändern. Das überträgt sich auf das Image eines Luxusproduktes viel schneller als auf gewöhnliche Produkte (auch High-Quality-Produkte), für die Kontext keine Rolle spielt.

- Aus diesem Grunde werden oft die Angebote nach POS differenziert. Dior und Chanel haben Boutiquen, die nur Accessoires verkaufen.
- Eine andere Möglichkeit besteht darin, die Banalisierung der Distribution durch *Personalisierung der Produkte* zu kompensieren (numerierte Ausgaben von Produkten, individuelle Kundenbehandlung etc.).
- Oder man differenziert die Marke, indem man unterschiedliche Positionierungsstrategien fährt wie Yves Saint Laurent oder Cerruti (man reserviert die Marke 1881 für die selbst hergestellten

Produkte, und gibt die Marke Nino Cerruti für die Lizenzprodukte ab). Aber die Paradoxien bleiben auch hier bestehen, denn wenn die verschiedenen Strategien der unteren Ebene nicht der oberen Ebene dienen und sich die Marken nicht gegenseitig starken, ergibt sich Konkurrenz, Kannibalisierung und – letztendlich das schlimmste – Konfusion beim Kunden.

⑤ *Die Paradoxie der Kommunikation*

Luxus hat den großen Vorteil, daß er hochgradig emotional besetzt ist und die Klientel polarisieren kann. Keine Konsumthemen ziehen die Öffentlichkeit und die Medien so an wie der Luxus. Daher ist Luxus in allen Medien präsent, und fast alle Klatschmedien reden ständig über Luxus.

Dieses Übermaß weist auf eine weitere Paradoxie hin: Weil auf jeder Cocktailparty, jedem Fest, zu jedem offiziellen Anlaß Luxus zelebriert wird, wenden sich die wirklichen Kenner des Luxus immer angewiderter ab. Man entdeckt plötzlich die »Petits vins«, kleine, bescheidene Weine, exotische Gewächse, die man sonst nicht bemerkt hätte. Wir kennen diese Mechanismen inzwischen sehr gut. Sie funktionieren. Und sie funktionieren wiederum paradox. Denn die Absenz von Berühmtheit steigert sofort das Imagekapital, und jede weitere Kommunikationsbemühung übersetzt sich in eine Erosion seines Status. Statt zu einer gegenseitigen Verstärkung zu führen, widersprechen sich Produkt und Promotionskommunikation.

Kommunikation des Luxus muß selbst luxuriös sein. Denn es geht um ein mentales Universum, das sich darstellt. Es muß immer eine Verbindung zur *Kreation* hergestellt werden, also etwa durch Personalisierung oder Namensgebung. Viele Accessoire-Marken, die zur Haute Couture gehören und dort ihren Ursprung haben, wären ohne diese mentale Verbindung ganz anders einzustufen. Daher kann man auch erklären, warum sich die üblichen Massenmedien kaum eignen für die Luxuskommunikation, eher noch PR-, Sponsoring oder klassische Mäzenatenaktivitäten. Doch Vorsicht ist auch hier geboten. Die einzig wirklich luxuskonforme Kommunikation ist natürlich die von Person zu Person.

Veränderungsschübe II: Einzelhandel zwischen Unterhaltung, Tourismus und Multimedia

Der E-Faktor: Entertainment und Electronic Shopping

»The entertainment industry is now the driving force for new technology, as defense used to be. Making a dinosaur for Jurassic Parc is exactly the same as designing a car.«
Edward R. McCracken, CEO Silicon Graphics,
Metropolis

»Die Unterhaltungsindustrie kann viel zur Verjüngung des Handels beitragen.«
Tom Gilmore, General Manager Universal City Walk,
MCA Universal Studios Los Angeles

Welche Wege führen aus der Shoppingkrise heraus? Daß es nicht der Preis allein ist, der die Krise verursacht, dürfte jedem vernünftig denkenden Händler, Konsumenten und Markenartikler klar sein. Die Erotik des Preises führt sich selbst ad absurdum. Die Händler erziehen die Kunden, ohne sich dessen selbst bewußt zu sein, und schaden damit sich selbst. Und der Krieg der Preise könnte letztendlich zu neuen Monopolsituationen führen, die auch für den Kunden schlecht enden, da auch seine Loyalität zerstört wird. Daher sind vielmehr **innovative Formen der Kundenkommunikation** gefragt.
Welche Rolle spielen der Faktor Unterhaltung und der Faktor elektronische Medien im Handel der Zukunft? Wir können folgende Argumentationslinien unterscheiden. Die eine Expertenseite sieht folgende Entwicklung:

ⓐ *E-tailing drängt Retailing in die Defensive*

Langfristig gibt es eine markante Zunahme in den Nonstore-Entwicklungen wegen der raschen Entwicklung der neuen Medien (»E« wie *electronic retailing* im Gegensatz zum klassischen Handel). Die Kunden verlassen ihre Wohnung immer weniger *(Cocooning)*, weil sie über eine erschwingliche, unterhaltende Infrastruktur bei sich zu Hause verfügen, und weil sie Risiko *(Urban Crime)* und Streß des Einkaufens miminieren wollen (Shopping als Belastung des Zeitbudgets*)*.[71] Für diese Entwicklung spricht auch, daß die Mehrheit der Kunden das Shopping nicht lustvoll, sondern als eine Anstrengung erlebt.

Wie die verschiedenen Formen des Homeshopping mittelfristig zulegen werden, ist höchst ungewiß. Interessant, aber leicht erklärbar wegen der anderen Infrastruktur in den USA, ist in dieser Hinsicht, daß die Amerikaner viel stärker an alle Formen von Homeshopping glauben als die Europäer. Bei uns herrscht viel größere Skepsis, die sich natürlich auch auf die Investitionsvolumen niederschlägt. E-tailing ist primär attraktiv für bislang eher wenig differenziert angesprochene Zielgruppen mit überdurchschnittlichem Einkommen wie etwa Singles oder Paare, die beide voll in ihren Berufen arbeiten und wenig Zeit für Shoppingaktivitäten aller Art haben (Zahlen zur Erinnerung: von 1988 bis 1994 hat das Homeshopping um über 30 % auf über 50 Mia. $ zugelegt, während in derselben Zeit der Verkauf in den 39 000 US-Malls um gut 3 % auf 800 Mia. $ abnahm. Bis zum Ende des Jahrtausends soll der starke klassische Katalogmarkt vom Kabel-TV-Markt eingeholt werden).[72]

---

71 America's Research Group, Store Magazine, October 1995

72 In den USA gehören Einkaufsfernsehprogramme zum Alltag von Konsumenten. Der größte Teleshopping-Anbieter QVC Inc. aus West Chester bei Philadelphia erarbeitet 1996 immerhin einen Umsatz von gegen 1,8 Mia. $. 70 Mio. Anrufe gehen jährlich in den Bestellzentralen in West Chester, San Antonio (Texas), und Cheasapeake (Virginia) ein. Über Satelliten kommen sie nun auch nach Europa. Damit man sich in Deutschland gegen den einheimischen Anbieter, den Münchner TV-Verkaufssender Home Order Television (HOT) durchsetzen kann, muß man professioneller sein, und das heißt: radikale Kundenorientierung. Dazu gehört die computergesteuerte Warenverpackung in weniger als 24 Stunden, eine Software, die dem Anbieter sofort, d. h. noch

Interessante Pilotprojekte gibt es bezüglich der Schlüsselfrage nach dem effizientesten und besten *Delivery System*. In den USA haben sich z. B. für ein Projekt neun große Konsumgüterhersteller, darunter *Procter & Gamble, Gillette, Nabisco, Kraft Foods* oder *Coca-Cola* zusammengetan und kooperieren mit großen Einzelhandelsunternehmen. Der wichtigste Einzelhandelspartner dieser *»Consumer Direct Cooperative«* ist für dieses Projekt *Streamline*, ein Bostoner Unternehmen, bei dem man aus einem großen Konsumgütersortiment Waren per Fax bestellen kann, die dann über eine Zwischenstation direkt zugestellt werden. Interessant sind natürlich die logistischen Voraussetzungen dieser Absatzwege. Geprüft wird etwa, ob das Tankstellennetz von Shell, einem weiteren Mitglied des Projektes, als ein solcher Zustell- und Abholpunkt geeignet ist.[73]

Ich will mich an dieser Stelle nicht auf die Spekulationen über Marktanteile des Electronic Shopping einlassen. Für mich gilt ohne Zweifel: Erfolg haben wird, wer einen **überraschenden Angebotsmix** zustande bringt, also den Kunden nicht einfach einzelne Produkte anbietet, die er ohnehin schon kennt, sondern verschiedene Kombinationen, die der Kunde als *praktische Innovation* erlebt. Der Faktor *Convenience* dürfte hier ebenfalls von entscheidender Bedeutung sein.

Andere Experten geben Visionen vor:

ⓑ *Entertainment ist langfristig die neue Dimension im Handel*

Sie setzen gerade gezielt auf Unterhaltung und damit auf grundlegend neue Shoppingkonzepte, weil man den Leuten etwas Zusätzliches bieten will, was sie erfreut und was ihnen gute Erinnerungen bereitet, die letztendlich für die Kundenbindung (Customer Loyalty) entscheidend wird. Nicht nur freundliche Bedienung und Servicequalität sind die Herausforderungen, auch ein animierendes Umfeld wird vom Kunden honoriert, weil er sich ernst

---

während der Sendung bekanntgibt, wie sich ein Artikel im Verlaufe der Sendung verkauft. Läuft ein Produkt nicht oder nur schleppend, wird die geplante Sendezeit vom Regisseur umgehend gekürzt, oder, wenn ein Produkt sich als Renner erweist, verlängert. Ladenhüter gibt es keine.

73 Vgl. Trendletter 6/96

genommen fühlt und nicht als Opfer von Rationalisierungen. Die Kunden werden den **Einbahnhandel,** der hin zu immer mehr Rationalisierung tendiert, langfristig nicht honorieren. Ein Problem bei uns ist: Wir haben ein gestörtes Verhältnis zum Thema »Unterhaltung«. **Retailtheater** trifft bei uns auf weniger Akzeptanz als in den USA. Es gilt als verpönt.
Dritte sind überhaupt skeptisch und verlassen sich auf statische Konsumtypologien:

ⓒ *Langsame Veränderungen / Business as usual bleibt*
Sie glauben nicht an wesentliche Veränderungen durch E-tailing oder durch Entertainment und setzen auf die Optimierung des Bestehenden, indem lediglich Verbesserungen der Warenpräsentation und Retuschen am POS *(Point of Sale)* vorgenommen werden.
Meine These ist: Unterhaltung kann ein wesentlicher Erfolgsfaktor sein; er ist aber keine Erfolgs*garantie.*
Faktum ist:

① *»The cable and telephone business today generate close to 200 Bio $ a year in revenues. Shopping by catalogue and other forms of shopping at home now constitute an 80 Bio $ annual business. Entertainment – video stores, movie theatres, theme parks, music, books, video games, theatre, gambling – is a 340 Bio $ business, and is growing twice as fast as over-all consumer spending.«*[74] Damit ist also angedeutet: Unterhaltung pusht die Märkte, der Supermarkt der Kultur ist die treibende Kraft – Bücher, Spiele, Themenparks etc. Hier können wir erkennen: Konsum als *Sinn-Konsum* wird in übersättigten Märkten zur unverzichtbaren Orientierungsgröße für Konsumenten.

② Wo immer von Unterhaltung die Rede ist, macht sich bald einmal *Gigantismus* breit. Wo immer Entertainment ein Thema ist, gehören die Rolle des Sozialen und der Entlastung (Relax!) der Kunden zu den entscheidenden Werten. Wir können global

74 Ken Auletta, »The Magic Box«, The New Yorker, April 11, 1994

eine weiter fortschreitende *Festivalisierung des Konsums* beobachten. Riesige, oftmals Wochen dauernde Kulturfestivals in Städten, Happenings besonderer Art wie die Olympischen Spiele oder Weltmeisterschaften, Shopping Malls wie Oberhausen oder Grand Littoral oder die Mall of America oder gar Landesausstellungen und Open-Air-Konzerte in Megastadions bewegen auch die Investitionsmassen. Sie schaffen die sogenannten *Imagined Communities* (Zygmunt Bauman). Sie existieren »solely through their manifestations: through occasional spectacular outbursts of togetherness (demonstrations, festivals, riots)«.[75] Sie existieren nur in dem Moment, in dem sie spektakulär zusammentreffen. Sie fokussieren alles auf den Event hin und existieren nur für die Zeit des Events und wegen ihm. Aber sie bewegen die Massen und den Konsum. Nachher ist der Spuk wieder vorbei. Das typische Beispiel dafür ist, im kleinen wenigstens, das Open-Air-Konzert im Fußballstadion, das 60 000 Zuschauer zusammenbringt. Dorthin geht man, »weil etwas los ist«. Oder auch die Techno-Happenings wie die Zürcher Street Parade oder die Berliner Love Parade. Die Love Parade vermeldete 1996 anscheinend für ein Wochenende 750 000 Besucher. 1995 waren es noch 250 000. 1997 sollen es nach Medienberichten 1,5 Mio. gewesen sein. Wie viele es in der nahen Zukunft sein werden, weiß niemand. Auf jeden Fall hat die Love Parade 1996 der Stadt Berlin 150 Tonnen Müll beschert, aber auch zusätzliche Konsumumsätze, die die Stadt gut gebrauchen kann. Anscheinend lagen sie zwischen 70 und 110 Millionen Mark.[76] Während die Love Parade vor 7 Jahren bei der ersten Durchführung gerade einmal 150 Raver auf den Kurfüstendamm zog und eine rein subkulturelle Insiderveranstaltung war, ist es heute ein Megaevent für alle, ein in den Mainstream integrierter Anlaß für die 4- bis 94jährigen, die unverbindlich Kindlichkeit und Lebenslust demonstrieren wollen.

③ In den USA ist die Unterhaltungsindustrie seit 1991 das am schnellsten wachsende Busineß des Landes mit zweistelligen

---

75 Intimations of Postmodernity, London 1994, p XVIII–XIX

76 TA, 15. 7. 1996

Zuwachsraten.[77] Und die Leute, die am meisten verdienen, sind im Busineß, das Geschichten erzählt, starke Bilder verkauft, Träume produziert.[78] Die Wirtschaft und das Realeinkommen entwickelt sich besser als bei uns; interessant ist, daß v. a. die 34- bis 54jährigen am meisten für Unterhaltung ausgeben, also die alternden Baby-Boomers. Und davon ist der Handel immer stärker betroffen, und zwar auf unterschiedlichste Weise.

④ Um es zu wiederholen: Der Unterhaltungsanteil dürfte in allen Bereichen und Branchen eine viel wichtigere Rolle spielen: Aufgrund der nicht zu bremsenden, wachsenden Informationsüberflutung wird der Unterhaltungsaspekt[79] in jeder Form von Kommunikation wichtiger. Denn je überreizter wir sind, desto wichtiger ist die angenehme Form der Kommunikation:
- Informationen werden zum Infotainment (Information verschmilzt mit Unterhaltung)
- Restaurantbesuche zum Eatertainment (Essen und Trinken verschmelzen mit Unterhaltung)
- Ausbildung und Lernen werden zum Edutainment (Lernprozesse werden möglichst mit unterhaltenden Elementen konzipiert)

Mit Unterhaltungselementen aller Art soll die Kauflust gefördert werden.

»Running Chrysler is show business. Sports is show business, and Henry Kissinger is show business. Those are the realities of the marketplace. So, as I've said, everything in this world has turned into show business. And if you're not in show business, you're really off Broadway.«[80]

Doch die wichtigere Frage lautet: Was wird eigentlich unter Entertainment verstanden? Ich glaube, daß wir uns zuerst einmal

77 National Real Estate Investor, May 1995
78 Vgl. das Kapitel *»Die Welt der Emotionen«*, S. 73
79 Vgl. das Schema »Emotional Design« im Kapitel »Die Welt der Emotionen«
80 Dies sagte nicht ein Disney-Manager, sondern der bekannte Investmentbanker Felix Rohatyn von Lazard Frères & Company

befreien müssen von den alten technokratischen Kategorien wie *Event-Marketing* oder *Erlebnisgastronomie* bzw. *Erlebnishandel* und uns bewußt werden, wie stark die Emotionalität als ein Grundbegehren unser Konsumverhalten in gesättigten Märkten prägt. Es gibt konzeptionelle Defizite.
Es gilt unbedingt daran zu erinnern, daß Handel und Unterhaltungsindustrie zwei völlig verschiedene Paar Schuhe sind, die nicht leicht zueinander finden.
»*The entertainment category is so broadbased that it allows you the opportunity to differentiate yourself. But first retailers must make a commitment to being in the business... This business affords the retailer the opportunity to create a fun environment and yet be a little different from the competition. The retailer will run into a problem if it tries to merchandise this like a traditional commodity, based on price and not on fun.*«[81]
Es geht darum, den Kunden eine einfache, klare, leicht verständliche Botschaft zu schicken, die sie wirklich interessiert. Das kann man um so mehr, je stärker wir von den technischen Infrastrukturen profitieren können, die qualitativ täglich besser werden. Nur das, was uns emotional sofort anspricht, hat gute Chancen, daß wir es auch wahrnehmen und daß wir uns daran erinnern. Daher wird die Vermittlung von »good vibes«, von guten, angenehmen Emotionen in der Kommunikation vordringlich.
»The word entertainment means TO HOLD THE ATTENTION OF SOMEONE, to amuse them. Retailers need to think of that first, not necessarily of bells and whistles.«[82]
Unterhaltung heißt also zunächst immer, zuerst einmal *Consumer Awareness* zu erreichen und die Nachfrage nach (neuen) Produkten anzureizen. Unterhaltung kann hier etwas Spezielles kommunizieren und die Aufmerksamkeit auf bestimmte Aspekte lenken.

---

81 Rob Gruen, VP Retail Business Development Warner Bros Consumer Products, in: Discount Store News, June 1995

82 Anne Brixner, Director of Marketing, Retail Group, Seattle, in: Stores, Oct. 1995

Unterhaltung ist übrigens »The Hottest Issue«, wenn es um *Liegenschaftsfragen* und um Stadt- und Regionalplanung geht. Warum? Weil es viel zuviel Handelsfläche gibt und der Konkurrenzdruck zunimmt, also warum noch mehr Flächen schaffen?
Die neue Generation der Projekte in den USA geht oft nicht mehr von einem klassischen Planungsentwicklungs-Mieter-Team aus, sondern von Medien, Unterhaltung und Technologieunternehmungen. Sie sehen die Projekte unterschiedlich und positionieren sie anders.
Mit einem Plus an Unterhaltung kann auf kleinerem Raum mehr Umsatz erzielt werden, vor allem in Kombination mit Food & Beverage-Möglichkeiten. Es gilt also hier, einen idealen Mix im Handelsangebot zu finden.[83]
Welche Projekttypen, die von Unterhaltungskonzepten ausgehen und darauf Retailingkonzepte aufbauen, sind heute in den USA am weitesten verbreitet? Gemäß *Economic Development Review*[84] sind es:

1 – Family Entertainment Center
2 – High-Tech Entertainment Center
3 – High Impact Film Venue
4 – Entertainment-Driven Retail
5 – Night-time Entertainment Center

1 – Family Entertainment Center:
20 000 bis 100 000 sfr., indoor oder outdoor.
Bsp. wie Discovery Zone als größtes und bestbekanntes Center, 200 Mio. Leute in 300 Locations 1994. Stark partizipatorisch / interaktiv ausgerichtet für Besucher. Vor allem auch familiengerecht!

2 – High-Tech Entertainment Center:
10 000 bis 40 000 sfr., nehmen in einem themenorientierten Umfeld die Entwicklungen im Softwarebereich auf; Virtual Reality und Simulatoren und sophistizierte Spiele. Oft auch Showcase

83 Vgl. »Eating is my life«
84 Spring 1995

für Software, Media und Hardware Technology. Typisch dafür ist die Liste der Unternehmen, die gerade Prototypen entwickeln: Sega, Paramount, Blockbuster z. B. entwickeln einen Mix, der eine größere demographische Zielgruppe anspricht als nur die traditionell männliche Jugend (Videopassagen).

3 – High Impact Film-Venues

Die Entwicklung neuer Kinotypen, die mit viel intensiveren sinnlichen Erlebnissen arbeiten, z. B. moving chairs in Sälen mit kleinen Kapazitäten. Die Filme sind sehr kurz (maximal 10 Minuten) und designen die Emotionen des Zuschauers, kosten aber trotzdem 4 bis 6 $. Daher kann viel mehr Umsatz erzielt werden als in normalen Kinos. I-Werks ist hier einer der Pioniere.

4 – Entertainment Driven Retail

Ein gutes Beispiel ist die Universal City Walk. Sie nützt die Kombination von touristischen Attraktionen im Umfeld der eigenen Verkaufsflächen aus und bieten Shoppinggelegenheiten, die sich nahtlos an das Erlebte anpassen. Vorzeige-Malls wie die Mall of America in Minneapolis oder die Forum Shops at Caesar's in Las Vegas, die eine neue Generation von Malls eingeläutet haben, begründen ihren Erfolg in der *Stimmigkeit der Konzepte zwischen Angebot und Unterhaltung:* Nur so kann die durchschnittliche Aufenthaltsdauer erhöht und der Flächenumsatz gesteigert werden.[85]

Die Experten sagen, daß diese drei genannten Komplexe die Basis für die Entwicklung der nächsten Generation von urbanem Malling abgeben. Insbesondere evaluiert werden Möglichkeiten in der Nähe von großen Sportkomplexen, wo eine Arena oder ein Stadion substantielle Frequenzen schaffen kann, und wo mit F&B und Handel ein Markt erschlossen werden kann. Allerdings darf nicht abgestritten werden, daß ein wirkliches Benchmarking zwi-

85 Bei den Forum Shops gut 10 000 $ pro m^2, das Doppelte einer durchschnittlichen Mall, für die Mall of America sind die Zahlen noch etwas höher, bei den Warner Bros. Stores sind sie (1995) gar drei- bis vierfach über dem Landesdurchschnitt – 1 500 $ vs. 3 bis 400 $ pro sfr., bei einer durchschnittlichen Größe von 700 bis 900 sfr. Aber Vorsicht! Diese Zahlen können nicht eins zu eins mit europäischen Verhältnissen verglichen werden!

schen verschiedenen Projekten und ihrem Erfolg kaum möglich ist, sie sind zu verschieden.

5 – Night-Time Entertainment

Hier gibt es am meisten Beispiele in Orlando, Florida. Church Street Station und Pleasure Island in der Disney World offerieren eine Kombination von Restaurants, Nightclubs und Live Entertainment. Beide werden ergänzt durch Handelsangebote, und beide wachsen stetig. Sie haben eine einfache, single ticket admission structure.

Welche Erfahrungen mit Unterhaltung gibt es?

- 70% der Kunden, die diese Art Entertainment ausprobiert haben, möchten die Erfahrungen wiederholen,[86] und je besser die Erfahrung war, desto länger bleiben die Kunden, desto hungriger werden sie, und desto wichtiger werden dann gute Restaurantkonzepte.
- 38% verlangen noch mehr Unterhaltungselemente, dieselbe Zahl betrachtet Shopping zugleich als Quelle der Unterhaltung und des Einkaufens für sich und die Familie.[87]
- Die Kunden erwarten, *daß Entertainment dem Shopping den Streßcharakter nimmt.* Kunden, die sich heute überhaupt noch auf das Shopping einlassen, wollen nicht einfach bedient werden, sie wollen »gut« bedient werden. Auch diese Entwicklung ist typisch für die 90er Jahre: *»Customers don't want to be treated like victims. They are willing to pay more and go out of their way to visit retailers who treat them right«*, sagt Watts Wacker.[88]
- Auch wenn Instore-Entertainment nach Mehrkosten aussehen, so zeigen viele Beispiele, daß sich die Investitionen lohnen können. Dank der fortschreitenden Automatisierung etwa von Scanning- und Lagerbewirtschaftungssystemen können sie ihre Produktivität maximieren und haben für andere Aktivitäten Kapazitäten frei.

---

86 Retail Newsletter 430, Dec. 95

87 Stores, Oct. 95

88 früher Yankelovitch Partners, Westport, zit. nach: Sporting Goods Business, July 1995

- Entertainment kann Spaß und Lebensfreude vermitteln. »We believe that retailing should be an enjoyable experience, so we have music playing, theatralic lightening and celebrity appearances. *But, bottom line, it's the merchandise that's the star*, sagt Rick Hollander, Vice President and General Merchandise Manager von *Incredible Universe*. Unterhaltung kann ein extrem wichtiger Erfolgsfaktor sein, aber die Kunden müssen auch die angebotenen Produkte lieben (lernen), sonst geben sie das Geld nachher nicht aus. Man darf das Produkt nicht vergessen, das verkauft werden will.
- Nur: Wer einmal mit Unterhaltung angefangen hat, setzt sich selbst unter Druck: Gutes Instore-Entertainment erhöht die Erwartungen der Kunden. Die Erfahrungen müssen regelmäßig erneuert werden, da sonst die Kunden das Interesse verlieren. Entertainment muß daher immer in Verbindung mit Produkten gebracht werden; sie muß den Kunden zusätzlich schöne Erfahrungen anbieten. In dem Moment, da sind sich alle Experten einig, in dem das Entertainment im Handel zu dominierend wird und den Bezug zu den Produkten verliert, bekommt der Handel Probleme.
- 73 % der Mall-Shopper betrachten Shopping als eine Möglichkeit zu sehen, was neu ist; sie wollen also *neue Produkte erleben können*.
- Entertainment verlangt sorgfältige Planung und Umfeldanalysen: Nur wenn *auch das Umfeld stimmt*, können mehr Kunden angezogen werden. *Das Unterhaltungskonzept muß mit den Ladenkonzepten und dem Image der Mall abgestimmt werden und zu den Produkten und Zielgruppen passen.* In den USA versuchen heute viele Malls, die mit Frequenzproblemen und Umsatzeinbußen kämpfen, mit irgendwelchen Entertainmentelementen die Flucht nach vorne anzutreten.
- Fünf Handelsketten bzw. deren Konzepte werden 1996 innerhalb des Entertainmentshoppings zu den Stars gezählt, nämlich die thematisch ausgerichteten Stores wie *Incredible Universe* (Consumer Electronics, Software), *Warner Bros. Studio Stores* (Characters' Merchandising), *H2O plus* (Beauty-Produkte, Body Management), *Border Book & Music* (Bücher-Superstore, mit 81 Läden in den USA), *Crate & Barrel* (Haus-

halts- und Möbelartikel). Die Erfahrung zeigt, daß diese Shops sehr unterschiedliche Erfolgskurven haben können.

- Die Stärke erfolgreicher Unterhaltungskonzepte liegt darin, daß Kinder und Familien von Anfang an in das Konzept mit einbezogen werden. *»Familiy Fun«* steht zuoberst. Denn Kinder sind wichtige Entscheidungsträger für die Beeinflussermärkte. Mit den demographischen Veränderungen und den älter werdenden Baby-Boomers müssen allerdings immer mehr auch »große Kinder« angezogen werden.
- Eines können wir auch gleich festhalten: Im **Discountbereich** wäre Unterhaltung unangemessen, da hier die Leute erfahrungsgemäß so schnell als möglich wieder den Laden verlassen (billige Preise plus Zeitgewinn). Man geht mit genauen Zielen hinein und sofort wieder hinaus. Jede Komplikation wäre kontraproduktiv. Entertainment muß den Kunden ansprechen, der sich aufs Verweilen einläßt und der neue Erfahrungen sucht und experimentierfreudig ist. Allerdings muß sich der Kunde auch im Discountbereich wohl fühlen, bestimmte Qualitätskriterien müssen erfüllt sein. Was im Discountbereich möglich ist, ist z. B. von den *charakterlizenzierten Produkten zu profitieren.* All die Motive, die uns die Film- und Musikindustrie zur Verfügung stellen, sind extrem emotionale Identifikationsmuster für Konsumenten – E.T., Jurassic Parc, Lion King etc. Auch solche Figuren leben, wie das Discount Business, vom Zeitfaktor. In kürzester Zeit sind sie nicht mehr topaktuell; der Preisverfall setzt ein. Aber sie haben immer noch ein breites Zielpublikum wie den Smart Shopper, der keinen besonderen Wert auf das allerneuste legt, aber von den Ikonen profitieren möchte.

Was für uns Europäer nicht leicht nachzuvollziehen ist, ist natürlich, daß die Amerikaner Unterhaltung mit »Fun« gleichsetzen. Sie haben ein sehr viel einfacheres Verständnis von Unterhaltung und Spaß. Ich denke, daß wir das von uns her etwas differenzierter einschätzen können.

Die Zukunft des Shoppings

Für den ganzen Shoppingbereich stellt sich natürlich die Frage, inwieweit der Gigantismus von Großprojekten und Großzentren vorbei ist oder erst am Anfang steht. Wir kennen ja die erwähnten amerikanischen Beispiele. Ist z. B. das Centr*O* in Oberhausen im Ruhrgebiet, das im September 1996 eröffnet wurde, der Anfang oder das Ende einer Entwicklung? Und wie steht es mit dem Grand Littoral bei Marseille, der nur einige Wochen später eröffnet wurde? Sie haben sicher nicht die Qualitäten und ein Umfeld der Mall of America, aber sie stehen an Orten, die keine übermäßig verwöhnten Kunden in ihrem wichtigsten Einzugsgebiet haben. Beide sind auch für ihre nationalen Voraussetzungen typisch. Sicher ist: Im Servicebereich wollen und können die europäischen Giganten enorm viel lernen von den amerikanischen Vorbildern, und damit wiederum Vorbildfunktion für den Einzelhandel in Europa übernehmen. Das Centr*O* hat eine Serviceakademie, und die Mieter verpflichten sich auf eine ausgezeichnete Servicekultur. Grand Littoral hat insbesondere im Bereich der Dienstleistungen aus dem öffentlichen und privaten Bereich einige Vorteile aufzuweisen wie Déchetterie à tri sélectif, Fontaines d'eau fraiche, Médecin du travail, Centre médical, Infirmerie, Banques, Monnayeurs, Consigne, Agence SNCF, Poste. Beide sind vom Gastrokonzept her interessant und lehrreich. Centr*O* hat eine hochrentable Coca-Cola-Oase mit über zwanzig attraktiven Fast-food- und Take-Away-Restaurants aus aller Welt und 1200 Sitzplätzen, Grand Littoral hat unter anderem 20 Themenrestaurants. Insbesondere Kinder, die bei uns bisher sehr schlecht wegkamen, werden als positive »Mitbringsel« konzeptuell integriert.

Der Schlüssel ist nach meiner Erfahrung im folgenden zu suchen: Es ist fraglich, wie sich die rasch voranschreitende Globalisierung des Angebots und ein langfristiges Interesse der Kunden an Shoppingzentren vertragen werden. Wenn wir weltweit die großen Einkaufszentren besuchen, *so müssen wir uns als Kunden den immer selben Mietermix gefallen lassen.* Die großen Marken und Markenläden sind omnipräsent. Selten gibt es Originalität. Überall dieselben Textilketten, überall dieselben Luxusprodukte, überall dieselben Fastfooder etc. *Wenn es nicht gelingt, einen attraktiveren Mietermix zu akquirieren, verlieren Kunden auf Dauer das Interesse.* Denn gerade die guten Kunden, die auch Geld ausgeben und nicht nur zum Flanieren und Schnäppchenjagen anreisen, *kennen sich auch bestens in den Markenwelten aus und sind selbst global reisende Menschen.* Daher muß unbedingt ein spezieller Touch gesucht werden. Er liegt in einem besser positionierten, lokal verwurzelten Angebot, das auch touristisch bestehen kann. Oder man fährt konzeptuell eine ganz andere Strategie wie der Universal City Walk in Los Angeles.

Fassen wir zusammen: Ein großes Angebot mit tiefen und breiten Sortimenten in einem animierenden Umfeld, das Sicherheit und Sauberkeit garantiert, leichten öffentlichen und privaten Zugang gewährt, mit unterschiedlichsten Preiskategorien der Anbieter im Ladenmix ist weiterhin sehr gefragt. Mit dem Wissen, daß wir in einer kleiner werdenden Welt leben, sinken die Hemmschwellen, für den Einkauf auch mehrere Stunden Flugzeit in Kauf zu nehmen. Wenn ich mich in Las Vegas amüsiere, kaufe ich eben dort auch gleich die wichtigsten Markenartikel ein.

Sicher wird aus Gründen der Komplexität in unserer Informationsgesellschaft, aus Gründen begrenzter Ressourcen an Zeit, Geld etc. der Wunsch nach intensiven Erfahrungen und emotionalen Welten weiter steigen. Daher ist es am wahrscheinlichsten, daß unter allen Freizeit- und Einkaufsformen die thematisch orientierten zulegen. Dort werden Unterhaltungskonzerne wie *MCA*, *Disney* oder *Warner* ein wesentliches Wort mitreden, weil sie das Know-how, die Produkterfahrung und den Drive haben, neue Ideen auch umzusetzen.

Das größte kommende Projekt will ich noch erwähnen. Rank Organization, eine wohlbekannte britische Investorengruppe, will zusammen mit dem Unterhaltungskonzern *MCA* aus Los Angeles und der Stadt Osaka den größten Themenpark der Welt realisieren. Im Frühling des Jahres 2001 soll in Osaka ein 1,6-Mia.-$-Projekt vollendet sein, das ähnlich strukturiert ist wie Universal Studios Florida, das auf *Rides* basiert, die sich dramaturgisch aus Filmen wie *Jurassic Park* speist. Selbstverständlich gehören auch Live Stage Shows, ein Film- und TV-Studio und Merchandisingkonzepte dazu, wie wir es schon vom Universal City Walk her kennen.

Auf der anderen Seite ist ebenfalls sicher: Der Wunsch nach **Convenience,** wie wir ihn auch schon in der Gastronomie erleben, wird die kleinen urbanen Fachgeschäfte mit hochspezialisiertem, unverkennbarem und leicht identifizierbarem Angebot favorisieren. Sie haben zudem vor den großen Handelsketten den Vorteil geringerer Fluktuationsraten: Der Kunde muß sich nicht ständig auf wechselndes Verkaufspersonal einstellen. Das fördert Vertrauen, und damit die wertvollste Ressource in einer komplexer werdenden Warenwelt.

»Retailtheater«: Lernen von Las Vegas

Die amerikanischen shopping malls bieten einen
Ausweg aus der Unordnung der »wirklichen Welt« ...
Niemand glaubt, daß sie real sind. Aber die meisten
bestätigen, daß sie besser als real sind. Und jeder
weiß, daß die Realität niemals so sein wird wie sie.
Zygmunt Bauman

Hyperréalisme délicieux
ascèse extatique
travelling multiprocessif
multidimensionnalité interinactive
De quoi planer
WESTERN DIGITALS
BODY BUILDING INCORPORATED
MILEAGE ILLIMITED
CHANNEL ZERO
Jean Baudrillard

Einkaufen wird sich in Zukunft stark verändern. Die Händler klagen über mörderische Preiskämpfe. Die Markenartikler klagen über zunehmende Untreue der Kunden. Marktforscher und Managementprofessoren schlagen sich mit vagen Floskeln wie »Der Kunde wird anspruchsvoller« herum. Doch das Problem ist in gesättigten Märkten anders gelagert.
Im folgenden soll am Beispiel der Entwicklung von Las Vegas –

zur Zeit eine der sogenannten »Boom Towns« dieser Welt – ein möglicher Ausweg aus der gegenwärtigen Shoppingmisere skizziert und der ungeheure Erfolg der Neupositionierung der ehemaligen »Sin City« erklärt werden.

Wachsende Faszination archaischer Konsumformen

Es ist wohl das größte Mißverständnis zu glauben, daß wir in unserer so bis ins Detail mit Zahlen und Fakten aufgeklärten und abgeklärten Zeit den Triumph des rationalen Kunden erleben, der souverän nach dem Preis-Leistungs-Verhältnis auswählt. Bei genauerem Hinsehen können wir vielmehr die Rückkehr ganz archaischer Konsumformen erkennen. Dazu lohnt sich ein Blick auf die Wachstumsmärkte wie etwa auf die neuen, familienorientierten Shopping Malls in den USA oder die Trendmärkte der Jugendszenen. Was sehen wir? Viele Produkte bekommen Fetischcharakter. Alltägliche Produkte wie T-Shirts, Getränke oder Sportartikel werden ähnlich rituell verehrt wie in archaischen Kulturen Götter verehrt wurden. Marken können durch gute Kommunikation zu Mythen werden, deren Geschichten immer wieder neu interpretiert und kommuniziert werden. Aus der Technoszene wissen wir, daß Firmenlogos den Charakter von Hostien erhalten. Oder von den großen Shopping Malls wie etwa Niketown – also die Verbindung von Museum, Shopping und Unterhaltung – wissen wir, daß sie zu den eigentlichen Kathedralen der Gegenwart geworden sind. Man besucht sie wie Wallfahrtsorte. Oder aus dem klassischen, hochstrukturierten Luxussegment wissen wir, daß aus treuen Stammkunden plötzlich fluktuierende Kundenstämme werden. Oder geschickte Marketingexperten betätigen sich als Konsumarchäologen, d. h. sie graben in der Geschichte von alten, fast vergessenen Produkten und machen sie fit für einen Relaunch. Gute Beispiele dafür gibt es etwa in der britischen Automobilindustrie, in der Musik oder bei Sportartikeln.

Das heißt: Produkte sind nicht einfach nur Produkte. Malls sind nicht einfach nur Malls. Hier bewegen wir uns auf einer zweiten Ebene, auf der Ebene des Symbolischen, die sich von den Produkten losgelöst hat. Inmitten unserer so »coolen« Welt verspricht das Kultische, Archaische, Religiöse im Konsum zugleich

- neue Ordnungsformen für das Marketing und
- Faszination für den Kunden.

Warum ist das so? Die Wiederkehr archaischer Lebensformen kann man nur verstehen, wenn man ihre Funktion als Versuch gegen die Kälte und Langeweile des mechanisierten Shoppings interpretiert. Wenn viele Leute heute nicht gerne Einkaufen gehen, es als Qual oder notwendiges Übel ansehen, so heißt das noch lange nicht, daß die Leute genug vom Einkaufen haben. Es heißt auch nicht, daß sie einfach sparen wollen. Damit macht man es sich ziemlich einfach. Aber es besagt: *So* wollen wir es nicht. Wir wollen nicht *mehr* vom selben, sondern etwas anderes. Also lautet der Schlüsselsatz: ***Die Menschen leben als Kunden mental in einer Welt, die anders ist als die, in der sie einkaufen.*** Einkaufen und Leben haben sich auseinanderdividiert.

Übertriebene Musealisierung statt Neuorientierung

Durch die politischen und rechtlichen (baugesetzlichen) Rahmenbedingungen ist es in vielen europäischen Städten mehr und mehr unattraktiv geworden, Neues zu wagen. Regeln, die oft nur noch historisch und nicht mehr rational erklärt werden können, verhindern eine Entwicklungsdynamik, ohne wiederum eine sinnvolle Bewahrung des Bestehenden zu betreiben. Insbesondere der Shoppingbereich, also ein zentraler Lebensnerv urbaner Lebensqualität, ist angesichts der »Musealisierung« von ganzen Stadtteilen im Nachteil. Man lebt oftmals nur noch in der schlechten Vergangenheit. Die zumeist tristen Einkaufszentren aus den Agglomerationszonen kennen wir nur zu gut. Sie sind schlecht inszeniert und wirken geradezu lusttötend. Sie sind rein privat und auf bloßen Konsum ausgerichtet und haben keinerlei öffentliche Sphären. Sogar der Ladenmix ist selten durchdacht und von weltfremden Planern hingeworfen worden. Man kann diese Einkaufszentren oftmals auch nicht altern lassen, weil sie dafür zu funktional ausgerichtet sind und zuwenig Substanz haben. Sie wirken sehr schnell visuell und mental *cheap*. Unter dem falschen Vorwand, alles irgendwie Alte und historisch Gewachsene mit dem Gütesiegel des Heimatschutzes zu versehen, wird jedwede

Veränderung blockiert. Es ist (fast) unverständlich, daß nicht begriffen wird, daß auch Traditionen und historische Lebensformen nur dann stark sein können, wenn sie zugleich Innovationen nicht nur ermöglichen, sondern geradezu forcieren. Wir kennen das aus der Industriegeschichte. Wandel ist immer ein hochselektiver Prozeß, bei dem viel Altes abgestoßen werden muß, aber bestimmte erworbene Traditionen gestärkt werden können. Und er gelingt nur mit dem Mut zur unternehmerischen Innovation.
Daher ist Las Vegas ein besonders spannendes Lernfeld. Hier wird ohne historisch gewachsenen Ballast, sozusagen unter Laborbedingungen, experimentiert, was für die historisch mit vielfältigsten Traditionen belasteten Europäer nur schwer nachvollziehbar ist. Inzwischen ist es längst nicht mehr angemessen, Las Vegas bloß als »typisch amerikanisch« abzutun.
Las Vegas gehört zu den sogenannten »Boom Towns« dieser Welt. Die Stadt zeigt eindrücklich, wie man sich von einem alten Image befreit (»Sin City«, einem bloßen Ort der ungehemmten Spielerei) und zu einem der wohl attraktivsten und meistbesuchten Städte der Gegenwart werden kann. Es ist ein Lehrstück dafür, was an der Schnittstelle von Handel, Unterhaltung und Multimedia alles passieren kann, wenn die Rahmenbedingungen eine freie Entfaltung zulassen.

Die Synthese von Silicon Valley und Los Angeles

Versuchen wir es auf den Punkt zu bringen: ***Las Vegas ist sozusagen die Synthese von San Francisco/Silicon Valley und Los Angeles.*** Was ist damit gemeint? In LA befinden sich Hollywood und die Filmindustrie. LA ist das Zentrum des Entertainments und der Kreation von Traumwelten. Silicon Valley und San Francisco stehen dagegen für die ultimative Technokultur der Gegenwart und die neuesten Softwareentwicklungen. Las Vegas treibt mit der Verknüpfung dieser beiden Elemente die Entwicklung auf die Spitze. Insider sprechen von »The Great American Triad«. Las Vegas ist die Spitze des »Shopping Mind« mit seinen neuen Malls und Unterhaltungsangeboten.
Die Stärke liegt darin, daß die neuen Malls wie (natürlich unübertreffbar) die Forum Shops in Las Vegas keine Waren mehr verkaufen. Alles bewegt sich auf der zweiten Ebene des Einkaufens, im

Bereich des Symbolischen, des Immateriellen. Sie verkaufen »emotional patterns«, emotionale Muster, nach denen die Kunden ihre Gefühle selbst modellieren können. Die Leute wollen in die Malls, weil sie **Stellvertretererfahrungen** bekommen wollen: Gegenwelten, Träume etc. Sie wollen wiedererinnert werden an etwas, das sie früher schon einmal erlebt haben, oder das in ihrer Seele unausgesprochen schlummert. Sie wollen das erleben, was sie in der wirklichen Welt gar nicht – oder nicht mehr – vorfinden können. Die Forum Shops erfüllen so eine wichtige soziale Funktion.

Allein der Ladenmix (von Magnet Maximus, Sports Logo bis Endangered Species) ist schon hyperreal. Läden thematisieren Kindheitserfahrungen, fantastische SF-Geschichten (Science-fiction) wie z. B. Star Trek oder Caspar, die natürlich viel mehr aussagen über unsere gegenwärtigen Träume und Ängste als über etwas, das erst in ferner Zukunft einmal stattfinden wird.

Man kauft nichts mehr in den Malls, und wenn, dann nichts Reales mehr. Malls sind *keine* simplen Verkaufsmaschinen. Und sie sind, auch wenn sie Geschichte thematisieren, keine Museen (sie rentieren sich auch ohne Eintritt). In den Malls will man erleben, was die wirkliche Welt nicht mehr bietet oder nicht mehr bieten kann. Nur die Hälfte der Leute will wirklich etwas kaufen.

Das aktuelle Weltzentrum des Lifestyle-Shoppings

Die Vergangenheit kannte Las Vegas nur als Sin City, als Zentrum des »Gamblings« und der »Slot Machines« – heute ist sie eine der boomendsten Städte der Welt. Las Vegas nutzte zunächst die rechtlich privilegierte Situation gegenüber anderen Staaten – beispielsweise die Nähe zu Kalifornien, wo Gambling verboten ist. Atlantic City und Chicago als die weiteren Glücksspielzentren der USA sind weit entfernt und haben eine andere politische Grundvoraussetzung.

Entertainment war aber recht formell, noch bis in die 80er Jahre hinein sah man viele Leute mit dunklen Anzügen. *Caesar's* war lange Zeit führend für gute Kunden, ähnlich wie auch *The Mirage*. Heute ist es viel informeller geworden. Mit Blick auf die Zukunft und eine mögliche Liberalisierung in anderen Staaten hat man klugerweise strategisch vorgesorgt: Wenn der Handel rechtzeitig

integriert und Entertainment stärker fokussiert werden kann, besitzt man – mit den fast unerschöpflichen Möglichkeiten des Raumangebots und der billigen Immobilienpreise – ein unerhört attraktives Zukunftspotential. Die Glücksspiele werden auch in Zukunft wichtig bleiben, aber das Environment – die kultischen Themen, die Malls, die multifunktionalen Hotels und Restaurants machen die Differenz aus.
50% der Kunden sind Ausländer. Nur 20% der US-Amerikaner sind je in Las Vegas gewesen. Mit den neueren Entwicklungen wollen neue Kunden gewonnen und den alten zusätzliche Dimensionen angeboten werden. So setzen zum Beispiel die Hotels wie MGM mit Themenpark oder Treasure Island (mit Piratenschiff, Spielanlagen und Merchandising) auf Kinder und Familien. Damit wird eine viel breiter abgestützte Kundenbasis geschaffen. Und die Malls setzen auf die Shopper im allgemeinen, die sich vom – anstrengenden – Gambling erholen wollen.
Früher war nicht nur der Handel schlecht, sondern auch der ganze Foodbereich defizitär. Heute haben die Hotels, insbesondere natürlich die neueren, unterschiedlichste, oft ethnisch und thematisch kategorisierte Restaurants, die z. T. exzellent sind (insbesondere im Hilton, das sich speziell positioniert hat). Mit Planet Hollywood ist neben dem Hard-Rock-Café ein weiteres attraktives Themenrestaurant gekommen. Hard-Rock-Café macht bereits jetzt über 60% des Umsatzes mit Merchandising. Die Leute stehen Schlange, nur um Waren zu kaufen. Der Shop ist klein und kioskartig vor dem Restaurant plaziert, so daß eine klare Trennung zum Café besteht.
Die Errungenschaft der breiteren Kundenbasis hat zudem den positiven Effekt, daß die Glücksspiele breiter akzeptiert sind. Man geht nicht nur wegen des Spielens dorthin. Und es ist nicht mehr nur für Erwachsene.
Eine Stadt, in der IMAGE alles ist, muß allerdings darauf achten, daß der Mix an qualifiziertem Entertainment auch stimmt. Mit Preispolitik und mit Kulten muß vorsichtig umgegangen werden.
Das merkt man in Las Vegas bis ins Detail. Sofort fällt es beim Personal auf. Die Leute, die Serviceleistungen anbieten, sind alle gescriptet. Sie wissen, daß Verkaufen nichts Banales ist, sondern

eine Kunst. Sie haben ihre Drehbücher im Kopf, und sei es nur ein einfacher, für einen überheblichen Europäer illiterat anmutenden Spruch wie »Have a terrific day!« Das Personal ist enorm freundlich und hilfsbereit, vom Taxidriver bis zur Bedienung im Restaurant. Hier wird vollendete Künstlichkeit wieder zur Natürlichkeit. Das heißt: Wenn sie sagen, »Have a good day«, dann nimmt man das dem Personal auch so ab. Es tönt nicht gestelzt oder gar herbeigeheuchelt. Was sie in der Kommunikation anbieten, ist eine »Performance«.
Das Schöne an dieser Welt ist allerdings, daß man sie – wie Träume – nicht ewig aushält. »Have a good day« klingt schon ein wenig unhöflich; »Have a very good day« ist normal, und »Have a terrific day« hört sich originell an, aber mit der Zeit schwingt etwas Bedrohliches mit – »Be happy!«, als ob jemand ein Messer auf deine Brust setzt: »Enjoy!«, und zwar sofort und ohne Umschweife.
Der wichtigste Trend ist klar: Großprojekte wie New York New York oder Beau Rivage oder Eiffel Tower sind Themenwelten. Sie bringen neue, mythische Themen nach Las Vegas. Sie haben ein starkes Verhältnis zu Traditionen, aber ein freies und ohne Zwang interpretierendes. Diese Art von zwangloser Verbundenheit mit der Tradition macht die Basis für den Erfolg von Traumwelten aus. Die unterschiedlichen Themen sind übrigens auch für den klassischen Las-Vegas-Besucher, der nur am Spielen interessiert ist, die Entscheidungsgrundlage für die Wahl des Hotels. Und von ihnen wird sehr viel erwartet.
Las Vegas hat heute zweistellige Zuwachsraten; jährlich kommen mehrere Tausend neue Hotelbetten dazu. Mit über 100 000 Hotelbetten hat man inzwischen mehr Kapazität als Los Angeles und San Francisco zusammen.
Der generelle Trend für die Grundstruktur des Lifestyle-Shoppings in Las Vegas: Basis sind wie erwähnt die thematisch orientierten Hotels mit ihrer multifinalen Infrastruktur, die rund um die Uhr und das ganze Jahr offen haben, also auch an Thanksgiving und Weihnachten (damit hat man auch innerhalb der USA einen Sonderstatus). Bei den Restaurants und den Läden weicht sich eine bis anhin recht rigide Struktur auf: Je neuer die Restaurants und Läden, desto mehr löst sich die Zeit als Ordnungsfaktor

auf. Haben Restaurants bislang frühestens um 5 oder 6 pm Dinner serviert, so kann man heute auch in teureren Restaurants bereits ab 4 pm Dinner bekommen. Viele schließen allerdings recht rigide um 11 pm für die warme Küche. Das ist unlogisch, kommt aber wohl den Bedürfnissen der Klientel entgegen, die sich noch mehrheitlich an den »natürlichen« Rhythmus hält. Die Läden haben etwa bis 10 pm oder 11 pm geöffnet, vereinzelt auch nur bis 9 pm (z. B. Fashion Shops).

Auffallend ist, wie stark der **Zwang zum Neuen,** zum ständigen Übertreffen des Bestehenden wirkt. Das gilt natürlich in erster Linie für die Großprojekte. Neuigkeitssüchtigkeit muß hier vom Anbieter als oberste Maxime des Kunden verstanden werden. Die Leute, die hierher kommen, wollen nur das Neueste sehen.

Hier hat nichts Bestand, außer daß immer etwas Neues kommt, das verrückter ist als das, was es schon gibt. Bereits bei den entertainmentorientierten Hotels kann man auch mit wenig geübtem Blick sofort dechiffrieren, ob etwas »in« ist oder ob es bereits einige wenige Jahre alt ist und somit

a) eine dringende Rejuvenation braucht, also Umbau und Einbau neuer Attraktivitätssequenzen (was sehr anspruchsvoll und teuer ist, denn damit muß man die Leute wieder neu abholen, die sich mental ohnehin auf das immer Neueste einstellen) oder

b) niedergerissen wird (wahrscheinlich finanziell die beste und risikoärmste Variante) und etwas ganz Neues entsteht, oder

c) der Besitzer eines Hotels ein weiteres Hotel baut, indem er im alten auf das altbewährte Thema setzt und auf Stammkunden aufbaut. (Das ist denn auch ein großer Trend: The Mirage bringt Beau Rivage, Bally's bringt Eiffel Tower etc.)

»Dreamland« und »Memories«: Forum Shops und Malls als Katalysatoren

@ **»Shoppus non stoppus« – The Forum Shops.** Mit den Forum Shops bei Caesar's Palace hat man zweifellos neue Standards für Einkaufszentren gesetzt. Sie sind nach Tom Roberts, dem Generalmanager der Forum Shops, so erfolgreich, weil sie den Handel in Las Vegas zum ersten Mal richtig stark gemacht haben und eine neue Dimension erschlossen haben. Sie sind der Auftakt für eine neuartige Kombination von Spielen, Flanieren,

Zuschauen, Einkaufen und Unterhaltung. *Man könnte für die Forum Shops sogar Eintritt verlangen.* Die Besucher würden das akzeptieren. Der Besuchermix ist extrem differenziert. Zielgruppenmarketing versagt hier. Es geht nicht mehr um immer feinere Zielgruppensegmentierungen, sondern darum, ein Begehren zu stimulieren, das in *allen* Menschen schlummert.
Der Key Value, der kommuniziert werden soll, ist »Value«, nicht Conspicious Consumption. Man setzt sich von den 80ern und dem Yuppieimage bewußt ab. Man will aber auch nicht »cheap« sein. Das kann man sich nicht leisten in einer Umgebung, in der Image alles gilt und macht.
Melvin Simon Assoc., der Planer und Bauherr der Mall, hat Designer während sechs Monaten nach Rom geschickt, um ein perfektes Design und eine intelligente Architektur herstellen zu können. Entstanden ist ein sehr gut gemachtes »Rome light«. Ein sich veränderner künstlicher Himmel sorgt für die Stimmung und macht auch die Atmosphäre »von oben« interessant: Die Wolken verändern sich, das Licht ebenfalls. Dennoch wird nicht auf perfekte Kopie Wert gelegt. Eklektizismus ist das Motto, »Rom« lediglich der rote Faden. *Alles scheint wie in Rom – nur viel besser.* Denn die Forum Shops sind gefahrenlos, abfallfrei, freundlich, kurz: Eben so künstlich und realitätsfremd, so weit weg von dem, was wir sonst erleben, daß sie zur zweiten Natur unseres Erlebens geworden sind!
Mit der Schaffung einer vollends künstlichen Welt und der Aufhebung des normalen Zeitbewußtseins hat man natürlich mental an die Welt der Casinos angebunden. Wer in den Forum Streets flaniert, verliert das Zeitgefühl. Man geht durch einen dunklen Eingang hinein, wie bei den Casinos, zu denen man übrigens auch direkten Zugang hat (zu Cesar's und unweit davon zu The Mirage). Das sind entscheidende Elemente der dramaturgischen Strategie. Wie in Disneyland ist auch hier alles clean, sicher, man fühlt sich »gut«. Alles erscheint abenteuerlich, kann aber zudem risikofrei und mit Erlebnisgarantie konsumiert werden. Das macht einen großen Teil der Attraktion aus.
A propos Disney: Disney wollte sich bislang nie mit Sin City im Zusammenhang erwähnt haben. Das hat sich mittlerweile auch geändert. Disney ist mit einem wunderschönen Shop präsent.

Disney hat sein Retail Concept überarbeitet (genauso wie übrigens Warner, die auch einen Shop haben). Kein geringerer als Michael Eisner hat Anfang Mai 1995 persönlich den Walt Disney Shop eingeweiht. Das zeigt eine Kehrtwendung im Denken. Es ist auch ein Kulturwandel für Disney. Früher hatte man Angst vor der »Verschmutzung« durch einen Standort in Sin City. Heute nicht mehr. Die These lautet daher: Disney, Las Vegas und Popkultur wachsen noch enger zusammen.

Outlet World. Gegenüber den Forum Shops wirken natürlich andere Malls wie z. B. die *Fashion Show Mall* geradezu konventionell. Interessant ist aber, was sich am Rande der Stadt, im Süden, entwickelt. Dort sind die *Outlet World* und die *Las Vegas Factory Stores* angesiedelt. Dort werden in den typisch flachen, großzügig konzipierten Shops (z. B. Nikeshop, Levi's) unterschiedlichste Produkte mit bis zu 75 % oder gar mehr Preisnachlaß angeboten. Allerdings handelt es sich nicht um ganz neue Produktlinien, sondern oft auch um Second-season-Produkte. Aber auch die Outlet Worlds haben gemerkt, daß nichts funktioniert, wenn *nur* Shopping angeboten wird. Nur ein umfassendes Programm, das pulsierendes Leben garantiert, kann den Erfolg ausmachen. Ohne Integration und Anschluß von Unterhaltung (wie z. B. Kino, Konzerte) und Restaurants und Hotels läuft nichts. Die Zeit der isolierten Einkaufszentren ist abgelaufen!

Sie hat viele Marken und Markenläden anzubieten. Die Outlet World zeigt, daß sie nur über zweierlei funktioniert: über Kulte und über Save. Starke Marken mit hohem Kultwert, v. a. an den Schnittstellen von Trendmärkten, sind am begehrtesten. Die Stärke liegt darin, daß hier nicht auf »cheap« gemacht wird. Helle, große Räume mit dezenter Musik, Duft nach Getreide und warmem Zimt. Auch wenn die Ladeneinrichtungen flexibel sind, ohne feste Einrichtungsstruktur, so ist der Geist nicht völlig abgekoppelt von den anderen Malls – was für Las Vegas auch undenkbar und schon aus Positionierungsgründen nicht gut wäre.

Das Grundgebot ist dasselbe wie bei anderen Serviceangeboten:

- sehr sauber,
- non smoking, zumindest dezente Hinweise dazu,
- Musik, nicht zu laut,

- Service: Bedienung ist immer präsent, freundlich, nie aufdringlich.

Oberstes Gebot: *Der Kunde muß hier das gute Gefühl haben, daß er sehr gut wegkommt.* Mehrwerte entstehen über Gefühle, nicht über den rational kalkulierenden Kunden, der nach Preis-Leistungs-Verhältnis abwägt. Es gibt in der Outlet World *keine normalen Preise mehr.* Sehr gut würde hierher das Motto des Harrah's Hotel passen: »Don't just pay! Pay better!«
Witzig ist etwa der Laden, der sich *»Vitamin World«* nennt. Der Laden ist ein Mix von New-Age-Medizin mit Naturpathos und den konventionellen Mitteln der effizienten Gesundheitspflege. Alles ist da, von den Vitamintabletten bis zu den feineren Facetten des Body Treatments (z. B. natürliches Faltenkillen). Für 1 $ bekommt man Aspirintabletten im überdimensionierten braunen Glas, das den Hinweis enthält, »Use it like Bayer's«, für 2 $ Kalzium- und Magnesiumpillen, die natürlich zucker-, stärke- und konservierungsmittelfrei sind, oder auch »Chewable Adult Multiple Vitamins & Minerals«. Alles schmeckt trendgerecht medizinisch, also wirklich grauselig, überdimensionierte weiße Tabletten, die man so schnell als möglich runterwürgt. Das Motto des Gesundheitsladens: *»Never pay full price again!«* »Saving by Spending«, je mehr man Gesundheit einkauft, desto gesünder wird man. Mehr vom selben, so wird suggeriert, bringt auch mehr Glück.
Das Konzept der Outlet Center kommt einem großen Begehren des (leidgeplagten) gegenwärtigen Konsumenten entgegen: Man will seine Gier befriedigen. Aber es hat auch eine Kehrseite: Wer sich an die Mentalität dessen gewöhnt, was den Outlet Center auszeichnet, wird jegliches Gefühl für angemessene Preise verlieren. Das Ende des »normalen« Preisbewußtseins bahnt sich an. Man fühlt sich in jedem »normalen« Laden betrogen bzw. man muß argwöhnen, daß man dort einen irreellen Preis zugemutet bekommt. Warum ist das dort viel teurer? Warum soll ich diesmal mehr bezahlen, wo ich doch beim letzten Mal viel weniger bezahlt habe? Der Kunde der Zukunft, so scheint es, erwartet, daß Discountpreise normal werden, und alle anderen Preise zuviel Zwischenverdiener oder Großabsahner – *also Parasiten* – beinhal-

ten, die weggehören. Preise der Zukunft werden so zu Phantasiepreisen, ohne realen Bezug zu einer materiellen Leistung.

Dynamik durch permanent neue, thematisch orientierte Hotels. Die finanzielle Basis der Hotels ist natürlich immer noch der Profit, der mit den Tausenden von Maschinen und Spieltischen gemacht wird, und nicht die Zimmer, deren Preise dank der Spielerei tiefgehalten werden können. Sie sind 365 Tage im Jahr und rund um die Uhr geöffnet. Tag und Nacht werden aufgehoben; wer mehrere Tage dort verbringt und nicht nur ein Wochenende, verliert das Zeitgefühl. Es ist immer dunkel in den Spielhallen, die tatsächlich wie glamourisierte Spielhöllen wirken.

Je differenzierter das Angebot der Hotels, desto differenzierter die Kundschaft aus der ganzen Welt. Sie schaffen die neuen Themen und die neuen Traumwelten. Die Hotels zeigen wie Las Vegas von gut gemachten Stories abhängt:

Caesar's Palace. Gilt als das luxuriöseste und wohl bekannteste Hotel in Las Vegas. Das Restaurant Bacchanal hat originale römische Bedienung. Dahin geht man nicht wegen des Essens (ein einheitliches mehrgängiges Menü mit fixem Preis wird serviert), sondern wegen der Performance mit leichtgekleideten Frauen und kriegsbekleideten Männern. Die Tafel vor dem Eingang hat folgende Inschrift: »A somptuous feast and entertainment experience fit for the gods of Ancient Rome.«

The Mirage. Hat genauso wie Ceasar's Palace einen erstklassigen Namen. Wird in naher Zukunft *Beau Rivage* eröffnen.

Luxor. Ist der Cheops-Pyramide nachgebaut. Im Süden der »Stadt«, gegenüber von MGM. Eingang ist wie bei einer Pyramide, eng, als ob man in eine Höhle träte. Sehr gute Wirkung. Erlaubt durch den tiefen, gruftigen Eingang ein sensationelles Raumgefühl. Wird in der Promo als »8. Weltwunder« gefeiert. Sprechende Kamele nach dem Eingang.

Die Hotelzimmer sind alle direkt in der Pyramide, d. h. im Winkel integriert, während im Innern der Pyramide Bauten unterschiedlichster Architektur zu bestaunen sind und diverse Performances angeboten werden, nebst Restaurants und Shopping. Wirkt etwas zufällig und chaotisch. Gut die Idee, statt Elevators »Inclinators«, Aufzüge, die auf einer schiefen Ebene an der Pyramide hochfahren, anzubieten. Sie führen zu den Zimmern.

Multimedial ist *Sega* omnipräsent. Enttäuschend kitschig ist das Kino bzw. der Film mit dem vielversprechenden Titel »Time Theater«. Flexible Stühle, Großleinwand etc. sorgen für Effekte, aber was abläuft, ist enttäuschend.
Motto am Eingang: »It's fun. It's fast. It's easy to play.«
MGM: Ist das größte Hotel der Welt mit 5005 Betten. Absolut riesig, man kann sich spielend verlaufen, wenn man nicht den richtigen Eingang erwischt. Gigantisch der Löwe.... Viele ethnisch ausgerichtete Restaurants; auch McDo ist präsent und andere Fast-food-Ketten. Riesiges Casino; hat zudem einen eigenen Themenpark.
Aber auch um den Themenpark (Adventure Dome) zu erreichen, muß man Tausende von Apparaten und Spieltischen passieren. Der Park ist – für ein Hotel! – sehr gut gemacht, aber nicht ganz so üppig wie Disneyland (anscheinend fehlte das ganz große Geld für die wirklich sensationelle Umsetzung). Dennoch gelungen mit den Special Effects (z. B. Deep Earth oder die Piratenperformance. Deep Earth ist vom Institute of Technology hergestellt und ein gutes Beispiel dafür, daß Wissenschaft nicht immer einfach belehrend und faktenaggregativ sein muß, sondern auch für gutgemachte Action stehen kann. Bei uns wohl undenkbar). Alles hat Spielcharakter (»Media Lit«, historische Anspielungen dominieren überall).
Wichtig ist immer das intensive Spiel mit den Elementen Feuer und Wasser (»You might get wet!«). Typisch ist, daß alle Performances kurz, intensiv und erlebnisorientiert sind. Es gibt keine langweilige Sekunde. Alles paßt zusammen und ist gut getimt.
Treasure Island: Attraktiv für kleine und große Kinder. Sehr gut gemachte Kulisse. Alles auf Thema Schatzinsel ausgerichtet. Es werden auch Merchandising und Spiele im Hotel angeboten. Viel Action.
Circus Circus, Grand Slam: Ist ein gutes Beispiel dafür, wie schnell etwas hier veraltet. Man merkt sofort, daß die Anlage nicht mehr ganz neu ist. Für ein Lifting hat man eine Bahn mit Double Looping installiert. Diese ist sehr intensiv und attraktiv.
Gut der Slogan: »Be a child again!« Spielerisch ist auch hier Sega omnipräsent. Nintendo sieht man hier (und auch anderswo in Las Vegas) nicht.

Hilton Las Vegas. Liegt nicht direkt am Strip oder gar Down Town – das hat seine Gründe. Hilton Las Vegas will Business Hotel sein (hat aber trotzdem auch die unverkennbaren Spielautomaten am Eingang), hat eine erstklassige Infrastruktur für Services und exzellente Restaurants.
Wir können die Liste einfach für die Zukunft weiterführen:
New York New York, Stratosphere, ... the show must go on ...

Für methodisch interessierte Trendspione: Die folgenden Beobachtungen verstehen sich als Überlegungen, das Phänomen Las Vegas innerhalb der Shoppingentwicklung und der politischen Gesellschaft besser zu verstehen und damit strategisch neu zu positionieren:

»Free Aspirin, Tender Sympathy«: Architektur ist Substanz, nicht Accessoire

Von der Architektur und der Stadtentwicklungsthematik her ist immer noch die klassische Architekturstudie von Venturi et al. aus dem Jahre 1978 aufschlußreich. Dort wird von der Faszination der Tabula Rasa des historischen Bildungsballastes ausgegangen. Kein Geschmack engt mehr das Begehren ein und wird als absolute Befreiung erlebt! Denn es erlaubt eine neuartige Thematisierung massenhafter ästhetischer Bedürfnisse ohne Rücksicht auf Traditionen. Jegliche überlieferte Monumentalität fällt weg; es gibt kein Subjekt mehr für Monumentalität und Staatlichkeit; auch Gefühle nicht, sie sind TV-inszeniert. Alles wird der schnellen individuellen Beweglichkeit untergeordnet. Das wichtigste dabei: Damit lernen wir sehr viel über die Zukunftswelten. Alles ist daher auf Mobilität – und da es soviel Platz gibt, natürlich auf das Auto – ausgerichtet. Das europäische Schlendern gibt es nicht. Wer hierher kommt, weiß, wohin er gehen will. Und stellt sein Auto dort ab. Die älteren Hotels liegen daher alle direkt an der Straße, nur die Schilder sind vorgelagert. Die neueren Hotels, die man sofort erkennt, wollen etwas Distanz und nehmen Rücksicht auf kulturelle und gesellschaftliche Veränderungen des Publikums, das sich zu knapp 50 % aus den USA, zu ca. 30 % aus Asiaten und dem Rest vorwiegend aus Europäern zusammensetzt. Daher liegen die Hotels wie etwa Caesar's Palace oder The

Mirage etwas von der Straße entfernt. Riesig lange Rolltreppen, fahrende Teppiche, die überdacht sind, führen zum Hotel. Während man fährt, erklingt Musik und Werbung. »The Voice of America« mit tiefer, baßlastiger Stimme ruft sich sofort ins Bewußtsein zurück.

»Las Vegas ist die utopische Konzentration aller amerikanischen Straßen, aller Tankstellen – und Motelszenarien, aller neonflackernden Tafeln und Reklamezeichen«[89]. Es gibt wunderbare Beispiele, die aufzeigen, wie hier die unterschiedlichsten Genres von Angeboten verwischen und in dem unendlichen Zeichenmeer untergehen. So verweist bei der berühmten Tankstelle 76 (Richtung Süden) das Eingangsschild nicht etwa auf Gas (Benzin) oder Qualitäten des Gas, es heißt umwerfend anders: »Free Aspirin, Tender Sympathy«.

Die Faszination liegt darin, daß nicht Ordnung durch Design entsteht oder irgendeine strenge Stadtentwicklungsplanung etwas bewirken könnte. Es gibt nur die Form des *»Urban Sprawl«*. Es gibt ständige Veränderungen, überall türmen sich Schutthalden von großen Baustellen auf. Wie bekommt man da Ordnung innerhalb dieses *»optischen Lärms«* der unterschiedlichsten Zeichen? Nur noch durch das Er-fahren. Das Erleben ist das Erleben des Drive-In-Menschen. Er er-fährt, indem er die breite Straße hinuntercruist. Man sieht keine Auslagen von Shops, nur Zeichen von Tafeln. Und kurioserweise wird alles von vorne gesehen, fast nichts von der Seite.

Keep a low profile!
What are you doing after the orgy?

Wer etwas von den USA verstehen will – und damit weltweit von der Entwicklung des Shoppings – muß sich nicht an die Ostküste wenden, wo der Grundstock der Machtstruktur der USA gelegt wurde. Die Ostküstenliberalen sind die Mächtigen. Der Westen aber ist spannend, weil er geschichtlich viel jünger und dynamischer ist und in vielen Punkten den Gegenpart darstellt. Daher soll man den Ratschlag des bedeutenden französischen Gegenwartstheoretikers Michel Foucault annehmen, solche Zonen aus-

89 Venturi et al., S. 197

zuloten, die epistemologisch gesehen ein Low Profile haben, also solche Zonen beobachten, die von den gescheiten, schönen und mächtigen Leuten verachtet werden. Michel Foucault schaute bei seiner Analyse der gesellschaftlichen Entwicklung auf die medizinischen Kliniken und in die Gefängnisse; ich tue dasselbe, indem ich heute zu McDo gehe, nach Las Vegas gehe, auf die Straße gehe und fernsehe. Das sind die theoretisch und trendmäßig intensiven Orte, an denen sich Macht in einer unverkleideten Art offenbart. Dort muß man die Stories sammeln und die Entwicklungen beobachten.

Eine Schlußfrage sei erlaubt: Was macht man(n), wenn alles disponibel ist, wenn man *wirklich* alles kaufen kann, auch wenn es sich »nur« um Stellvertretererfahrungen – virtuelle Realitäten – handelt? Was macht man nach der Orgie? Das Spiel, die Blumen, der Sex, der Kühlschrank, die Information, Big Mac und Sushi, die Stereotypen des Lebens und des Todes? Dieses Problem ist auch unser Problem. *Die neuen Malls rationalisieren das Irrationale.* Sie sind immer clean und erlauben »Genuß ohne Verdruß«. Sie bieten eine kontrollierte, physisch und psychisch sichere Welt für eine alternative, eben irrationale Lebensform. Man kann sich gefahrenlos gehenlassen. *»Everything is under control.«* Sogar Katastrophen können hier genußvoll erlebt werden. Denn sie sind nicht real. Und die Leute sind bereit, dafür zu bezahlen. Aber sie haben jedes *wirkliche* Risiko entfernt. Das ist Verführung und Ablehnungsgrund zugleich.

PS: Einmal mehr müssen wir anerkennen, daß einer der vielgescholtenen Propheten und Theoretiker der kapitalistischen Gesellschaft, Karl Marx, in einem weiteren Punkt recht haben sollte. Marx hat gemeint, die Geschichte werde zweimal aufgeführt. Einmal als Tragödie, das zweite Mal als Farce. Die Geschichte als Tragödie haben wir gehabt; sie läuft auf den Nebenschauplätzen der ersten Welt – wie z. B. in Bosnien erlebt – ihren tragischen Gang. Aber daneben wird sie parallel *als Farce* nochmals aufgeführt. Sicherheitskontrolliert, vernunftgeplant und freudig inszeniert für die Menschen der ersten Welt. Wir leben im Zeitalter der friedlichen Koexistenz der Tragödie und der Farce. Die Farce ist wichtiger geworden als die Tragödie. Man erinnere sich daran, was eine Farce eigentlich ist...

Digital Kids – Unsere Kinder haben den Schlüssel für die wichtigsten Märkte und die Erziehung in der Hand

»Wir nennen es MMX-Technologie. Sie werden es einfach Spaß nennen.«
Intel-Werbung 1997

Daß Kinder und Jugendliche das Kaufverhalten der Erwachsenen nicht nur mitbestimmen, sondern vom Kaugummi bis zum Autokauf die Entscheider sind, wissen wir inzwischen recht genau. Wir können aber noch einen Schritt weitergehen: Kinder und Jugendliche werden in Zukunft unsere Kompetenzen neu definieren.
Ich möchte meinen Ausführungen drei Beobachtungen voranstellen:

- Lernen und Lehren haben immer mehr mit Medienkommunikation zu tun, also über elektronische Apparate vermittelte Kommunikation, vom Faxgerät über E-Mail bis zum guten alten Telefon. Damit transformiert sich auch das Einkaufsverhalten.
- Lernen und Lehren mit Neuen Medien eröffnet ganz neue Chancen für den einzelnen, sich Wissen anzueignen.
- Kinder und Jugendliche haben Vorteile gegenüber den Erwachsenen: Es kommt sozusagen zu einer Umkehr der Kompetenzen: Die Älteren müssen bei den Jüngeren in die Lehre gehen, nicht umgekehrt. Wir müssen daher die Welt der Kinder begreifen lernen. Und damit wird auch klar: Das Einkaufsverhalten wird sozusagen »von unten her« bestimmt.

Ich möchte diesen Beobachtungen in sieben Punkten nachgehen:

1. Die großen Erzieher der Nation: traditionelle Bildung, Konsum und Medien

Erstens gibt es die Bildung, wie sie an unseren Schulen vermittelt wird. Diese Bildung ist kanonisch und lebt von bestimmten Vorstellungen über Inhalte, Didaktik und Erwachsenwerden. Die

Schulbildung lehrt uns, teilzuhaben an den reichen Beständen der kulturellen Tradition.

Zweitens gibt es den Konsum, der mit seinen Botschaften durch Werbung und Marketing die Bedürfnisse, aber auch die Wünsche und Sehnsüchte der Kinder bedient und in ihrem Prozeß der Selbstfindung wichtige Elemente liefert. Ein Airwalk-Turnschuh ist mehr als nur ein guter Schuh. Ein Bayern-München-T-Shirt mit der begehrten Rückennummer von Jürgen Klinsmann ist mehr als nur ein Fußballeibchen. Und eine Technoparty ist mehr als nur ein Konsumrausch.

Drittens gibt es die Medien, die sich in der Hardware und in der Software immer mehr *differenzieren* und neue Dienstleistungen anbieten.

Wenn man von Medien spricht, muß immer der Medien»mix« gesehen werden, also ob und wie und in welcher Frequenz vom Radio über CD-ROM bis zum Faxgerät Medien eingesetzt werden. Bislang war die ganze Medienforschung und -kritik hauptsächlich auf das Medium Fernsehen ausgerichtet. Das stimmt für die heutigen Kinder längst nicht mehr. Es geht um die *Intermedia*, den Zusammenhang der Medien untereinander. Das ist vielleicht der bessere Ausdruck als Multimedia.

Es wäre sicherlich naiv, die Aspekte der Erziehung ohne die Welt mitzudiskutieren, die uns das Marketing und die Werbung kommuniziert. Denn Kinder, die heute aufwachsen, wachsen in eine vollentwickelte Konsum- und Medienwelt hinein. In dieser Welt haben Kinder logischerweise das Gefühl: *»Alles ist eigentlich schon da. Man muß es nur noch abholen und ausprobieren.«* Alle Daten sind da, alle Filme sind da, alle Spiele sind da, alles ist verfügbar. Und intuitiv haben sie ja recht. Nehmen wir ein kleines Beispiel: Zur Zeit ist IBM daran, sämtliche bibliothekarischen Bestände des Vatikans aufzunehmen.

Was heißt das? Riesige dokumentarische Schätze von Jahrhunderten, die bislang kaum jemand zu Gesicht bekam, sind in absehbarer Zeit in unterschiedlichsten kommerziellen und nichtkommerziellen Kanälen für jedermann verfügbar und nutzbar. Für die Kinder und Jugendlichen sind alle Traditionen schon da, zur freien und frei wählbaren Verfügung. Die britische Zeitschrift »The Face« hat in ihrer ersten Nummer zum Jahr 1997 in einem schönen Artikel »50 Revolutions per minute« in einem Trendbegriff auf den Punkt gebracht, was die Kinder und Jugendlichen in unserer Medienwelt fast unweigerlich erleben müssen: »Heritage Shopping«, also auf Einkaufstour gehen und nach Belieben Traditionsbestände einsammeln und zusammensetzen. Den Jugendlichen ist eigentlich egal, *woher* all das Material kommt – ja sogar, woher sie selbst kommen –, solange sie daraus etwas machen können. Das verändert natürlich auch die Bedeutung der Wörter und Inhalte: Man interpretiert sie nach dem eigenen Bedarf.

In unserer sich globalisierenden Welt wird auch die Bildung und das Wissen globaler.

Mit der raschen Entwicklung der neuen Medien geschieht dasselbe, was wir schon beim Konsum beobachtet haben. Kinder der ersten Welt – Europa, Japan, Amerika – haben ein ähnliches Konsummuster: dieselbe Präferenz für bestimmte Produkte, die sie »cool« finden. Filme, Musik, Spiele, Kleider, Accessoires etc. sind besonders wichtig. Für die Unterhaltungselektronik gilt dasselbe. Es ergibt sich ein sogenanntes »**Triadian Consumption Pattern**«. Dazu dürfte vermehrt auch das Interesse an neuer Software und an neuen Kommunikationsinstrumenten wie beispielsweise der ganze Bereich der Lernsoftware kommen.

Ich gehe davon aus, daß diese drei Erzieher enger zusammenwachsen. Das heißt auch: Erziehung, Technik, Unterhaltung und Konsum rücken näher.

2. Die Revolution auf den Märkten der neuen Medien wird maßgeblich von den Familien und den Kids mitgetragen

Das zeigt sich auch bei der jetzigen Spitze der Entwicklung, dem Internet und den Online-Dienstleistungen, wie die Erfahrungen aus den USA zeigen.

Es ist eine Binsenweisheit, daß uns die Amerikaner im Bereich Medien und Konsum um Jahre voraus sind, und die Bildung dort viel leistungsorientierter ausgerichtet ist. Natürlich können wir die amerikanische Medien-, Konsum- und Leistungskultur nicht mit der unseren vergleichen, aber alles deutet darauf hin, daß dieser Einfluß auch bei uns größer wird. Wir können also viel lernen, wenn wir diese Entwicklungen beobachten.

Warum sind uns die Amerikaner um viele Jahre voraus? Sie haben

ein viel unbefangeneres Verhältnis zur Technik und zur Kommerzialisierung von Medien. Dieses Verhältnis mag man manchmal naiv nennen, man mag den Glauben an die Machbarkeit der Technik sogar religiös nennen.
Wir wissen, daß im Mekka der Softwareentwicklung, in Silicon Valley, auch überproportional viele religiöse Sekten und Meditationsfreaks zu finden sind. Umgekehrt ist es geschichtlich gesehen normal, daß in Europa neue Technologien nicht euphorisch begrüßt werden, sondern zunächst einmal viel Kulturpessimismus vorherrscht. Maschinenstürmer haben Tradition. Fernsehen, Computer, ja sogar das Telefon hatte ursprünglich seine Feinde. Schon beim Telefon hat man gesagt: Jetzt sprechen die Leute nicht mehr »wirklich« miteinander. Und noch vor 10 Jahren hätte niemand an den Siegeszug des Faxgerätes geglaubt. Aber wir wissen auch: Die Geschichte lehrt uns, daß alles, was technisch möglich ist, von den Menschen in einer bestimmten Art auch praktisch umgesetzt wird.
Welche Erfahrungen gibt es aus den USA?
Hier sind uns die Untersuchungen von Jupiter Communications nützlich, die Auskunft über die Entwicklung der Benutzerzahlen geben.

- Die private Nachfrage nach Online-Dienstleistungen nimmt rasant zu. 1995 hatten knapp 5% der Haushalte Zugang zum Web, bis Ende 1999 sollen es ein Drittel sein, die regelmäßig Gebrauch machen. Die Anzahl der Kinder, die diese Dienstleistungen benützen, steigt ebenfalls rasch an.
- Mit dieser Entwicklung ändert sich auch die demographische Zusammensetzung der Benutzer.
  Wahrend bislang der typische Online-Benutzer männlich, zwischen 30 und 40, verheiratet und mit Kindern, weiß und mittelschichtangehörig war, kommen jetzt auch vermehrt Mütter und Kinder dazu. Damit verändert sich auch das Angebot im Schnellzugtempo. Zielgruppengerechte Dienstleistungen, also Dienstleistungen für genau definierte Alterskategorien und Familien, sind bereits da. Kids Online für Kinder, Women's Wire für Frauen, Gay Online für die Schwulen, Senior Net für die älteren Generationen, NetNoir für die Schwarzen, Cyber Clubs

für die Fans. Was will ich damit sagen? Gesellschaftliche Differenzierungsprozesse werden heute sehr oft über Medien und Medienkommunikation initiiert und nicht über Politik. Neue Freundesstämme, neue Kundenstämme, neue Cliquen, neue Fangemeinden entstehen via Internet-Kommunikation. Dort geht dies auch viel besser als im normalen Alltag, weil man bis ins Detail die Gemeinsamkeiten an Interessen und Lebensstilen kommunizieren kann, die einer Person eigen sind: Beruf, Alter, Geschlecht als traditionelle Kriterien werden ergänzt bis in die Details hinein: Lieblingsmusik, Lieblingswein, Lieblingssport, Lieblingsverein etc.

- Eltern haben ein großes Interesse an »sicheren« Online Playgrounds. Da in den Printmedien bereits viel über Mißbrauch geschrieben wurde, suchen Eltern nach verschiedensten Kontrolloptionen. Wir wissen aber: Kinder sind gerade am Verbotenen interessiert und finden auch schnell heraus, wie und wo sie es bekommen. Daher ist eine offene Diskussion vonnöten.
- Eltern suchen Online-Dienstleistungen für die Erziehung. Sie glauben, daß die Kinder einen nützlicheren Umgang mit dem Computer erlernen, erzieherische Unterstützung erhalten, und v. a. stellen sich die Eltern vor, daß sie selbst bei Hausaufgaben entlastet werden.
- Die erhöhte Präsenz von Online-Dienstleistungen/Web in der Schule erhöht die Konsumnachfrage in den Familien.
- Je mehr die Schulen, vom Kindergartenalter bis 12, solche Dienstleistungen integrieren, desto mehr wird auch in den Familien interaktive Soft- und Hardware eingekauft.
- Was in der Schule populär ist, wird es auch zu Hause. Die Eltern wollen in der Regel noch etwas Besseres für ihr Kind als das, was in der Schule angeboten wird.
- Ironischerweise erhöht auch das Fehlen von moderner Technologie in der Schule die Konsumnachfrage bei den Haushalten. Viele Eltern glauben, daß das, was die Kinder in der Schule lernen, für ihr Kind nicht gut genug ist. Wahrscheinlich ist das in der Schweiz und in Deutschland ähnlich. Wir wissen, daß Eltern zuletzt bei den Kindern sparen, vor allem, wenn es um Ausbildung geht.
- **Edutainment,** also die Verbindung von Unterhaltung und

Erziehung, ist mehr als nur ein Schlagwort. Es gibt ein gigantisches Begehren nach Unterhaltung:
Daher wird

- Information zu Infotainment (Information plus Unterhaltung). 10 vor 10 ergänzt Tagesschau (CH); im Printbereich ist der Siegeszug des sogenannten Infotainment unaufhaltsam. Es vollzieht sich eine Dreispaltung der Printmedien:
  1. Eliteprodukte wie NZZ oder FAZ, die als Nostalgieprodukte überleben und sich vor allem an Eltern richten,
  2. Nischenprodukte in den Regionen und für Szenen,
  3. Infotainment, das ich **Event-Medien** nenne, weil sie inszenierte Nachrichten, inszenierte Informationen anbieten. Ihnen geht es in erster Linie um gut abgeschmeckte Infohäppchen, um die gute Story. Focus (D), Cash (CH) und Facts (CH) sind typische Event-Medien im Printbereich.

  Wahrend es den Eltern um Erziehung geht, geht es den Kindern und Jugendlichen um Unterhaltung, Spaß und Action. *Edutainment gehört zu den großen Wachstumsmärkten.* Insbesondere im Bereich CD-ROM kann man das feststellen, und der Link zwischen Online und CD-ROM verstärkt dies noch.

Kurz: ***Lust und Lernen zusammenzubringen wird die große Herausforderung sein,*** und damit die alten Schul- und Ausbildungsprinzipien des »Drill and Kill« abschaffen. Wir wissen, daß sich damit auch die Funktion des Lehrers und Pädagogen wandelt. Seymor Papert vom MIT (Massachusetts Institute of Technology), einer der Pioniere auf diesem Gebiet, sagt es radikal: Die meisten Lehrer werden überflüssig. Man braucht nur noch die guten von ihnen, als Coach, Supervisor und Animator. Ähnliches dürfte auch für die Universitäten gelten. Es ist ein großer Fortschritt, wenn wir uns bei vielen wissenschaftlichen Kongressen bereits online einklinken können und nicht mehr selbst physisch präsent sein müssen. Man kann auch ganze Lernpensen online verschicken. Gegenüber der tristen Situation in überfüllten Hörsälen ist das ein Gewinn. Vergewissern Sie sich: In der Regel gehen in einem durchschnittlichen Schulbudget 95 % an das Lehrpersonal, und nur gerade 5 % werden für das Instruktionsmaterial, also Bücher, Soft- und Hardware etc. aufgewendet.

Eine letzte Bemerkung zu diesem Punkt: Für die Kinder ist Edutainment zentral, weil es Aufmerksamkeit und Interesse weckt. Dadurch werden Lernprozesse initiiert. Wir haben das sehr schön anläßlich unserer »Digital-Kids«-Woche im Sommer 1996 feststellen können. Kinder lernen spielend und mit Lust Französisch, wenn sie mit Asterix und Obelix in den Dialog treten können. Comics im Dienste der Erziehung.

3. Kinder finden viel leichter Zugang zu den Neuen Medien als Erwachsene

Warum das so ist, können wir am Beispiel von Online Services beobachten.[90]

- Kinder sind mitten im Lernprozeß und gewohnt, mit Neuem umzugehen. Erwachsene haben vielfach ihre Lernmuster wieder verlernt. Falls die Erwachsenen in ihrer Kindheit selbst Angst vor dem Lernen gehabt haben, haben sie auch mit den neuen Technologien große Probleme.
- Der erfolgreiche Umgang mit interaktiven Medien, etwa beim Navigieren, kann den sogenannten **Flow State** hervorrufen, also ein Glücksgefühl, das durch eine Art **Sich-selbst-verlieren-an-die-Sache** entsteht. Der Flow State ist charakterisiert durch intensive Konzentration, durch die man das Gefühl für die Zeit verliert und sich Entspannung und Heiterkeit einstellt. Weil die Kinder die neuen Medien spielerisch betrachten, erreichen sie sehr oft den Flow State. Bei ihren Eltern, die viel verkrampfter einsteigen, stellt er sich seltener ein. Natürlich ist dies auch ein kulturelles Phänomen, weil wir als Erwachsene das Spielerische verlernt haben. Der berühmte amerikanische Kreativitäts- und Glücksforscher mit dem schier unaussprechbaren Namen Mihaly Csikszentmihalyi, Professor an der Universität Chicago, hat bei seinen Forschungen zum Flow State herausgefunden: Männer erreichen interessanterweise den Flow State z. B. beim Gärtnern oder beim Autofahren – nicht beim Rasen, sondern beim Cruising, dem Fahren in regelmäßigen Geschwindigkeiten. Allerdings wissen wir auch von Ayr-

90 Vgl. auch Saatchi & Saatchi 1995, qualitative Marktstudie

ton Senna, wie ein Formel-1-Pilot den Flow State erreichen kann. Beim Flow-Erlebnis im Rennen ist man in einem Zustand, bei dem man sozusagen *seine Persönlichkeit verdoppelt.* Es gibt eine Person, die fährt, und die macht im Flow State alles richtig. Diese Person ist vollständig unter Kontrolle einer zweiten Person, die eine Art Metapersönlichkeit ist. Diese zweite Persönlichkeit ist wie ein Engel, der über einer Marionette schwebt. Die Marionette fährt mit 300 durch die Kurven, und der Engel bzw. die Metapersönlichkeit genießt vollständig den Flow. Also die zweite Person *erlebt* die erste, und dieses Erleben bringt den Glückszustand außer Raum und Zeit. Senna sagt, ein solches Erlebnis sei so intensiv, daß der Sex bei weitem nicht mitkomme.

- Gemäß KID CONNECTION kommt die Interaktivität der neuen Medien der Motivationsstruktur der Kinder entgegen:
  - Es erlaubt ein Pendeln zwischen den Polen Vertrautheit und unabhängigem Erforschen. ***Die Interaktivität der Neuen Medien ermöglicht den Kindern, die Geborgenheit zu Hause und zugleich das Hinausgehen, das Erkunden einer ganz anderen, spannenden Welt.***

    Interaktivität steht für Freiheit vom Eingeschränktsein durch Eltern, und Befreiung von einem Gefühl der Machtlosigkeit. Durch die Online-Aktivitäten fühlen sie sich »empowered«, ihr Aktivitätsradius wird riesengroß, aber er ist eingebunden in eine vertraute Umgebung.

    Bei unseren Digital-Kids-Veranstaltungen hatten wir das Beispiel eines Realschullehrers, der das Internet in seinen normalen Schulalltag integriert hat.

    Der Lehrer geht auch auf Aktualitätsprobleme ein, die die Schüler besonders interessieren, z. B. Rassenunruhen in Los Angeles: Man studierte Medienberichte, Darstellungen verschiedener Sichtweisen in TV und Printmedien. Aber zudem versuchte man über Internet direkt Kontakt mit den Betroffenen aufzunehmen und mit den Schulklassen in LA zu kommunizieren. Damit erhält man eine neue Perspektive und lernt zugleich den Umgang mit den neuen Medien und ihrem Kommunikationsstil. Also: eine Art Aufklärung unter heutigen Medienvoraussetzungen.

- Kinder sind in einer Welt, die sie mit Geschick selbst beherrschen können, in der sie also viel mehr Macht ausüben als im natürlichen sozialen Umfeld. Daher können sie auch Frustrationen abbauen. In der Medienwelt sind in der Regel die Kinder die Leader, die Eltern haben eine Assistentenrolle. Es ist nicht so, daß die Kinder die Eltern von ihren Erfahrungen ausschließen wollen. Aber die aktive Rolle wollen die Kinder spielen und sie in IHRE Welt hineinholen, nicht umgekehrt.

  Eltern sollen Kinder beobachten, aber möglichst keine dominante Rolle spielen. Dan Daniel von *Prodigy*, einem Online-Provider, gibt den Eltern den Ratschlag: »Presume you are tragically unhip!« Versuche nicht, dem Kind deine Meinung und Welt einzureden, wenn es Erfahrungen macht. Geh davon aus, daß du nicht hip genug bist. Du machst dich nur lächerlich.
- Kinder lernen, verschiedene Identitäten auszuprobieren. Sie schlüpfen in verschiedene Rollen und Interaktionsmuster und lernen so verschiedene Wertesysteme kennen. Das hilft ihnen, Gefühlsmuster zu differenzieren.
- Was bei unseren Digital-Kids-Tagen aufgefallen ist: Die sogenannten Fans, die fast täglich mit neuen Medien umgehen, sagen:

• PC ist interaktiv, Fernsehen dagegen langweilig und passiv.
• Surfing in den Netzen ist stimulierend und befriedigend für die eigenen Aufgaben und Interessen.
• Bei den Spielen: Am beliebtesten sind Strategiespiele, bei denen es um Geld geht.
• Für die Schule ist ihnen die Effizienzverbesserung wichtig: schönere Darstellung.

Wichtig ist zudem: Kinder und Jugendliche glauben bei ihrer Informationssuche am ehesten anderen Kindern und Jugendlichen, weit vor Pädagogen, Schulbüchern oder Lehrern. Das sollten wir uns merken.

4. Kinder erwerben Kompetenzen, die die Eltern und Pädagogen nicht haben

Wir können drei Kompetenzbereiche unterscheiden:

»***Cultural Literacy***« = Fähigkeit, mit klassischem Bildungsgut umzugehen.
Focus: Sprache und Schriftkultur, lineare Struktur des Wissens.
Modell: Buch beginnt auf Seite 1 und endet auf der letzten Seite.
»***Media Literacy***« = Fähigkeit, Botschaften der Medien zu »lesen«.
Focus: Bilder und Töne, rekursive Struktur des Wissens. Verweise in Texten auf andere Texte: »MTV-Modell des Wissens«.
»***Consumer Literacy***« = Fähigkeit, Konsumbotschaften zu lesen.
Focus: Bilder und Töne. Zugang zu fremden Kulturen über deren Produkte und Dienstleistungen.
Zum Beispiel Marken »lesen« können.

Media Literacy (ML): Was heißt »Medienbotschaften lesen?« Einige Beispiele. Das Wort »Media Literacy« deckt ein breites Spektrum ab, das sich auf die modernen Medien und den Umgang mit moderner Technologie bezieht.

- Auf einer ganz einfachen Stufe meint »Media Literacy« die Fähigkeit, einen Billett-Automaten so zu bedienen, daß unten die gewünschte Fahrkarte herauskommt. Das ist keine Selbstverständlichkeit. Wir wissen, daß z. B. viele ältere Leute diese Apparate und ihre Zeichen nicht mehr verstehen. Oder sie wollen keine Bancomat-Karten, weil ihnen das zu fremd ist. Das Nichtbeherrschen von solch elementaren Formen der ML bringt eine zunehmende Entfremdung von unserer Alltagskultur mit sich.
- ML meint – ganz breit definiert – die Fähigkeit, kulturübergreifende Symbole aller Art lesen und interpretieren zu können, die zunehmend unseren Alltag durchdringen: mit internationalen Verkehrssymbolen und Plastic Cards umgehen zu können (vgl. Pictogramme).

Symbole, die man in einer zunehmend komplexeren Welt versteht und interpretieren kann, erwecken Vertrauen. Zu den Symbolen gehören auch die Markenlogos. Kinder sind sehr genau, wenn sie Logos und ihre Details in der Gestaltung beobachten und unterscheiden. Kinder lieben Details, die den Erwachsenen gleichgültig sind.

- ML meint die Fähigkeit, Charaktere und Ausdrücke am Radio oder im Kino wiederzuerkennen, etwa Gesten und Zitate, Anspielungen bis hin zur Fähigkeit, einen Krimi oder die Tagesschau anschauen zu können. Das ist nicht banal.
  Nehmen wir ein einfaches Beispiel aus dem Fernsehen: Wenn nur schon ganz rudimentär zwei senkrechte schwarze Striche auftauchen und dazwischen ein waagerechter gelber Strich, weiß der mediengewohnte Mensch intuitiv: Aha, das ist ein amerikanischer Krimi, der in New York spielt. Die zwei senkrechten schwarzen Striche stehen symbolisch für Wolkenkratzer und der waagerechte gelbe Strich für das Taxi. Wer mediengewandt ist, kann diese Symbole sofort entziffern.

Der Unterschied zwischen einem deutschen Krimi wie »Derrick« oder »Der Alte« und einem Krimi wie »Miami Vice« liegt in der Anzahl der Schnitte: Um genau dasselbe auszudrücken, wurden früher viel mehr Szenen und Einspielungen als heute eingesetzt, weil der mediengewandte Mensch die Situation schneller interpretieren kann und die Abläufe viel mehr Lücken enthalten können.
»Media Literacy« heißt hier, ohne weitere Erklärungen und Dialoge im Film genau zu wissen, was in der nicht gezeigten Zwischenzeit passiert ist (was hat der Mörder in der Zwischenzeit getan?): Man weiß implizit um den Handlungszusammenhang.
Wer wie die heutigen Kids bereits in die Medienwelt hineinwächst, kann sozusagen schneller sehen: Die Fähigkeit, Lücken richtig zu füllen. Daher empfinden sie Sendungen wie Derrick mit sehr langen Erklärungsteilen wie ein Theaterstück und daher als langweilig. Oder sie genießen es ironisch als eine Hommage an frühere Zeiten, als das lange Warten noch geholfen hat...
In der Werbung ist das natürlich ein Vorteil, wenn man in kürzerer Zeit und mit weniger Informationen eine Botschaft kommunizieren kann.

So hat Coca-Cola, einer der weltweit führenden Konzerne in der Herstellung von prägenden Werbekampagnen, schon früh angefangen, Werbefilme für unterschiedliche Generationen herzustellen. Ein Spot für die ältere Generation, der vor einiger Zeit lief, zeigt die Story eines Ehepaars, das nostalgisch auf sein Leben zurückblickt. Man zeigt das erste Rendezvous, dann die Hochzeit etc. Und Coca-Cola ist natürlich immer dabei. Always Coke. Das läuft sozusagen »Slow Motion« ab. Für die jüngeren Generationen wird für dieselbe Werbezeit mit viel schnelleren Schnitten gearbeitet.
Wichtig sind in diesen Spots die Anspielungen, die Verweisungen auf andere Texte, andere Filme, andere Spots, die der mediengewandte Konsument sofort wiedererkennen und interpretieren kann. Daher ist es nur konsequent, daß Coca-Cola so clever war, schon vor einigen Jahren als erstes Unternehmen mit Hollywoodregisseuren Spots zu drehen, etwa mit Rob Reiner, der z. B. die Schnulze Harry & Sally drehte. Heute machen Starregisseure wie Francis Coppola, Martin Scorsese und nun anscheinend auch Quentin Tarrantino Commercials. Sie können in Kürze die gute Story inszenieren, und nicht einfach einen Gag oder eine Pointe drehen, wie das bei Werbefilmen leider üblich ist.
Warum Anspielungen? Das wichtigste sind vielleicht die Charaktere, Figuren und ihre Eigenschaften. Sie sind die Basis für die Wiedererinnerung. Mickey Mouse z. B. ist weltweit über die Generationen hinweg die bekannteste Ikone, bekannter als der Papst (heute holt Supermario auf). Sie gilt als smart und nicht als aggressiv. Daher eignet sich die Figur als Symbol, als Wiedererkennungsmarke für praktisch alle medialen Möglichkeiten: für den Joghurtbecher, als Plüschtier, als T-Shirt-Motiv, als Animator für die Verkaufsförderung von Hamburgern, und eben auch als Figur im Videospiel, im Lernprogramm als Erziehungsfigur etc.
Wer solche Figuren erfolgreich erschafft und sich die weltweiten Lizenzierungsrechte erwirbt, hat wichtige Trümpfe in der Hand. Oder denken Sie an den Dinosaurier. Wie hat durch eine genial inszenierte, aber im Kern sehr einfache Hollywood-Story fast die gesamte Welt die verschiedensten Ebenen und Anspielungen dieser prähistorischen Viecher kennengelernt. Oder denken Sie an die Computeranimation, die immer mehr Bedeutung gewinnt in

der Schaffung künstlicher Figuren, wie etwa Toy Story, also der erste vollständig computeranimierte Hollywoodfilm.
Auch dort werden **emotionale Charaktere** geschaffen, die in der imaginären Welt der Kinder einen wichtigen Platz einnehmen.
Walt Disney, der Gründer des Disney-Konzerns, hat das riesige Potential von Figuren als Teil der Kinderwelt längst vor allen anderen Konzernen wie Nintendo oder Sega erkannt. Er hat einen Satz ausgesprochen, den zu wiederholen sich lohnt: »***Our greatest resource is the mind of our children.***« Man muß Charaktere schaffen, die die Kinder lieben und begehren. Sie tragen sie mit sich und stecken auch die Eltern an.
Was heißt das? ***Zwischen traditionellem Bildungstext, Werbetext, Hollywoodtext und Konsum entsteht ein Kontinuum, das man nicht mehr entflechten kann.*** Denn wir finden dieselben Symbole immer wieder in verschiedenen Variationen.
Was heißt Konsumbotschaften lesen, »***Consumer Literacy***«?
Kinder und Jugendliche haben in der Regel eine bessere Markenkenntnis als Erwachsene. Jugendliche sind oft kompetenter und kritischer als Erwachsene, weil sie die Produkte und Marken kennen und vergleichen können. Sie kennen sich in der Produktwelt aus, in die sie hineinwachsen. Wenn man aber weiß, was die Kinder interessiert, dann sind sie eine höchst attraktive Zielgruppe. Allerdings gilt das nur bei Produkten, die sie auch wirklich interessieren. Das ist besonders wichtig, wenn es um die Kaufentscheidung geht. Wir wissen, daß Kinder in Familien den größten Einfluß haben. Das beginnt bei der Bekleidung und geht über den Restaurantbesuch bis hin zum Computer. Viele Kinder geben letztendlich sogar den Ausschlag bei der Wahl der Automarke.
Das hat seine Logik, wissen sie doch nicht nur besser über die Marke, sondern auch über die technischen Details Bescheid. Und wenn es darum geht, das Autoradio zu programmieren, sind die Väter sowieso auf die Hilfe ihrer Söhne angewiesen.
Zusammengefaßt können wir feststellen:

- Kinder genießen heute mehr Unabhängigkeit denn je;
- sie haben im Durchschnitt mehr Geld zur Verfügung denn je bzw.

- beeinflussen die Kaufentscheide mehr denn je (z. B. in den USA 40 % der Entscheide des Restaurantbesuchs. Sie werden unschwer erraten, welche Marken auch bei uns davon profitieren).
- Kinder entwickeln, wie erwähnt, ein großes Detailbewußtsein, v. a. wenn es um Marken, Logos, Namen, Slogans etc. geht. Falsche Levi's-Jeans kann man ihnen wohl nicht verkaufen.

5. Kinder sind extrem sensible Konsumenten

Marketingkommunikation muß auf die Welt der Kinder eingehen, sonst hat sie gar keine Chance. Es ist eine Illusion zu glauben, man könne Kindern alles verkaufen. Das gilt eher für die Eltern. Wir sehen bei der Werbung: Grundsätzlich sind Kinder und Jugendliche gegenüber der Werbung zwar positiv eingestellt, aber sie wissen schon früh ganz genau, was Werbung letztendlich will: ihr Geld oder dasjenige der Eltern. Hier herrscht sehr viel Realismus. Sobald die Werbung die Welt der Kinder herablassend behandelt oder nicht den richtigen Ton trifft, wird das beworbene Produkt sofort geächtet. Sogar sogenannte In-Produkte können allein durch Mundpropaganda gekippt werden.

Spätestens mit acht oder neun Jahren werden die Kinder kritisch. In der Schule sprechen sie über das Erlebte in Gruppen und orientieren sich oft an Leaderfiguren in der Klasse. Neun- und zehnjährige Kinder sind oft wandelnde Markenspeicher. Heutige Zehnjährige, das behauptet jedenfalls die Jugendforschung, sind nicht mehr eigentlich Kinder, sondern schon Jugendliche. Zehnjährige Kinder haben eine große Aversion, wenn man sie bewirbt wie Sechsjährige. Sie orientieren sich bereits an Jugendlichen und wollen in deren Gedanken- und Gefühlswelt eintauchen. Kinder haben auch ästhetische Vorstellungen. Einfache Farbkombinationen wie Rot und Gelb oder Blau und Rot werden von schulpflichtigen Kindern ins Kindergartenalter verwiesen, gemäß Institut für Jugendforschung in München.

Wichtig ist in dem Zusammenhang, daß sozusagen die Jugendlichen immer jünger werden, also die Kategorie »Jugendliche« altersmäßig hinuntergeht. Heute lesen bereits 10- bis 12jährige Bravo, vor zehn Jahren waren es die 14- bis 15jährigen, und vor zwanzig Jahren waren es wahrscheinlich die 16- bis 17jährigen.

Die Einteilung in Altersgruppen bei Kindern und Jugendlichen ist daher von absolut zentraler Bedeutung. Interessant: In den USA sind die Kinder tendenziell jünger als bei uns. In Deutschland gilt noch oft die Kategorie 6- bis 14jährige für Kinder. In den USA werden bereits 2jährige in Untersuchungen über das Medienverhalten eingebunden.

6. MTV als Meilenstein in der Entwicklung der Medienunterhaltung

MTV, also der Sender, der 24 Stunden am Tag Musikvideoclips zeigt, ist wohl ohne Übertreibung eine Art Urerfahrung der 80er Jahre. Auch wenn der Sender heute vielleicht bereits etwas patiniert wirkt und in leicht eingedeutschter Version als Viva einen Konkurrenten bekommen hat, ist er für die Reflexion der Medienerfahrung wohl das beste Übungsbeispiel. Was ist die Bedeutung von MTV?

- MTV hat uns bewußt gemacht, daß es einen Bruch zwischen den Generationen gibt, weil die Wahrnehmung dieses Mediums bei unterschiedlichen Altersgruppen ganz anders ist.
- MTV hat das Medium Fernsehen wieder zu einem heißen Medium gemacht. Im Verlaufe der 70er wurde das Fernsehen immer langweiliger.
- Musik hat einen zentralen Stellenwert bei den Heranwachsenden. Denn an die Musik lassen sich unterschiedlichste Themen anknüpfen, die für das Ausprobieren von Lebensstilen wichtig ist.

  MTV als 24-Stunden-Rock-&-Pop-Sender hat ohne große Theorie einen gemeinsamen Nenner gefunden, der sich für die Kommunikation von Botschaften aller Art eignet, die die Heranwachsenden interessiert.
- Der Schlüssel aber ist: Das MTV-Beispiel ist insofern sehr lehrreich, weil wir sehen, daß hier Wahrnehmungsmuster kommuniziert werden, die der linearen Struktur der klassischen Bildung widersprechen. MTV steht auch für ein bestimmtes Wissensdesign:
  - rapid movement
  - mobile cameras

- quick cutting
- excitement
- condensed expression
- wit
- comedy
- attractive color

Diese Strukturelemente findet man in vielen anderen Medien wieder. Das Medium ist nicht an bestimmte gestalterische Vorgaben gebunden und mixt die unterschiedlichsten Genres nach Belieben. Es ist ein Medium, das sozusagen die moderne Multimedia-Welt bereits integriert hat. Es reflektiert sich selbst und ist damit für Witz und Ironie wie gemacht. Gerade die Videoclips mit ihren widersprüchlichen Botschaften verdichten die Zeiterfahrung, die man heute als Medienbenutzer macht. MTV erscheint so als ein Sender für alle anderen: Er ersetzt zugleich noch das nervöse Zapping, denn bevor man sich langweilt, kommt schon der nächste Schnitt. MTV muß man nie umstellen, weil sich der Sender selbst ständig verändert. Ein Sender genügt, wozu brauchen wir 100 oder gar 500? Ein Videoclip enthält alle relevanten Nachrichten über diese Welt bereits in sich. Wozu noch Tagesschau angucken über Kriege an einem Ort, dessen Namen wir noch nie gehört haben, wozu Politikertreffen von Staatsmännern angucken, die ohnehin keine Resultate bringen? Der Clip hat alle Probleme schon in sich, und daß der Krieg grausam und die Politik ungerecht ist, wissen wir.
Hier verschmelzen die Ebenen perfekt. Ein Videoclip ist zugleich Nachricht über diese Welt, Unterhaltung, Produktinformation, Werbebotschaft und Erziehungsmittel, weil er Sinn vermittelt, indem er emotionale Welten und Patterns anbietet, an denen der Zuschauer seine eigenen Gefühle modellieren kann.

7. Die Defizite von Multimedia sind kompensierbar

Alle fokussieren die gleichen Sinne: Sehen und Hören. Bilder und Sound. Das ist einseitig. Die Bildung des Geschmacks wird einseitig gefordert: Riechen, Schmecken etc. und die Tastfähigkeit, das Erspüren von Gegenständlichkeit wird auf die Erfahrung mit dem Keyboard reduziert, auf das Geklapper der Tastatur. Die Weltan-

eignung ist taktil eingeschränkt und wird über Bilder und Töne entwickelt. Hier entsteht Handlungsbedarf.
Aber wir wissen auch: Jeder Trend hat einen Gegentrend. Die archaischen Kommunikationsformen kehren zurück: mit der Feder und mit Tinte schreiben, lange Briefe per Post schicken, …

Veränderungsschübe III: »Eating is my life« – Der Wandel in Food und Gastronomie

»Eating is my life.«
T-Shirt-Slogan eines amerikanischen Touristen mit massivstem Übergewicht, angetroffen an der Bahnhofstraße in Zürich, 31. 7. 1996

»When I came to this country, people would have a steak that was a pound and a half hanging off the side of the plate, and they would have three martinis before dinner – this was the right way to do things. Then the steak went down to ten ounces and they started trimming it, then it went down to a rack of lamb with a glass of cabernet sauvignon, then from this to chicken with a glass of chardonnay, and now, we're down to a piece of fish with a glass of Evian water. Which is fine, except for one thing: the attitude that has accompanied the shift … People are berserk about their food.«
Jacques Pépin, renommierter Küchenchef und Kochbuchautor, Star der TV-Show »Today's Gourmet«, nach Amerika ausgewanderter Franzose

Konsumverhalten beim Essen und Trinken

Zuerst die gute Botschaft. Essen und Trinken haben eine glänzende Zukunft vor sich. Die Menschen werden tendenziell immer älter werden und länger gesund bleiben. Sie wollen sich ihr Leben mit guter Ernährung wesentlich verbessern. Ein Mensch, der 80 Jahre alt wird, ißt und trinkt ca. 1600mal sein durchschnittliches Körpergewicht. Was für ein Marktpotential, um das Leben zu verschönern …

Jetzt die schlechte Botschaft. Essen und Trinken haben in gesättigten Märkten immer weniger mit Produkten, dafür immer mehr mit *Medien, Marken und Kommunikation* zu tun. Wir leben in einer globalen, sich öffnenden Ernährungswelt, in der die Gäste und Kunden immer schneller informiert sind über neue Produkte, Preise, Qualitätsstandards, Leistungen und Erlebnismöglichkeiten. Durch bessere Informationskanäle lösen sich einfache und überprüfbare Realitäten auf; es entstehen *neue Mythen*, die kaum steuer- und kontrollierbar sind. Für die Welt der Produkte bedeutet es, daß sich das ursprüngliche Angebot stärker zu einem *Zusatznutzenangebot* entwickelt.

Wir können hier z. B. an den ganzen Bereich der Lebensmittelsicherheit denken: BSE-Skandale, E.coli-Epidemie, Gentech-Getreide und -Sojabohnen, aber auch die ganze Bandbreite der sogenannten artgerechten Tierhaltung sind nur einige Beispiele von mythenträchtigen Gefahrenherden – aber umgekehrt auch großen Zusatznutzenpotentialen. Aber: *Wo Normen fehlen und Werteunsicherheit besteht, schafft Kommunikation Ordnung – oder eben Unordnung.* Kommunikationsschwache Anbieter haben keine Chancen. Kurz: Es geht in Zukunft noch mehr darum, die *Emotionen* der Kunden zu gestalten.

Die Erfahrung zeigt: Beim Essen und Trinken sind die Menschen *konservativ;* niemand, auch nicht der experimentierfreudigste Mensch, wechselt seine Ernährungsgewohnheiten wie Hemden. Unsere Ernährung und unsere Beziehung zu Nahrungsmitteln bestimmt sich aus einer sehr starken emotionalen Bindung, die über Jahre gewachsen ist und von kulturellen Gewohnheiten mitgeprägt wird.[91] So essen wir in unserer Kultur allerlei Tiere, aber unsere Haustiere würden wir nicht essen. Wir essen Flußkrebse, aber es widerstrebt uns Insekten zu essen, obwohl sie schmackhaft, oft protein- und vitaminreich sind. Kurz: Wenn wir Eß- und Trinkgewohnheiten ändern wollen, müssen wir einen *viel größeren Aufwand betreiben*, als wenn wir Kunden davon überzeugen wollen, Turnschuhe mit zwei statt mit drei Streifen zu kaufen. Auf einige grundlegende Punkte möchte ich hinweisen, bevor ich zu den Food-Trends übergehe.

Erstens. Kommunikative Lust anregen. Beginnen wir mit dem härtesten Faktum. Fragen wir uns, was passiert heute in der Gastronomie? Heute suchen nicht mehr Gäste oder Kunden Restaurants, sondern Restaurants suchen Kunden. Heute suchen nicht mehr Kunden ein Bier, heute sucht das Bier den Kunden, *der eigentlich keinen Durst hat.* Kunden werden heute mit Informationen zu Tode gefüttert. Sie ertrinken im Angebotsüberfluß. Es gibt von allem viel zuviel. Und das, was es gibt, hat zumeist wenig Profil und strahlt leider vor allem Langeweile aus.

Die wichtigste Konsequenz: Kunden, die schon alles probiert haben und zu kennen scheinen, muß man nicht mehr informieren, sondern verführen, überraschen. Man muß zunächst ihre *kommunikative Lust* wecken, anstacheln, reizen. Von Kunden, die schon alles zu kennen vorgeben, kann man nicht erwarten, daß sie wissen, ob sie nun tasmanisches Lamm, neuseeländischen Red Snapper oder nun doch lieber Chili con Carne essen möchten. Es ist eine falsche Annahme zu glauben, Kunden wüßten, was sie wollen. Die Gastronomie und Food-Industrie muß immer wieder neu herausfinden, mit welchem Angebot sie die

91 Vgl. dazu die Dokumentation Taste the Difference! Europäische Eß- und Trinkkulturen im Wandel. Trends und Konsequenzen für Handel, Lebensmittelindustrie und Gastronomie. GDI-Schriften Nr. 81, Zürich 1992, insbes. die Beiträge von Bärbel Matiaske, Europäisierung der Ernährungsstile: Genuß und/oder Gesundheit?, 9–36; Egon P. Köster, Neue Methoden der Geschmacks- und Präferenzforschung: Wie stabil oder wie veränderbar sind Geschmackspräferenzen?, 37–54; und Kurt H. Benz, Integration von Sensorik- und Marktforschung, um dem Wandel im zusammenwachsenden Europa auf der Spur zu bleiben, 55–60. Ein sehr schönes Buch über die Stimmung im nationalen Food-Management der Konsumenten ist auch Michelle Stacey, Consumed. Why Americans Love, Hate, and Fear Food. New York 1994

Kunden überraschen, verführen, zu Neuem verleiten wollen. Gerade *weil* der Food-Konsument konservativ ist, ist besonders viel kommunikative Lust notwendig, damit er überhaupt auf neue Experimente anspricht. Im folgenden sollte es auch deutlich werden, daß auf der Ebene einzelner Artikel und Produkte wenig ausgerichtet werden kann. Vielmehr brauchen Kunden komplette Themen und Lebenswelten als Angebot, die ihnen den Kontext von ganzen Produktwelten schmackhaft machen.
Vergessen wir eines nicht: Die wichtigste Aufgabe im Marketing und in der Kommunikation in übersättigten Märkten besteht darin, positive Bilder und Zeichen im Bewußtsein des Kunden zu besetzen. Ein Produkt ist immer die Summe von Bildern, die ein Kunde von ihm im Kopf hat. Der berühmte französische Kommunikationsspezialist Jacques Seguéla hat ja gesagt: Wir befinden uns längst im Dritten Weltkrieg. Und dabei geht es um die Besetzung der Gehirne der Kunden mit starken Bildern, die die Leute wirklich interessieren. Nehmen wir das Beispiel McDonald's oder Pizza Hut. Warum gehen die Leute in Bangkok oder in Moskau zu McDonald's oder zu Pizza Hut? Warum geben sie ihr hart verdientes Geld für einen Big Mac oder eine Pizza aus, statt viel billigeres lokales Essen einzunehmen? Es ist nicht die Sauce, es ist nicht die einzigartige Qualität des Fleisches, es ist nicht die Zubereitungsart, sondern das positive Bild eines *ganz persönlichen Lebensstils*, der damit kommuniziert wird: Indem ich in einen Big Mac beiße – oder einen Vegi Burger –, werde ich für eine kurze Zeit in eine Welt befördert, die mir suggeriert, ganz anders zu sein – Werte wie Freiheit, Ungezwungenheit, Abschied von einengenden Traditionen, Kindlichkeit fügen sich unbewußt wie ein Kaleidoskop zusammen. *Ob diese Welt ein Traum ist, eine Täuschung oder eine Realität, spielt überhaupt keine Rolle.* Wichtig ist nur, ob sie von mir als begehrenswert, convenient, smart, entmilitarisiert (ohne Messer und Gabel) erlebt wird. Oder wie die Kids sagen: ob sie einen hohen Coolness-Faktor hat. Das heißt: Der kommunikative Zusatznutzen, der mit dem Bild des Produktes assoziiert wird, macht die Differenz aus. Wer das Phänomen McDonald's begriffen hat, hat wahrscheinlich 50% der heutigen Gastronomie begriffen. Spielen Sie das einmal durch: Was ist der Unterschied zwischen McDo und Burger King? Was ist der Unter-

schied zwischen Pizza Hut und McDo etc. Kunden wissen intuitiv sehr genau, wer besser ist, aber sie können es nicht mit Worten erklären, sie können es nicht mehr verbalisieren. Sie haben nur die Bilder dazu.

Also nochmals: Ein gutes Steak herzustellen ist nicht schwierig – das setzen die Kunden ohnehin voraus, aber ein Steak, das ihren persönlichen und höchst individuellen Wünschen und Neigungen entspricht, ist eine ganz andere Sache. Wir haben lernen müssen: Essen hat auch sehr soziale Komponenten. *Niemand will so sein wie alle anderen.* Gäste wollen sich mit selbstgewählten Gruppen identifizieren und von anderen unterscheiden. Das ist der ganze Trick der sogenannten In-Lokale. In-Lokale sind spezielle Zugehörigkeitslokale. Diese müssen daher zu Recht das Spiel der Eitelkeiten knallhart durchziehen (z. B. Zugehörigkeitskriterien definieren, »Stallgeruch« und »Stammesbewußtsein« entwikkeln), sonst machen sie ihren Job nicht richtig. Wer es allen recht machen will, hat schon verloren. ***Die Bilder, die die Gastrowelten vermitteln, sind Lebensstilangebote, die Identifikation und Orientierung vermitteln.*** Je größer der Überfluß, desto wichtiger werden solche Bilder.

Hier geht es also längst nicht mehr nur um Bedürfnisse wie Hunger und Durst, sondern um viel wichtigeres: um Sehnsüchte, ein Begehren nach Glück, Zugehörigkeit und Anderssein. Das heißt: Sich heute in den Gastromärkten differenzieren wollen bedeutet dann, bestimmte Bilder im Kunden zu besetzen, die seinen ganz persönlichen Vorstellungen entsprechen. Und so lautet die erste Frage für den Gastronomen, der sich positionieren will: Wie mache ich aus ganz banalen Ausgangsprodukten etwas Heißbegehrtes, das genau das Begehren des Kunden trifft? Oder zugespitzt gesagt: Wie kriege ich den Sex-Appeal, die Coolness und das Stammesbewußtsein in die Kommunikation hinein?

Zweitens. Lernen durch Schocks. Der Rinderwahn hat eindrücklich gezeigt: Ohne Schocks und ohne Zwang scheinen wir nur wenig zu lernen. Nur Schocks zeigen immediat Wirkung. *Bio* und *Öko*, eigentlich schon seit fast zwei Jahrzehnten Grundthemen der Grünen Parteien, kommen sozusagen zur Hintertür hinein und werden rasch hoffähig, aber erst über den Umweg des Schocks. Mit dem Rinderwahn zerbröckeln die Grundfeste des

Schweizer Konsumenten. Und wie stark die deutschen Konsumenten in solchen Situationen zum Ausmalen apokalyptischer Negativszenarien neigen, wissen wir. Das Mißtrauen dürfte allgemein noch zunehmen, weil die Sensibilität über alle Schichten hinweg angewachsen ist. Auch hier sehen wir: Konsumenten haben (negative) Bilder im Kopf, die sie prägen. Ob der Rinderwahn oder gentechnisch verändertes Getreide tatsächlich eine Gefahr ist oder nur ein Alptraum oder ein Hirngespinst, ist für die Wirkung, die damit erzielt wird, gleichgültig. Das Bild im Kopf entscheidet, und damit wird der Umsatz sofort beeinträchtigt. Das ist Kommunikation als ***»Bad News Marketing«.*** Das Mißtrauen geht auch auf andere Bereiche des Essens über: Es entsteht eine Verdächtigungsmentalität, die unvorhersehbare Folgen haben kann. Wasserverschmutzungsmeldungen, Ansteckungsgefahren wie E.coli (Bakterium, das v. a. im Darm lebt) oder Salmonellen, wenn auch in großer Entfernung akut, können schlagartig den Fischkonsum reduzieren. Die schon sehr hohe Sicherheitsorientierung wird noch ausgeprägter. Doch dadurch wird auch die Qualitätsorientierung gefestigt. Vom Schweizer Konsumenten wissen wir: Seine Devise in fast allen Lebenslagen (Möbel-, Gemüse-, Autokauf) lautet: *»Lieber weniger, aber besser.«* Lieber den teuersten 3er BMW als den billigsten 5er. Lieber etwas weniger Gemüse und dafür artgerecht gezogen als chemisch behandelte Ware. Um es zu unterstreichen: Hier geht es nicht darum, daß wir plötzlich alle Ökofreaks werden, sondern vielmehr um die Sicherheitsorientierung, *»das gute Gefühl, daß ... «, das gute Gefühl, daß man sich etwas Gutes antut.*

Drittens. Wellness statt nur Fitness. In den 80ern und bis anfangs der 90er hatten wir eine starke Fitnessorientierung, die sich z. B. in der Welle der Lightprodukte und wenig Kalorien ausdrückte. Heute genügt das nicht mehr. Fitness allein wirkt sofort suspekt, denn es kann auch heißen: einseitiger Raubbau an den Ressourcen des Körpers. Es geht um ein umfassendes Gesundheitsbewußtsein, das Körper, Geist und die Seele erfaßt. Die Leute wollen lang leben, und zwar möglichst gesund. Und sie wissen immer mehr, warum die Ernährung entscheidend ist. Ratgeberliteratur, Kochbücher, Ernährungsbroschüren, Lebenshilfetips erleben einen Boom. Dabei ist Essen und Trinken immer interdisziplinärer geworden, d. h. geht heute bis in die Bereiche Esoterik hinüber. Essen und Trinken hat im Gesundheitsbereich an Stellenwert zugelegt.

Wir sehen: Auch Männer kümmern sich heute vermehrt um die gesunde Ernährung und entdecken schon deutlich vor 40, daß sie einen Körper haben und daß sie mit ihm umgehen lernen müssen, daß er sorgfältiger Pflege bedarf. Und nicht erst, wenn gewisse Dinge nicht mehr funktionieren. Symptomatisch sind etwa neue Männerzeitschriften wie »Men's Health« (so der Titel auch der deutschen Ausgabe), das seit einigen Jahren stark gewandelte Männerbild in der Werbung (seit schöne Männerkörper in der Werbung alltäglich geworden sind, leiden auch Männer unter Minderwertigkeitsgefühlen und bekommen Bulimie und Anorexie) oder die Beauty-Märkte für Männer. Männer bedienen sich nicht mehr an den Töpfchen ihrer Partnerinnen, wenn sie sich schön machen wollen. Sie entdecken ihre eigenen Vorlieben und pflegen sich aktiver. Zudem kochen Männer heute mehr; sie kümmern sich mehr um den Einkauf und gehen vermehrt auch selbst einkaufen. Und wir wissen, daß Männer anders einkaufen als Frauen – sehr zum Vorteil der Supermärkte und Restaurants übrigens. Kurz: Die Emanzipation der Männer im ganzen Foodbereich hat eben erst begonnen; langsam werden sie die Frauen einholen.

Schauen wir den gesamten Wellness-Trend an, so können wir feststellen: Männer sind insgesamt »sanfter« geworden, und sie werden es, oftmals zwanghaft, immer mehr. Der Ausdruck »Softindividualismus« von Matthias Horx paßt gut in diesen Zusammenhang.

Viertens. »Value« – konstante Verbesserung des Preis-Leistungs-Verhältnisses. Man kann es so sagen: Kunden setzen heute ein hohes Maß an Convenience und gute Qualität voraus, und auch die sogenannte Authentizität von Produkten wird wohl bald als selbstverständlich vorausgesetzt. Machen wir uns nichts vor: auch Bio- und Ökoprodukte werden wahrscheinlich in einigen Jahren Standard sein, und zwar zu einem günstigen Preis. Darüber muß man nicht mehr weiter diskutieren. Restaurants mit ellenlangen Karten sind verdächtig, denn niemand kann zu viele Produkte ganz frisch einkaufen. Lieber weniger anbieten, dafür ausgesucht, verständlich und gut. Doch zugleich nimmt der Margendruck brutal zu. Nehmen wir die USA als Vorbild, können wir einen noch stärkeren Trend zum Einsatz billigster Arbeitskräfte bei zugleich zunehmender Robotisierung der Küche feststellen. Die Tätigkeiten des Personals werden auf einige Grundoperationen reduziert, weil ausgeklügelte EDV-Systeme die Basis für Effizienzsteigerung liefern. Davon soll in Zukunft nicht nur die Systemgastronomie, sondern auch vermehrt die gehobene Küche profitieren können. Die Formel scheint in die Richtung zu gehen: permanente Ist-Optimierung (Personal, Technik, Logistik), mit der zwar keine Quantensprünge zu erreichen sind, plus Kommunikation plus Zusatznutzen.

Fünftens. Zunehmende Amerikanisierung der Lebensstile. Mehr als je zuvor, so sieht es aus, bestimmen die USA die wichtigsten Trends. Wir wissen, daß wir uns bezüglich Einkommensstruktur und Gesellschaft stärker amerikanischen Verhältnissen angleichen – die Reichen werden reicher, die Mittelschicht wird immer breiter und hat tendenziell wenig zur Verfügung, die Unterschichten sind wirklich arm. *Wir müssen davon ausgehen, daß das durchschnittliche Einkommen der Konsumenten nicht mehr wächst, aber* ***zugleich*** *die Kundenwünsche individueller und persönlicher werden.* Hüten wir uns aber gleich an dieser Stelle vor einem Trugschluß. Die Einkommensverteilung ist nicht ein für allemal fix. Mit der Flexibilisierung der Lebensstile kann sich auch die finanzielle Situation des einzelnen Menschen im Laufe seines Lebens mehrmals ändern. Wer in der Mittelschicht beginnt, kann rasch oben oder rasch ganz unten sein durch einen Jobverlust. Auch diesbezüglich dürfte unsere Grundstruktur amerikanischer werden.[92] Diese Entwicklungen bedeuten konkret: Die Trendorientierung nimmt zu. Damit verbunden ist ein dreifacher Zwang:

① *Zwang zur permanenten und schnellen Innovation.*
Das ist das Paradoxe: Es gibt zwar von allem viel zuviel, aber trotzdem will man das Neue sehen. Ich habe gesagt, man muß heute Kunden überraschen und verführen. Wir haben heute einen

---

92 Vgl. dazu die Arbeiten der Alexis de Tocqueville Institution; vgl. ferner Gregory Fossedal, The American Dream Lives, in: The Wall Street Journal, March 7–8, 1997

so hohen Level an Innovationen, daß nur noch das Außergewöhnliche lockt. Und sobald etwas Neues eingeführt ist, kämpft es schon gegen das Veralten und das Banalwerden. Man muß die Produkte dann entweder sofort wieder aufgeben oder immer wieder neu aufpeppen. Doch schon haben wir die nächste Paradoxie: Je schneller Innovationen kommen, desto wichtiger werden die Traditionen. Ich bekomme oft die Frage gestellt bezüglich der Trends: *»Aber das hatten wir doch schon einmal!«* Das ist natürlich richtig, denn: Je schneller der Wandel, desto mehr stellen wir fest: *Wirklich neu ist nur noch das Alte;* also das, was wir früher schon einmal hatten. Die exotischen Fische aus allen Herren Ländern bzw. Gewässern sind inzwischen bekannt; daher feiert man wieder die Rezepte der Scholle oder des Karpfens. Die Buschbeizen erleben eine Renaissance. Beim Bier ist die gute alte Bügelflasche zurückgekehrt, oder, um noch weiter in der Geschichte zurückzugehen, hat die inzwischen zur Franchisekette ausgeweitete Restaurant-Idee Back & Brau geschickt die uralte Tradition von Backen und Brauen wiederentdeckt. Damit kann man etwas Uraltes zum Toptrend erheben, weil mit dem Nebenprodukt des Brauens die sogenannten Bagels hergestellt werden. Bagels sind nicht nur schmackhaft, sondern nebenbei auch noch gesund und können als ökologisch sinnvolles Produkt angeboten werden. Die Kunden können in einer Micro Brewery zuschauen, wie Bier entsteht und gute Geschichten damit wiederauferstehen.
Wir können lernen: *Kunden vergessen heute sehr rasch.* Man kann hier mit dem Faktor »Wiedererinnerung« spielen: das, was man früher schon einmal erlebt hat, wieder neu und ein wenig anders bringen. Es erhöht die Lebensfreude, wenn man Altes oder sogar ganz Altes wieder bringt. Das aber heißt auch: Kunden sind in gesättigten Märkten prinzipiell untreu. Promiskuität ist normal. Sie sind dankbar für Innovationen. Denn jede Innovation kommuniziert mir ja: Ich bin besser als die anderen, besser als mein Vorgänger.

② *Zwang zur klugen Preispolitik.*
Die Preissensibilität nimmt über alle Einkaufsschichten hinweg zu. Das gilt für die Luxusgüter, die Luxushotels oder die Edelgastronomie ebenso wie für die Alltagsprodukte.

③ *Zwang zur zeitgemäßen Verjüngungskur (Rejuvenation).* Es gibt nichts Schlimmeres, als an sich gute Produkte, die »alt« aussehen. Kunden erwarten heute immer etwas Neues. Das heißt für eingeführte Produkte, daß sie ständig »verjüngt«, dem Zeitgeist und der veränderten Wertehaltung der Kunden angepaßt werden müssen. Starke Marken zeichnen sich dadurch aus, daß sie wenig wirklich Neues bringen müssen, sondern sich immer wieder zeitgemäß verändert haben. Die harte Lehre daraus ist: Je mehr wir individuelle und ganz persönliche Lebensstile bedienen und nicht mehr anonyme Massenmärkte, desto mehr gilt: *schnelle Sieger, schnelle Verlierer.* Mit der stärkeren Ausrichtung an Trends und individualisierteren Marktsegmenten findet eine radikale Umorientierung statt. Das hat auch mit einem notwendigen Mentalitätswandel und einer Vorstellung des Marktes zu tun, die uns in Europa fremd sind.

Sechstens. Neue Konkurrenzkämpfe. Der Konkurrenzkampf verstärkt sich nicht nur zwischen den traditionellen Anbietern in der Gastronomie. Früher hatten wir den Handel mit seinen Läden und die Restaurants, die Food anboten. Heute lösen sich die Grenzen immer weiter auf und immer neue Anbieter kommen hinzu. Zwischen Handel, Gastronomie, neuen Formen von Food-Services und vor allem auch der Unterhaltungsindustrie entbrennt ein Verdrängungswettbewerb um Marktanteile. Wir sehen, daß verschiedene Anbieterformen verschmelzen. Buchläden bieten Kaffeecken an, Tankstellen haben eine Sandwichbar, in den Einkaufszentren entstehen neue Formen von Instore-Restaurants. In Frankfurt hat McDonald's letztes Jahr ein schmuckes kleines 40plätziges Restaurant in einem C&A-Laden eröffnet. Mit 20 Rotationen bedient man 800 Kunden pro Tag. Der Erfolg läßt darauf schließen, daß ähnliche Eröffnungen folgen werden.

Die neue Funktion der Gastronomie

Die Gastronomie hat gute Chancen, trotz andauernder Krise des Konsums zu wachsen – neue Gastronomiekonzepte besetzen Schnittstellen und sind der Motor des Wachstums. Wenn sie die wichtigsten Trends beobachten, dann kommen fast alle innovativen Ideen aus dem Dienstleistungs- und Konsumgüterbereich aus

den USA, für die Gastronomie sind zusätzlich Spanien, Großbritannien und Frankreich interessant. Das klassische Shopping steckt genauso in der Krise wie die klassische Gastronomie.
Nicht zufällig war 1994 in den USA ein historisches Jahr, weil zum ersten Mal die Fastfood-Restaurants mehr Umsatz gemacht haben als die Full-Service-Restaurants (86 Mia. $ vs. 85,5 Mia. $). Bei uns sind die Entwicklungen ähnlich. Full-Service-Restaurants müssen sich viel mehr anstrengen als bisher. Aber auch sie haben Wachstumschancen.
Von der Größe und vom Umsatz her scheint mir mehr denn je zu gelten, daß auf der einen Seite die ganz Großen vorwärtskommen, die ihren Job gut machen, die von ihrer Einkaufsmacht und den Distributionskanälen profitieren, und die ganz kleinen, die lokal eingebunden sind und es verstehen, die Veränderungen der Kundenwünsche aufzugreifen und in überraschende Konzepte umzusetzen. Aber um es zu unterstreichen: Niemand mehr hat den Erfolg auf Dauer für sich gepachtet. Große wie Kleine stehen unter dem Druck, ständig mit dem Zeitgeist in Einklang sein zu müssen. Und beide müssen ihr Preis-Leistungs-Verhältnis ständig zu optimieren versuchen. Denn die Konkurrenz ist groß. Und alle müssen Zusatznutzen anbieten, die den Kunden schmeicheln. Das muß heute sogar der Grillwurstverkäufer an der St. Galler Olma wissen. Hier hat ein fundamentaler Bewußtseinswandel stattgefunden.
Auf vier Ebenen, die sich unterschiedlich kombinieren lassen, kann die Gastronomie wachsen, wenn sie ihren Job gut macht:

Vier Grundfunktionen können erfüllt werden:
① Ort der Begegnung: *Service & Relationship*
② Ort der Unterhaltung: *Coolness & Action / Relax*
③ Ort des Einkaufens: *Convenience & Specialty*
④ Ort, an dem man auch noch ißt und trinkt: *Quality & Value*

Gehen wir in die Märkte, die sich am raschesten verändern und die größten Wachstumspotentiale aufweisen, so können wir folgende sechs Trends an der Schnittstelle von Food Industrie und Gastronomie feststellen:

1. ***Mobil Food oder die Flexibilisierung des Ernährungsverhaltens***
2. ***Ethno Food als Global Food oder der Kult um das Wesentliche***
3. ***Pop Food/Themenrestaurants oder der Sieg des Eatertainments***
4. ***Memory Food oder der Kult des Vergessenen***
5. ***Gourmet Food oder die Rolle der Gastro-Eliten***
6. ***Functional Food oder Ernährung als persönlicher Leistungsfaktor***

Diesen vier Grundfunktionen und sechs Trends soll auf den folgenden Seiten nachgegangen werden.

Mobil Food – Die Flexibilisierung des Ernährungsverhaltens

Essen wird immer mobiler. Vielleicht das wichtigste für alle Arten von Gastroprodukten und -dienstleistungen ist der Faktor *Zeit*. Mehr denn je ist unser Alltag an bestimmte Zeitformen gebunden, die flexibler werden. Nicht zufällig hat sich Fast-food so rasant entwickeln können, und nicht zufällig wächst der ganze Bereich rasend schnell, den ich gerne als Mobil Food bezeichne.
Wer heute durch eine Stadt wie Zürich, München oder Paris geht, kann sich fast an jeder Ecke mit allen erdenklichen Arten von Food eindecken, oder gegebenenfalls über Telefon, Fax oder E-Mail das gewünschte Essen bestellen. Das war nicht immer so. Kunden haben ein knappes Zeitbudget, und in der knappen Zeit wollen sie gut und angenehm bedient werden. Ich rate ihnen: Wann immer sie ein Gastrokonzept aufstellen, fragen sie sich heute zuallererst, wie das Zeitbudget ihrer Zielgruppen aussieht. Erst dann sollte man von Produkten und Angeboten sprechen.
Womit hat das zu tun? Wir gehen auf eine sogenannte *»24-Stunden-Gesellschaft«* zu, in der rund um die Uhr gearbeitet, gegessen und getrunken wird. *Überall* wird gegessen: im Büro, in der Warteschlange, im Lift, auf der Parkbank, auf dem Trottoir, im Auto, und zu guter Letzt auch noch im Restaurant und zu Hause. Viel

mehr Leute arbeiten *Teilzeit*, es gibt viel mehr *Singles*, aber im Verhältnis auch viel mehr *Dinks* (Double Income no kids) und *DCC* (Dual Career Couple), und es gibt v. a. viel *mehr Männer*, die sich um das Essen und Trinken kümmern. Hier hat ein wichtiger Emanzipationsschritt eingesetzt. Daher setzt sich auch das Budget für Essen und Trinken neu zusammen. In den USA geht man davon aus, daß bis zum Jahre 2000 über die Hälfte des Food-Budgets des Konsumenten für verschiedene Formen des Take Away und Auswärtsessen ausgegeben wird.
Weil das Zeitbudget immer wichtiger wird, werden alle Formen von *Convenience-Konzepten* wichtiger. Alles, was stressig ist, muß weg. Streß hat man schon im Arbeitsalltag in Überfülle. Formel: *Man will Genuß ohne Verdruß.* Qualität muß mit Geschwindigkeit verbunden sein (US Food-Forschung hat immer wieder dieselben Wörter: Easy-Going Service, Relaxing Atmosphere, Speedy, smartness). Mit einem deutschen Wort, das zwar nicht schön klingt, aber sachgerecht ist, können wir diese Entwicklung als *Sofortorientierung* beschreiben. Ich entscheide mich erst kurz vor dem Abendessen für ein bestimmtes Menü, und nicht schon am Tag davor. Der gute alte Wochenzettel für die Wochentage mit ihrer Speisenabfolge gehört in eine Zeit, als man noch glaubte, Hausfrauen hätten genügend Zeit zum Kochen.
Alle Formen von qualitativ guten, vorfabrizierten Produkten legen zu, bis hin zur Spitzengastronomie. Das Urprodukt von Convenience war ja die tiefgefrorene Pizza. Heute hat sich die Qualität von Convenience Food so stark verbessert, daß es kaum noch einen Unterschied zwischen sehr guten, industriell vorgefertigten Teigwaren und selbstgemachten Teigwaren gibt. Davon profitieren heute sogar die Spitzenrestaurants. Auch die Zunge von Gastropapst Silvio Rizzi (Herausgeber des Gault Millau Schweiz) wird hier Mühe haben, noch zu unterscheiden. Etwas selbst zu machen wird selbst für anspruchsvolle Restaurants immer teurer, fast unbezahlbar. Aber das kann es auch nicht sein.
Daß alle Formen von Produkten, ob vorgefertigt oder nicht, unter dem ***Megatrend »Frische«*** stehen, versteht sich von selbst. Das Frischegebot ist ein Element in der Religion der Kunden und die Herausforderung für die Logistik. In diesem Bereich kann man sehr viel gewinnen. Insbesondere bei extrem frischeabhängigen

Produkten wie Fische, Gemüse, Kräuter etc. Die Kunden sind sehr sensibel geworden, und sie werden in Zukunft noch weit sensibler sein. Wie stark sich übrigens in den vergangenen Jahren für die Kunden die Interpretation von »Convenience« verändert hat, läßt sich sehr schön am erwähnten Pizza-Beispiel verdeutlichen. Weil Convenience immer mehr mit Zeitgewinn assoziiert wird, ist heute die frische Pizza, die ich im Kühlschrank einige Tage aufbewahren kann, beliebter geworden als die tiefgefrorene Variante. Denn wenn ich eine Pizza essen will, will ich sie genau in dem Moment essen, in dem ich sie begehre und zudem in sehr guter Qualität – dies muß der erwähnten Sofortorientierung entgegenkommen.

Home Delivery, also Lieferdienst nach Hause, ist ebenfalls ein ursprünglich von jüngeren Konsumenten getriebener Markt. Ich rufe an, und in einem kalkulierbaren Zeitraum – 30 bis 40 Minuten – bekomme ich das gewünschte Produkt. Wahrend ursprünglich die unteren Preissegmente bedient wurden – vor allem Pizza und Sandwiches – kann heute auch der Gourmet in überzeugender Qualität nach Hause geliefertes Essen bestellen. Es gibt Lieferspezialisten, die als Taxi-Takeout das Angebot von ganzen Restaurantgruppen ausfahren. Sehr oft kann man die Infrastruktur von bestehenden Lieferdiensten benützen; warum nicht die Wartezeiten von Taxis ausnutzen? Geliefert wird nach Hause, in Altersheime (großes Potential), Spitäler (großes Potential), an Feste, Museen, Konzerte wie Opern (großes Potential) etc.

Take Away ist nicht mehr länger nur ein Phänomen der jüngeren Generationen wie die Baby-Boomers oder die Generation X, also derjenigen Kunden, die mit hektischen und zeitlich unstrukturierteren Lebensstilen groß geworden sind. Inzwischen haben sich auch die älteren Kunden an diese Form des Essens gewöhnt, also die, die noch mit den drei Hauptmahlzeiten und den beiden Zwischenmahlzeiten, dem Znüni und dem Zvieri, wie wir sie in der Schweiz nennen, groß geworden sind. Auch dieser Prozeß ist noch nicht abgeschlossen. Wir haben auch bei den Vertriebsformen des Fast-food beobachten können, daß die jüngeren Kundensegmente sehr rasch auf die neuen Entwicklungen aufspringen, weil sie experimentierfreudiger sind. Aber nach einer bestimmten Zeit finden sie auch das Interesse der älteren Schich-

ten. Generell können wir festhalten: Statt drei Hauptmahlzeiten und den Pausenbroten werden mehrere Zwischenmahlzeiten rund um die Uhr eingenommen.
Zu den Megatrends des Flexi Food bzw. Mobil Food gehört, daß alle klassischen Vertriebsformen des Fachhandels zulegen können – die sich allerdings ihrerseits gegenseitig die Kuchenstücke wegnehmen: Metzgereien, Bäckereien, Gemüse- und Früchtehändler können mit relativ wenig Aufwand eine Sandwichbar, Vegiburger oder grillierte Fischsteaks anbieten. Kunden sind Leute, die früher im Restaurant oder in der Betriebskantine gegessen haben. Tendenziell nehmen weniger Leute in den klassischen Kantinen ihre Mittagsmahlzeit ein und verpflegen sich »fliegend« oder ambulant, nicht mehr stationär.
Ein gutes Beispiel, wie man sich als Bäckerei innovativ den neuen Bedürfnissen stellt, ist die *Schmatzinsel* der Feinbäckerei Schwyter in St. Gallen. Hier findet man Angebote aus dem Backofen, Pasta, Käse, Fisch, Getränke. Asien ist mit der »Genußinsel« Yamsik Tao vertreten, die auch eine Showküche zu bieten hat. Die ehemalige Bäckerei schreibt frische Zubereitung groß. Die Schmatzinsel verbindet also Einkauf, Imbiß und Take Away zu einem kulinarisch attraktiven Angebotsmix.
Interessanterweise verwischen sich inzwischen auch die Formen des Take Aways und des normalen Menüs im Restaurant. *Lebensmittelhändler und Restaurant definieren ihre Schnittstellen neu.* Das Konzept des sogenannte Home Meal Replacement (HMR) kommt stärker auf, also die Umsetzung der Idee, daß auch komplette Menüs als Package eingekauft und zu Hause gegessen werden. Während zu Beginn nur die tieferen Preissegmente vorherrschten, kann man heute HMR in allen Preisklassen und von ganz unterschiedlichen Anbietern bekommen, vom Handel bis zu den großen Restaurants.
Der Star der Szene ist *Eatzi's*, das zu Brinker International gehört. Das Convenience-Restaurant bietet auf einer Fläche von 800 m^2 1400 qualitativ hochwertige Produkte mit viel Action & Fun an. Musik strömt bereits auf dem Parkplatz entgegen. Man kann die ganze Bandbreite von Menüs mitnehmen, von den einfachsten Snacks bis zum kompletten Menü. Öffnungszeit ist von 7 am bis 10 pm, *täglich werden 70 frische Speisen vorgestellt.* Eine Stunde vor

Schließung werden die Preise gesenkt. Alles funktioniert nach dem »Easy«-Prinzip: easy to buy, easy to prepare, easy to eat. *Eatzi* scheint besonders trendy zu sein. Phil Romano von Brinker meint wohl zu Recht, daß es eine *Wiederbelebung des Interesses für die Mahlzeiten zu Hause* gibt. Die Kunden suchen die Alternativen zum Fast-food-Poulet oder Pizza, aber sie wissen nicht viel über die Zubereitung von Speisen. Zudem ist Cocooning weiterhin ein wichtiger Trend für die späten 90er. Genau an den Schnittstellen dieser Entwicklungen interveniert *Eatzi*. Eine Verfeinerung der Entwicklung des HMR zeichnet sich bereits ab. Innovative Hotels und Gourmetshops offerieren zum Preis eines mehrgängigen Menüs auch *Picnic Meals Replacement*, also Zimmerservice im Wald, und zwar mit allen gewünschten Details: spezielle Menüs, Weine, Gedecke und natürlich auch die entsprechenden Kellner.

Der Trend geht dahin, daß die Leute *nicht aufwendig* kochen wollen, *aber trotzdem etwas »Rechtes«* zu sich nehmen wollen. Immer nur das gewöhnliche Take-away geht auf die Dauer nicht auf, ebensowenig wie der klassische Restaurantbesuch. Man möchte auch weiter zu Hause gesellschaftliche Einladungen mit hoher Qualität pflegen: Die Rolle des Gastgebers und der Gastgeberin werden nicht extern vergeben an Cateringdienste. Aber man reduziert den Aufwand auf ein zeitlich vernünftig kalkulierbares Maß.

Noch ein Beispiel unterstreicht den Trend: Die zur Zeit *beliebtesten Kochbücher und Kochrezepte* kommen mit nur noch ganz wenigen Zutaten und ganz wenig Zeitaufwand aus. Ein Hit ist zur Zeit das Buch »Cooking with three ingredients« von Andrew Schloss. Von Henrietta Green und Marie-Pierre Moine gibt es die »10-Minute Cuisine«[93] für die »besteht die Küchenbrigade im Hintergrund aus den richtigen Zutaten, den richtigen Techniken und den richtigen Küchengeräten – einschließlich einer Kompaktküchenmaschine, deren Wert sich als unschätzbar erwiesen hat«. Oder sogar Bücher, die sagen, wie man in 15 Minuten ein mehrtägiges Gourmetmenü hinzaubert. Man möchte durchaus ein Gourmet für seine Gäste sein, aber eben ein ***»Instant Gourmet«*.** Man

93 Crescent Books, ersch. Februar 1996

will weiterhin anspruchsvoll seine Gäste bedienen, aber dies nach dem Motto: Kochen können wie Girardet, aber ohne allen Aufwand und ohne alles Wissen von Girardet.
Wir können lernen: Viele Kunden sind heute durch die Informationsflut ***»Cuisine Literate« wie noch nie, aber nicht »Culinary Literate«.*** Die Leute wissen dank der Allgegenwart von Informationen in Zeitschriften, TV, Rezepten in Zeitungen immer mehr über die Verfügbarkeit von Produkten. Sie sind sozusagen also »Cuisine Literate« und kennen die exotischsten Früchte und Fische. Aber sie können damit nichts anfangen, weil sie den *Umgang* mit diesen Produkten nicht gelernt haben. Daher sind sie auf vorgefertigte und bis auf den letzten Handgriff zubereitete Speisen angewiesen (die ihnen zudem natürlich den Zeitfaktor kalkulierbar machen). Diesen Kunden fehlt also die »Culinary Literacy«. Mit dem Wandel der Eßkulturen dürfte dieses Manko wohl zunehmen.
Die klassischen Hauptmahlzeiten Mittagessen und Abendessen sind vom Faktor Zeit her problematisch geworden, zu Hause wie im Restaurant. Sie binden zuviel Zeit: im Durchschnitt etwa eine Stunde. Eßshopping, also das Verbinden von Essen und Einkaufen, in den USA längst von den Jugendlichen gelebt, wird auch bei uns populärer. Wenn man schon Zeit ausgibt für Shopping, dann möglichst in Verbindung mit anderen Tätigkeiten wie lustvollem Essen und Trinken – das wiederum bringt die Frage mit sich, *wo* gegessen wird. Oftmals ist zuwenig Platz vorhanden, v. a. in Take-aways in Supermärkten und Shoppingzentren, wo die Kunden nach dem Kauf *sofort* essen und trinken wollen. Die Leute brauchen mehr Platz zum Verweilen, zum streßfreien Absitzenkönnen. Der ganze Bereich und alle Formen des sogenannten Finger Food spielen eine zentrale Rolle, also Essen, das wir unkompliziert in die Finger nehmen können. Früh aufgenommen hat diese Entwicklung McDonald's mit den Drive-In-Restaurants, bei denen man sofort das gewünschte Menü durch die Fenster in den Wagen gereicht bekommt. Amerikanische Autos haben daher serienmäßig Becherhalter; bei europäischen Autos ist das noch nicht die Regel. Vielleicht wird man bei neueren Automobilkonzepten das Essen mitberücksichtigen, genauso wie der noch nicht abgeschlossene Cocooning-Trend

dazu führen wird, daß Autos convenienceorientierter werden müssen, also Eßfazilitäten, noch mehr Unterhaltungselektronik u. a. eingebaut werden. Aus den USA wissen wir zudem, daß das Frühstück als feste Mahlzeit langsam verschwindet. Vater, Mutter und Kinder nehmen den Kaffee oder Jus mit und schieben sich unterwegs einen Vitaminriegel in den Mund. Hier sehen wir sehr schön, was Convenience als Lebenshaltung heißt: Zeitgewinn und Entlastung.
Der Megatrend des Mobil Food /Flexi Food hat also zusammengefaßt folgende Merkmale:

- genau kalkulierter Zeitbedarf des Kunden,
- sehr hohe Bequemlichkeit (man nimmt dem Kunden alle Art von Problemen weg, die Ärger bieten könnten. Man muß Kunden sozusagen »umschmeicheln«),
- gute Qualität (»authentische« Produkte mit Ursprungsbezeichnung oder gar -garantie werden wichtiger),
- fairer, transparenter Preis und
- Unterhaltungselemente, die auf der Skala von sehr actionorientiert bis totalem »Relax« reichen.

Wie sieht ein *Prototyp* eines solchen Restaurants aus? Es wird recht groß sein, weil es Umsatz machen muß, aber es ist hochgradig persönlich. Statt mit dem Servicepersonal als Zwischenglied wird der Gast direkt mit dem Koch Kontakt aufnehmen. Die Köche sind alle hervorragende Professionals, die ein Gebiet – z. B. Krustentiere oder Pilze oder Teigwaren – kreativ interpretieren. Das Restaurant wird mehrere Food-Themen anbieten, die in verschiedensten Variationen Menüs anbieten. Die Wartezeiten sind minimal, da alle Vorbereitungen fortlaufend ausgeführt werden. Der Gast betritt das Restaurant, wird an den gewählten Platz geführt und sucht sich diejenige Variante aus, auf die er im Moment gerade Lust hat. Pro Thema gibt es einen Tisch. Die Tische sind rund und haben bequeme Hocker, in der Mitte befindet sich der Koch mit seinem Arbeitsplatz. Es ist eine Showküche, wo ich »live« miterleben kann, was entsteht... Die Kommunikationsstruktur mit dem Koch und anderen Gästen ist also anregend. So kann ich das Thema »Fisch« entweder gebraten, gebacken, roh, grilliert, pochiert etc. essen. In einer halben Stunde habe ich köstlich und streßfrei gegessen.

Full-Service-Restaurants – Das Wiederaufleben der ursprünglichen Bedeutung

Auf klassische Full-Service-Restaurants lasse ich mich nur noch ein, wenn ich neben Geld vor allem auch bereit bin, Zeit auszugeben. Insbesondere für die lokalen und regionalen Restaurants gilt: Gastronomische Orte sind zuallererst *Orte der Begegnung*, sie sind etwas Soziales, also Treffpunkte, die eine bestimmte Atmosphäre ausstrahlen und Stimmungen kommunizieren. Diese Funktion des Sozialen wird sich noch verstärken, weil auch die sozialen Veränderungen rasch zunehmen. Die Politik garantiert keine öffentlichen Plätze mehr, sie garantiert keine Gemeinschaft mehr. Das gilt insbesondere für die jüngeren Kunden und Kundinnen. Der Restaurateur oder der Geschäftsführer ist daher mehr denn je in seiner Rolle als eine Art *social worker* herausgefordert.
Wenn ich in eine bestimmte Beiz gehe, dann will ich mich wohl fühlen. Als Beizer eine Kundschaft haben, heißt im ursprünglichen Sinne ja nichts anderes als »Eingeweihte« haben, also Leute mit ähnlichem Stallgeruch. Es sind Leute, die man kennt, oder von denen man weiß, daß sie eine ähnliche Lebensphilosophie haben. Der ganze Trick der sogenannten In-Lokale und Szenerestaurants besteht darin: Man will dazugehören, und man merkt sofort, wenn jemand ein Lokal betritt, in das er eigentlich nicht gehört.
Wir können das den *Community-Faktor* nennen: Wieviel Gemeinschaft bzw. Gemeinschaftsgefühl bietet ein Restaurant an, das mir mitgibt, daß ich dazugehöre und anders bin als andere Gruppierungen? Der Wunsch nach Communities ist ökonomisch die Folge der übersättigten Märkte, sozial eine Folge der *Vereinzelung* der Menschen (nicht notwendig: der Vereinsamung!) und technisch die Folge des Information Overload. In-Lokale und Szenebeizen haben die klassischen Quartierbeizen abgelöst. Quartierbeizen sind abgestorben, weil sich die Gesellschaftsstruktur verändert hat. In-Lokale und Szenebeizen, die eine viel kürzere

Lebensdauer haben und sich daher sehr rasch rentabilisieren müssen, kommen den Wünschen des heutigen Kunden besser entgegen, die *freiwillig und unfreiwillig* viele neue Lebensstile ausprobieren. Bei der Entstehung neuer Lebensstile liegen Spaß und Zwang oft sehr nahe beieinander. Diese Entwicklung gilt insbesondere für die 15- bis 30jährigen, in steigendem Maße aber auch für die älteren Generationen.
Die Entwicklung zur Globalisierung fördert zwei Arten der Gemeinschaft: die *lokale und intime, und die globale und imaginierte oder virtuelle, die anonym ausgerichtet ist.* Wahrend In-Lokale und Szenerestaurants zumeist mit lokal zusammengesetzten Kundenstämmen funktionieren und lokale Persönlichkeiten anziehen, funktionieren imaginierte oder virtuelle Restaurants planetar. Sie rekrutieren ihre Fangemeinden aus allen Ländern. Das globale Starsystem ist oft die Basis für die Gemeinschaftsbildung. Die anschließend beschriebenen Themenrestaurants bieten gute Beispiele für diese zweite Art der Gemeinschaftsbildung. Interessant ist, daß *beide Arten starke Gemeinschaften aufbauen.*
Wir können noch einen Schritt weitergehen: Ein Restaurant braucht nicht nur Gemeinschaft, Social Touch und Atmosphäre. Es braucht eine *Seele.* Dafür gibt es drei Möglichkeiten:

- der Wirt/die Wirtin als Persönlichkeit,
- ein Star oder ein Starsystem,
- die starke Markenpersönlichkeit.

Kurz: Restaurants sind keine anonymen Abfüllanlagen, und FS-Restaurants sind Gemeinschaftsinseln.

Pop Food – Der Aufstieg des Eatertainments

Gerade für Restaurants wird eines immer wichtiger: Es gibt ein unstillbares Begehren nach qualifizierter Unterhaltung. Bitte vergessen Sie aber dies: das übliche Event-Marketing und die Erlebnisgastronomie. Eine Badewanne mit einem Blumenstrauß im Lokal mag ein Gag sein, aber sicher kein Event-Marketingkonzept. Wir brauchen qualifizierte Unterhaltung, denn dieser Markt wächst am schnellsten und am nachhaltigsten. Wir können auch diese Entwicklung mit einem Schlagwort besetzen: ***Eatertainment,*** also die Verschmelzung von Essen und Unterhaltung. Wir sehen, daß die Unterhaltungsindustrie immer mehr direkt professionelle Gastrokonzepte entwirft. Restaurants als *Orte der Unterhaltung* werden eine noch größere Zukunft haben als sich dies bisher angedeutet hat.

Insbesondere die sogenannten ***Themenrestaurants*** sind weltweit im Kommen. Sie leben allerdings von sehr guten Konzepten und Ideen, sonst haben sie keine Überlebenschance! Themenrestaurants können Einzelerscheinungen sein, in der Regel aber Ketten, die sich als Global Player etablieren wollen. Wir kennen alle die Story des *Hard-Rock-Cafés*, die bereits vor 25 Jahren mit einer Idee von Peter Morton und Isaac Tigrett begann, oder von *Planet Hollywood*, das vor fünf Jahren startete. Beide sind *Prototypen* der Themenrestaurants. Sie liefern die Vorlage für alle Formen von Imitationen.

Hard-Rock-Café und Planet Hollywood sind zur Zeit voll in der Offensive mit ihren Konzepten und produzieren wie wild immer mehr Restaurants und Outlets für ihre Waren, insbesondere für die sogenannten *Memorabilien.* Memorabilien erfüllen übrigens die genau gleiche Funktion für diese Restaurants wie Devotionalien bei Wallfahrtsorten wie Lourdes oder Einsiedeln. Sie haben dieselbe religiöse Struktur. Das ist ein nicht unwichtiger Erfolgsfaktor für Restaurants, die sich als touristische Kultstätten auf dem Globus positionieren wollen. Die Eröffnung eines neuen Planet Hollywood ist mit einem Celebrity Event verbunden, bei dem Mitbesitzer wie Sylvester Stallone oder Arnold Schwarzenegger mit von der Partie sind. Die Grunderkenntnis der beiden Klassiker Hard-Rock-Café und Planet Hollywood lautet: *Essen und Trinken sind nur ein Element in der Gastronomie.* Planet Hollywood ist heute so erfolgreich, daß dieses Restaurant auch *»Hollyfood«* genannt wird. Anziehungspunkte sind die Kostüme und Dekorationen bekannter Hollywoodschinken. Heute gibt es bald 50 Planet Hollywoods, immer mehr auch außerhalb der USA. Das Londoner Trocadero-Restaurant hat über 3000 Kunden pro Tag, und die Leute stehen ohne zu Murren zwei Stunden Schlange

(und während sie anstehen, um ein Restaurant besuchen zu können, essen sie noch einen Big Mac). Der kürzliche Börsenstart verlief glänzend. Besitzer der ersten Stunde sind Arnold Schwarzenegger, Sylvester Stallone, Bruce Willis, Demi Moore und Whoopi Goldberg. Der größte Klassiker aber ist wohl das Hard-Rock-Café, das inzwischen so beliebt ist, daß Städte ohne Hard-Rock-Café mit bedauernswerten T-Shirts aufwarten (vgl. Salzburg: *Sorry, there's no Hard-Rock-Café in Salzburg).* Heute erstaunt es, daß dieses Café nicht schon viel früher Nachahmer gefunden hat.
Beide Grundpfeiler des Eatertainment machten 1996 Furore. Planet Hollywood eröffnete das erste Restaurant 1991 in New York, und eines der neuesten wurde nicht zufällig 1997 in Zürich eröffnet, und zwar an der unteren Bahnhofstraße, zwischen zwei McDonald's gelegen. Nach CEO Robert Earl gibt es ein Potential von 300 solcher Restaurants weltweit – heute gibt es erst gut 40, mit einem Umsatz 1995 von 270 Mio. $, und von geschätzten 450 Mio. $ für 1996.[94] Der Gang zur Börse 1996 hat der Kette inzwischen wohl eine zu großzügige Bewertung eingebracht (Börsenwert Anfang Dezember 1996: 2,5 Mia. $!). Aber die großen Erträge werden in vier Destinationen erzielt. Sie dürfen raten, wo sie liegen: in Las Vegas, Orlando, New York City und London. Also genau an vier der absoluten Toporte für Touristen auf dem ganzen Globus.
Hard-Rock-Café liegt seit Jahren im juristischen Clinch mit Planet Hollywood wegen Kopie des Konzepts – die Dossiers sind bereits sehr dick. Weltweit gibt es zur Zeit rund 60 Hard-Rock-Cafés (geschätzter Umsatz 1996: 375 Mio. $), bis zum Jahre 2000 ist eine Verdoppelung der Anzahl geplant. Auch München und Hamburg sollen zukünftig Standorte sein.
Nebst den Restaurants sind auch immer mehr *Bars* themenfundiert. Auch alles andere als zufällig: Es spielen auch hier Moviemotive eine herausragende Rolle. Sie geben oft die konzeptuelle Grundlage ab. Grunderkenntnis: Ein Restaurant oder eine Bar hat jeder, aber ein Restaurant, das eine Geschichte erzählt, ist etwas ganz anderes. Auch das moderne oder hypermoderne Restaurant

94 Vgl. Fortune, 23. 12. 1996; Going Public, the IPO Reporter, 26. 2. 1996

braucht eine *Seele*, und je unbegreiflicher und geheimnisvoller diese Seele ist, um so besser. Denn nur wenn es einen *mythischen Kern* hat, ermöglicht es im Verlaufe der Zeit immer wieder neue Interpretationen und die Generierung von neuen Kundenstämmen. Kurz: Essen und Trinken sind nur das verbindende Element in der Gastronomie.

Es gibt inzwischen auch in Europa unzählige thematisch ausgerichtete Restaurants, die sich als Ketten eignen, wie etwa *Happy Books/Happy Café* in Barcelona, *GR Café & Te*, wo um das Thema Kaffee und Tee mit verschiedenen Elementen gespielt wird; in Madrid und Saragossa mit 8 Lokalen präsent. In Großbritannien etwa mit *Waxy O'Connors* als irisches Konzept (Kathedralenbars) oder *Mamma Amalfi* in England und im größten europäischen Einkaufszentrum Centr*O* in Oberhausen. Mamma Amalfi baut die verschiedenen Teile des traditionellen süditalienischen Hauses wieder auf (Speisesaal, Salon, Küche, Terrasse) und bestückt es mit alten süditalienischen Objekten. Oder *Wagamama*, eine Art Zen-Restaurant mit japanischer Küche als Basis. Der Name der Kette stammt vom Gründer und Besitzer, Alan Yau, und heißt soviel wie »Positiv essen und positiv leben«.

Daß man mit wenig Aufwand und einer einfachen Idee, aber mit viel Marketingsensibilität Themenrestaurants erfolgreich umsetzen kann, hat Altmeister Paul Bocuse, der weltweit wohl bekannteste Koch, inzwischen 71 geworden, in Frankreich bewiesen, und zwar in Lyon, in unmittelbarer Nähe seines ursprünglichen Restaurants in Collonges au Mont d'Or. Was hat Bocuse gemacht?

Er hat Restaurants nach Himmelsrichtungen geschaffen, die damit die kulinarische Richtung anzeigen: Seit 1994 Le Nord, 1995 Le Sud, seit Mai 1997 L'Est und bald soll auch L'Ouest kommen. Wahrend Le Nord eine Lyonner Institution (Brasserie) aus der Jahrhundertwende darstellt mit septentrionaler Küche, ist der im Juni 1995 eröffnete Le Sud der mediterranen Küche mit provenzalischen, italienischen und arabischen Rezepten gewidmet. L'Est steht für die »Cuisine du monde, tonalités asiatiques« und L'Ouest für die »cuisine bretonne et américaine«. Decor und Ambiance sind so, daß der Norden im Winter am meisten Umsatz macht, der Süden ist auf den Sommer ausgerichtet. Die vier Themenrestau-

rants sollen das Erbe von Bocuse konsolidieren, der die Hälfte des Kapitals stellt, und seinen engsten Mitarbeiter Jean Fleury, Roger Jaloux und Christian Bovarel – alle drei Meilleurs Ouvriers de France – eine Zukunft nebst dem Restaurant von Bocuse ermöglichen. Die Durchschnittsbons der Restaurants liegen bei 165 bis 185 FF, der Umsatz (hors taxe) bei 12 Mio. FF bei im Schnitt 140 Sitzplätzen. Eines der Hauptziele ist es, ein ausgezeichnetes Verhältnis von Preis/Leistung zu erreichen.
Von Frankreich her kennen wir v. a. die Konzepte von Serge de Decker, der sich mit *Themenbars* einen Namen gemacht hat.
Nach Au Bureau gibt es Panorama Café, eine Bier-Brasserie, die Kinothemen umsetzt – eine französische Version von Planet Hollywood sozusagen. Panorama Café will in französischen Großstädten präsent sein und ist in Lyon gestartet. Ideal ist eine Umgebung wie z. B. alte Kinosäle, die die gewünschte Ambiance transportiert. Das erste Panorama Café bietet 240 Plätze im Innern und 60 im Freien, auf einer Fläche von 480 m^2. Das Durchschnittsticket ist auf 60 FF veranschlagt. Die nächsten beiden entstehen in der Peripherie von Marseille und Grenoble. Zielgröße von de Decker: Jede Stadt mit über 100 000 Einwohnern soll ihr Panorama Café haben, das heißt also etwa 30, die mit Franchising vergeben werden. Interessant ist diese Entwicklung, weil die Expansion von Multiplex-Kinosälen auch interessante Gastrokonzepte nach sich ziehen: Die neuen Kinopolis, also Kinostädte, verbinden sich mit verschiedenen neuen Formen des Fast food und des Take Aways. »Le Kinepolis« in Lomme, in der Nähe von Lille, ist seit September 1996 geöffnet und ist mit seinen 23 Sälen, 7400 Sitzplätzen und 23 000 m^2 Fläche der größte Kinokomplex Frankreichs. 2 Millionen Eintritte sollen im ersten Jahr verkauft werden. Da die Frequenzen allein mit Kinogängern geschaffen werden, sind natürlich wiederum Ketten wie McDonald's, Pizza Hut, Buffalo Grill, aber auch El Rancho die ersten, die mit dabei sind. Wie die sieben Flächen mit einer Größe von 200 bis 400 m^2, die für traditionelle Restaurants reserviert sind, besetzt werden, ist noch offen.
Nach Serge de Decker gibt es in Frankreich auch nach Au Bureau und Panorama Café noch Platz und Kapazitäten für drei oder vier weitere große Themenketten. Die Lancierung der nächsten ist noch für 1997 vorgesehen.

Wir können aber auch von Serge de Decker lernen: Die ursprünglichen Ideen für Themenrestaurants bzw. -bars stammen allesamt aus den USA. Dort werden die wichtigsten Trends gemacht. Denn dort ist die stärkste Kommunikationsmaschinerie am Werk. Schauen wir die Konzepte an, so stellen wir fest: V.a. erfolgreich sind *Konzepte, die wirkliche Stories erzählen können,* die viele Leute kennen oder interessieren, wie z. B.

- **Musikthemen,** vor allem aus dem Pop- und Rockspektrum:
  - *House of Blues* (in LA gestartet, Blueskonzerte plus Internet; Blues im Trend; HOB ist vielleicht das interessanteste Konzept zur Zeit).
  - *Wrap & Roll Cafe,* das Konzept verbindet höherpreisiges Fast-food (Mexican, Thai, Cajun) mit Fun + Rock'n'Roll.
  - *Motown Cafe* (Musik des Labels Motown, Musik der Schwarzen, v. a. Rhythm & Blues und Erinnerungen an die Baby-Boomers, die auch den Hauptteil der Kunden ausmachen).
- **Bike-Lifestyle mit Kultcharakter:**
  - *Harley Davidson Cafe* (Mythos des Bike-Lifestyle auf Restaurant übertragen).
- **Geisteratmosphäre:**
  - *Jekyll & Hyde Club.*
- **New Yorker Nostalgie:**
  - *Brooklyn Diner.*
- **Interaktive Magie und Zauberei:**
  - *Magic Underground;* David-Copperfield-Restaurant mit interaktiven Magiekonzepten. Der Architekt David Rockwell, der viele äußerst erfolgreiche New Yorker Restaurants geschaffen hat, erklärt das Ziel wie folgt: Es geht um die Kombination von Theater und Restaurant. »I love restaurants, and I love theaters. Both can take you somewhere beyond your imagination. Our goal is to design places that create a memory for visitors. The chance to work with David Copperfield to create an interactive experience which will change how people see the world is an exciting opportunity.«[95] Wohl kein Zufall: Das zweite »Magic Underground«

95 Business Wire, 19. 4. 1996

entsteht 1998 im Walt Disney World Resort in Orlando. »Michael Eisner and I have talked for years about combining the impact of illusion with the Magic of Disney«, sagt Copperfield. (Vgl. Nation's Restaurant News, June 2, 1997, S. 19)

- **Tropische Themen, Urwald/Natur/Tiere:**
  - *Rainforest Cafe;* Konzept mit Themen aus dem tropischen Regenwald, mit mechanischen Tieren, vom Krokodil über Gorillas bis zu den Schlangen, zudem künstliche Gewitter und – richtiger – Regen; die Sehnsucht nach den Tropen und der reinen Natur. Selbstverständlich auch mit einem Repertoire an Handelsprodukten. Das aggressiv expandierende Konzept versteht sich als »as timeless as a zoo« und daher als tauglich für eine langfristige Strategie. (Vgl. Nation's Restaurant News, July 14, 1997, S. 10 und 163) 1996 sind fünf neue Restaurants eröffnet worden, 1997 vier weitere.
  - In eine ähnliche Richtung geht das *Canyon Cafe* (Prototyp in Austin, Texas, heute 13 Restaurants), das die »native American Culture« und die Wurzeln der Südwest-Küche revitalisiert. Besondere Sorgfalt wurde auf die spezielle Architektur gelegt.
- **Geschlechter Motive:**
  - *Out on Main* ist das *erste Homosexuellen-Themenrestaurant.* Das 75-Plätze-Restaurant legt besonders Wert auf Stil und Design und ist in drei unterschiedliche Räume aufgeteilt. Thmen und prominente Stars der Homo-Bewegung können auch als Merchandising-Artikel gekauft werden (Oscar Wilde, Gertrude Stein). »Forty percent of our customers are mainstream heterosexual families. The restaurant brings together all of the community«, sagt Michael Caven, Kobesitzer des Out on Main. (Vgl. Nation's Restaurant News, July 14, 1997, p. 32, 134) Interessant ist, daß das Homo-Restaurant sich nicht mehr in der Eatertainment-Kategorie sieht, sondern in der neuen Kategorie des »Culturetainment«.
- **Submarine Motive:**
  - *Dive.* Dieses Spielberg-Restaurant begann vor zwei Jahren in Los Angeles, kam nach Las Vegas, und das erste europäisches Dive ist in Barcelona im Maremagnum-Zentrum ent-

standen mit 540 Gedecken und einer Fläche von 1400 m^2 auf zwei Etagen. In LA werden die 300 Tische am Abend ab 17 Uhr bis Mitternacht im Schnitt mehr als drei Mal verkauft.

- **Mode/Fashion-Themen:**
  - *Fashion Cafe.* Gehört u. a. den Topmodels Claudia Schiffer und Naomi Campell; soll Models anziehen, neu ist auch ein Restaurant in London aufgegangen in der Coventry Street. Es bietet auch eine Sammlung modischer Souvenirs wie Sophia Lorens Dior-Robe, Audrey Hepburns Givenchy-Kleid oder Madonnas goldener Bustier.
- **Comics-Themen:**
  - *Marvel Mania;* Comichelden, gehört ebenfalls zu Planet Hollywood.
- **IT-Themen:**
  - Computerproduzenten wie Apple lancieren ihre eigenen Restaurants. So kündigt Apple für den Herbst 1997 das erste *»Apple Café«* in Los Angeles an, weitere Standorte sind für Tokio, natürlich London und Paris geplant. Die ca. 1500 m^2 großen Lokale verfügen über Internet-Anschlüsse, CD-ROM-Geräte und Videokonferenzeinrichtungen für die Gäste.
- **Sport-Themen:**
  - *All Star Café* (gehört ebenfalls zu Planet Hollywood), *Race Rock Café, Victory Lane Motorsports Grill, Dave & Buster's, NASCAR Café* (ausgehend von der National Association for Stock Car Auto Racing). Sportrestaurants – mit Sportstars, sportähnlichen Arenen als speziellen Kick in der Innenarchitektur, Spielen wie z. B. virtuellem Golf etc. sind wohl der Mega-Trend. Für die Fußballweltmeisterschaft 1998 in Frankreich hat Adidas in Kooperation mit der Brauerei Kronenbourg das *Adidas Cafe* kreiert. Und auf der britischen Insel huldigt das schlicht *Calcio Cafe* genannte Restaurant dem Fußballthema.

    Moderne Sportarenen werden auch gastronomisch wichtig, und sie sind für den ganzen Health Care-Bereich ausbaubar. Das beste Beispiel dafür ist wohl das 1,6 Mio. Square-feet-Projekt *Chelsea Piers Sports and Entertainment Complex* in der Nachbarschaft von Manhattan's Chelsea auf den Deichen des Hudson River. Dieses 100-Mio.-$-Projekt, das von rein privaten Investoren finanziert wird, beinhaltet die weltweit größte aneinanderliegende Masse von Restaurants, Gesundheitsclubs, Ballspielfeldern, Rollschuhbahnen, Fahrbahnen, Jachtbassins und Unterhaltungsattraktionen. Selbstverständlich gehört zu den Restaurants eine Microbrewery, die aus dem gesamten Sportbereich verschiedenste Screen Life Events überträgt. Chelsea Piers ist das bis heute größte Projekt; es soll hier stellvertretend für viele andere stehen.

- **Movie-Themen:**
  Sie sind wohl eines der wichtigsten Motive überhaupt, da sie fast überall eingesetzt werden können. Wie bei den französischen Beispielen erwähnt, werden heute oft alte Kinosäle als Ausgangspunkt für ein Konzept gewählt. Auch wenn wir uns in London umschauen, können wir ähnliche Entwicklungen feststellen: Capital Radio am Leicester Square oder Dream Factory an der Regent Street wollen aus der alten, patinierten Kinowelt große interaktive Welten mit Restaurantkonzepten machen.

Das ist ein deutlicher Hinweis darauf, daß solche Themenrestaurants für den Tourismus von zentraler Bedeutung sind, machen sie doch oft den Entscheid für oder gegen eine Destination aus. Viele der genannten Restaurants bzw. Concept Cafés sind an der *West 57th Street in Manhattan* zu finden. Interessant ist, daß New Yorker Szenekenner davon ausgehen, daß diese Restaurants im Zentrum von New York nur dazu dienen, um auszutesten, ob sie *kettenfähig* sind, also ob damit neue Gastroketten lanciert werden können. Solche Ketten haben inzwischen, wie wir wissen, eine Art Entwicklungsphasen und Lebenszyklen, die sie durchschreiten. Nach der unvermeidlichen New-York (oder: LA, Chicago)-Phase kommen sie nach London. Was dort Erfolg hat, eignet sich auch für den Kontinent und später für Japan...
Sehr spannend und aufschlußreich scheint mir die Analyse der Erfolgsfaktoren von Themenrestaurants zu sein. Ich will nur einige aufzählen:

Warum lieben Kunden gute Themenrestaurants?

Erstens. Starke Geschichten. Inhaltlich muß ein Thema durchgezogen und möglichst »cool« umgesetzt werden. Der »Coolness«-Faktor, also die ganz weichen Elemente sind zentral. Viele Themenrestaurants spielen mit den Emotionen und Wiedererinnerungen der Gäste. Fragt man Konzeptoren solcher Restaurants, was sie den Kunden zu bieten haben, so kommt als erstes eigentlich immer ein Begriff: *»Memory!«* Lisa Ganz, Mitbegründerin des Twin-Restaurants in New York, dem Restaurant, in dem alles sich um Zwillinge dreht, sagt denn auch: »Our customers come here, and they leave with a lasting memory.«[96] Die Kunden sollen Erlebnisse mitnehmen, die sie auch weitererzählen können, die also *anschlußfähig* sind. Das ist das entscheidende. In unserer globalen Welt des Konsums und der Emotionen sind Erlebnisse um so besser für den Anbieter, je mehr sie für andere anschlußfähig, nachvollziehbar weitererzählt werden können. Daraus wird die Stärke von Hollywoodthemen ersichtlich. Denn diese Motive mit ihren starken Bildern, Musik und Stories haben die globalen Konsumenten gespeichert für den Wiederabruf und selbstverständlich auch die kommerzielle Wiederverwertung.

Themenrestaurants erzählen also *starke Geschichten*, aus Filmen, aus der Politik, aus der Gesellschaft, aus Sport-Events oder – der wohl wichtigste Punkt – von Musik-Events und -stars. Die stark *emotionalisierte Kundenansprache* wird immer wichtiger. House of Blues will den Lebensstil der Schwarzen und der Bluesmusik wieder populär machen. Damit holt man bestimmte Alterssegmente ab, die auf angenehme Weise mit einem Nostalgietrip geködert werden können. Hard-Rock-Café ist denn auch ganz klar ein Konzept, das für Baby-Boomers gemacht wurde, denen Musik sehr viel bedeutet und für die Musik sehr viele Erinnerungen an gute alte Zeiten transportiert. Hard-Rock-Café verfügt über ein riesiges Lager an Memorabilien, die einen hohen (Wiedererinnerungs)wert besitzen: Gitarren von Jimi Hendrix oder The Slash, Klamotten von Elvis Presley, BHs von Madonna, Kostüme von Prince etc. Memorabilien aus Pop- und Filmge-

---

96 Nations Restaurant News, 11. 12. 1995

schichte erzielen auf Auktionen der berühmtesten Häuser oftmals astronomische Preise: So erzielte der Flower Power Rolls Royce von John Lennon 1985 bei Sotheby's in London einen Preis von 6,7 Millionen DM. 1995 erzielte ein Bühnen-Overall von Elvis Presley 160 000 DM, und 1990 wechselte bei Sotheby's die Fender-Stratocaster-Gitarre, die Jimi Hendrix beim Woodstock-Festival bearbeitete, zu einem Preis von 560 000 DM den Besitzer.[97] So hat beispielsweise das wohl schönste Hard-Rock-Café der Welt, das Universal-Studios-Hollywood-Hard-Rock-Café in Los Angeles, eine gigantische Sammlung an Memorabilien, die sich wie eine Geschichte der Pop- und Rockkultur liest, die sowohl für Baby-Boomers als auch für GenXer attraktive Häppchen aufweisen kann: klassischer Rock'n'Roll bei Elvis-Presley-Objekten, Heavy Metal Varianten von Anthrax über Motley Crüe bis Guns N'Roses, Grunge von Nirvana über Pearl Jam bis zu den Designern von Stone Temple Pilots, Mainstream Pop von Phil Collins bis Cher und Michael Jackson, Hip Hop und Rap von den Beastie Boys bis Ice-T, und selbstverständlich alle Alternativvarianten von Sonic Youth über Rage against the Machine bis Beck, Girlie Power von Liz Phair bis zur unverwüstlichen Courtney Love.

Die Magie solcher Produkte ist so groß, daß auch für die Zukunft Themenrestaurants wie Hard-Rock-Café oder Planet Hollywood eine gute Basis haben, um mit einem Mix von Museum, Action und Restaurant eine große Anzahl von Touristen zu ködern und in ihre Etablissements zu locken. Denn sie erfüllen die wichtigsten Kriterien für ein attraktives Unterhaltungsrestaurant, nämlich die drei »S« von Malcolm McLaren, dem genialen Erfinder und Marketingstrategen der Sex Pistols: *Style, Sex-Appeal und Subversion.* Oder klassisch marketingtechnisch gesprochen: Es braucht ein attraktives Profil, das der zielgruppenadäquaten Kundenorientierung gerecht wird.

Ich kann das hier nur anklingen lassen. Es ist vielleicht das Thema für die Zukunft. Denn vergessen wir nicht: Je mehr uns die Informationsüberlastung vor unlösbare Selektionsprobleme stellt, desto größer wird die Sehnsucht nach derjenigen Vergangenheit, die wir sorglos als »schön« erlebt haben. Die Popkultur

97 Auktionszahlen aus: Wirtschaftswoche, 27. 6. 1996

kann uns dafür wichtige Tools zur Verfügung stellen, wie bei Malcolm McLaren gesehen. Denn die Popkultur ist *positiv und jugendlich und vulgär* – genau das, was viele Menschen sich (zurück)wünschen.
Man kann es zusammenfassend so sagen: *Sportthemen und Musikthemen sind die beiden wichtigsten Trends, weil sie am besten mit Erinnerungsenergie aufgeladen werden können.* Wenn wir die Jugendmärkte und die Sport- und Unterhaltungstrends auf einen Nenner bringen wollen, erkennen wir: *Unterhaltung mit Sport ist gut, aber zusammen mit Musik ist sie noch viel potenter.* Daher werden wir in Zukunft eine enge Verbindung von Unterhaltungskonzepten mit Musik und Sport erleben, wie z. B. bei Olympischen Spielen wie in Atlanta 96 gesehen.
Wie man den unerläßlichen *Celebrity Appeal* ausnützen kann, weiß man, wenn man die Vermarktung von Arnold Schwarzenegger studiert. Nicht nur, daß er in California für die leidgeplagten Raucher einen nur für Eingeweihte zugänglichen Zigarrenclub schuf. Der sogenannte Grand Havanna Room, der nur für Mitglieder und über den Privatlift eines Restaurants am North Canon Drive zugänglich ist, gewährt absoluten Rauchgenuß dank spezieller rauchabsorbierender Klimaanlage. Man munkelt, daß ausschließlich teuerste Havannas aus der Vor-Castro-Ära dort lagern. Aber auch als echter Restaurateur weiß er zu überzeugen. Mit *Schatzi on Main* in Los Angeles hat er ein spezielles »traditionelles« Restaurant gebaut, das zwar nicht auf Memorabilien verzichtet, aber dennoch ein separates Full-Service-Restaurant für den Liebhaber guten Essens abgibt. Serviert werden u. a. österreichische Spezialitäten wie natürlich ein Schnitzelsandwich. Aber auch das Frühstück bietet ein interessantes Konzept, weil es eine Art »gesundes Bodybuildermenü« offeriert.
Daß übrigens *auch Tiere Stars sein können* und für Tie-in, spinover und ähnliche marketingtechnisch ausnützbare Line Extensions in Frage kommen, wird leicht ersichtlich, wenn man die Filmindustrie in Hollywood beobachtet. Megaerfolge wie etwa Jurassic Park von 1993 haben ein Merchandising und Franchisingpotential, das weit über die Aktualität des Films hinausgeht, die nach einem Jahr bekanntlich merklich nachläßt. Das heißt: Um einen erfolgreichen Film muß in Zukunft ein noch viel größerer

Kult aufgebaut werden. In diese Richtung geht der Unterhaltungskonzern MCA, wenn er mit der Eröffnung des Jurassic Park-Ride Ende Juni 1996 in den Universal Studios in Los Angeles sozusagen die Recyclingphase (Nostalgie) der Dinosaurier einläutet. Damit kann man nicht nur den ganzen Merchandisingapparat wiederbeleben, der 1993/94 schon mit Lizenzen für Joghurtbecher, Schokoladenriegel, Kinderschuhe etc. allein in Europa über 1 Mia. DM einspielte. Wie ich bei MCA erfuhr, wird auch erwogen, ein Jurassic-Park-Restaurant zu eröffnen, um zu testen, ob es kettenfähig wäre.

Zweitens. Diese Konzepte kombinieren die Coolness und damit die Trendorientierung mit extremer Rentabilitätsorientierung. Oft sind die neuesten High-Tech-Errungenschaften wie Internet, Video Equipment oder Big Screen bereits praktisch eingesetzt. Sie müssen sich sehr schnell rentieren, da ihre Investitionen risikoträchtig sind. Wie schnell sich Themen aufbrauchen können, kann man nirgendwo eindrücklicher als in Las Vegas studieren. Andere Konzepte sind mehr auf Dauer angelegt, müssen aber ständig in Bewegung bleiben, um ihre Attraktivität nicht zu verlieren. Wir wissen aus Erfahrung: Wenn sich Kunden einmal an Unterhaltung gewöhnt haben, wollen sie die Steigerung. Sonst sind sie beim nächsten Mal enttäuscht.

Drittens. Diese Restaurants machen nicht selten annähernd die Hälfte des Umsatzes mit Merchandising und nicht mit Food (z. B. Hard-Rock-Café oder Planet Hollywood). Sie sind also mit dem Verkauf von *Memorabilien* wie Schuhen, Lederjakken oder T-Shirts auch eine wichtige Konkurrenz für die Bekleidungshändler. Aber Memorabilien – dafür braucht man kein Prophet zu sein – werden auch in Zukunft ein einträgliches Business darstellen, sofern man es versteht, auf die Variabilität der Kundenwünsche rasch zu antworten. Denn sie sind auf jeden Fall günstige Werbe- und Imageverstärker. Sie werden von Fans verehrt, und je mehr Touristenströme solche Memorabilien tragen, desto größer auch der Mythos des Restaurants.

Viertens: Diese Restaurants ermöglichen Erlebnisallianzen, die sich gegenseitig verstärken. Das kann durch die Ausnutzung des Synergiepotentials von zwei starken Marken erfolgen, indem z. B. ein Rainforest Café in Florida auf Disney-Gelände eröffnet wird. Die beiden Marken passen zusammen und ergänzen sich von ihrer Ausstrahlung und den Zielgruppen her. Oder indem sich z. B. die 57th Street in New York, die u. a. Themenrestaurants wie Jekyll & Hyde, Harley Davidson, Planet Hollywood oder Hard-Rock-Café beheimatet, als Straße der Erlebnisallianzen für Touristen positioniert, die Erlebnisse, Kuriositäten und spezielle Abenteuer suchen.

Folgende Elemente gilt es zu beachten, die die Potentialitäten der neuen Restaurants aufzeigen:

– *High-Tech-Attraktionen* (Umsetzung von Multimediatrends für Entertainment: Big Screen, Virtual Sport, Games).

– *Celebrity Appeal* (vgl. den erwähnten Imagetransfer, den Stars wie Arnold Schwarzenegger, Magic Johnson oder David Copperfield ermöglichen. *Prominente entdecken immer mehr ihr wirtschaftliches Potential außerhalb ihres Kerngeschäfts.* Beispiele gibt es noch und noch, vom Alpin-Skifahrer Bernhard Russi, Abfahrtsolympiasieger 1972 in Sapporo, der sein Vermarktungspotential mit Werbe- und Moderatorenverträgen auch heute noch geschickt auszuspielen weiß, bis zum ehemaligen holländische Fußballstar Frank Rijkaard, der heute attraktive Unterhosen verkauft).

– *High-concept Designs* (attraktive Konzepte, mit neuer Ambiance, die interaktive Kundenkommunikation erlauben; flexibel, spricht vielfältige demographische Gruppen an).

– *Markenidentität* geht weit über das Restaurant hinaus. Das Restaurant ist nur der Mittelpunkt, der Markenkern, auf den sich alles ausrichtet: die Events, die Handelsprodukte etc.

Fünftens. In der Regel ist die Qualität des Essens gut bis sehr gut; Value for Money darf auf jeden Fall erwartet werden. Oftmals gibt es Casual Dining mit ethnischer Orientierung, eine eklektische bis freche Karte, aber übersichtlich und auf einige Hits ausgerichtet, oft auch bei Getränken speziell, z. B. Bier, Wein, Mineralwasser im breiten Sortiment, special select, insbesondere aber Ambiente und Kundenservice. Die Servicezeiten müssen möglichst flexibel sein bzw. lang, damit der Tisch viele Male verkauft werden kann.

Sechstens. Daß Servicepersonen auch Entertainer sein können, die dem Image eines Restaurants angepaßt sind, ist noch

viel zuwenig entdeckt oder gar konsequent umgesetzt worden. Beispiele in den USA sind in der Specialty-Themennische des Casual Dining Segments zu finden: Etwa bei *Hooters Girls*, wo die weiblichen Angestellten fast allesamt in der übrigen Zeit als Models arbeiten. Sie tragen spezielle enge Uniformen, die auf girly und sexy ausgerichtet sind, was im prüden Amerika einige Rechtsstreitereien nach sich zog. Das Personal im *Lucky Cheng's* besteht aus asiatischen Drag Queens mit speziellen männlichen Cross-Dressers. Bei *Twins* sind von den Besitzerinnen über Türsteher, Bartender, Servierer alle Angestellten Zwillinge. Dieses Konzept wird konsequent durchgezogen. Ist ein Teil der Zwillingsgeschwister krank oder quittiert den Job, so gilt das für beide Teile. »The moment someone walks into the restaurant, they smile. It's like Disneyland«, sagt Generalmanager Carol Green. Mit dem Konzept der Twins können die unterschiedlichsten Menschen als Kundensegmente angesprochen werden, um die herum sich Unterhaltungskonzepte aufbauen lassen.
Wie stark die Verschmelzung von Unterhaltung und Restauration bereits fortgeschritten ist, zeigen die *Besitzverhältnisse* sehr deutlich. Unterhaltungskonzerne wie z. B. MCA oder Disney und Agenturen von Superstars, die ihr vieles Geld schließlich wiederum renditeträchtig anlegen müssen, können ihren Status und ihre Markenausstrahlung durch die Besetzung weiterer Schnittstellen verbessern.
Meine Prognose ist: Wenn Themenrestaurants sehr gut gemacht sind, haben sie eine noch glänzendere Zukunft vor sich. Themen könnten insbesondere auch im Bereich der interaktiven Software als spielerische Konzepte Anklang finden. Denn solche Themen können einen Schwerpunkt setzen und die verschiedensten Unterthemen in immer neuen Varianten verpacken und dem Kunden schmackhaft machen. Um es theoretisch zu sagen: Themenkomplexe können eine intelligente Form der Reduktion von Komplexität darstellen.
Das haben – zumindest in den USA – auch die großen Handelsketten und die Malls erkannt. Die erfolgreichen Shopping Malls in den USA verdanken ihren Erfolg der Umpolung in »Destination Entertainment Centers«; der Anker ist nicht mehr das klassische Einkaufen – Nordstrom und Bloomingdale's integrieren Groß-

leinwandmovies und Rock'n'Roll-Restaurants. Malls haben wie Restaurants ein Problem der qualifizierten Unterhaltung.
Daß wir übrigens auch in Europa innovativ sein können im Unterhaltungs- und Gastrobereich, zeigt der Holländer Henny van der Most. Er hat den Schnellen Brüter von Kalkar gekauft und will aus dem alten Kernreaktor in den nächsten Jahren einen Vergnügungspark machen mit dem Motto »Kern-Wasser-Wunderland«. In die ehemalige Turbinenhalle soll ein Schwimmbad kommen, in den Kernreaktor Bowlingbahnen und in die Notstromhalle eine Disco mit Technomusik, weil dort die Wände idealerweise so dick sind. Kurz: Mit dieser Entwicklung des Eatertainment könnte auch der bei uns verpönte Bereich des *Fun food* groß aufkommen. Insbesondere für Kids gibt es ein großes Marktpotential für »playful platefuls«.

Ethno Food als Global Food – Der Kult um das Wesentliche

Wer viel reist, weiß, *daß Essen und Trinken die ersten Botschafter einer Nation sind.* Essen und Trinken sind national kategorisiert. Auch wenn sie oft nur als wichtige Nebensache neben Geschäft und Ferien gelten, kann ihre Bedeutung kaum überschätzt werden. Denn Essen und Trinken als etwas unmittelbar Emotionales – Geruch und Geschmack! – prägen auch unbewußt unsere Erinnerungen, die wir nicht beliebig manipulieren können. Die große Weltliteratur lehrt uns übrigens dasselbe: Wer kennt nicht die Rolle der berühmten Madeleines von Marcel Proust, an deren Duft ganze Erinnerungswelten hängen. Ich habe gesagt, daß wir positive und negative Bilder von Produkten in uns tragen, die unsere Kaufentscheide prägen. *Je mehr ein Land positive Bilder kommuniziert, desto bessere Chancen hat es auch im Food-Bereich.* Daher ist es von unschätzbarer Bedeutung, daß das erste, was wir von einem Land kennenlernen – Geschmack, Geruch – die typischen Gerichte und Getränke sind.
Nationen stehen für bestimmte besonders attraktive Produkte, die global hohe Akzeptanz haben, und sie stehen für einen bestimmten Lifestyle. Wem es gelingt, dies zu kommunizieren,

der hat in Zukunft große Chancen. Das ist vielleicht *das* große Problem der Schweizer Gastronomie und auch des Tourismus. Der *nationale Badge* kommt der Kommunikation in die Quere. Analoges gilt für Deutschland. Deutschland hat kaum exportierbaren emotionale Food-Traditionen, weil niemand Deutschland als emotionales Land wahrnimmt. Die Untersuchungen von Wolff Olins über die Wichtigkeit des nationalen Badge sind in dieser Hinsicht absolut erhellend.[98]. »Made in Germany«, so könnte man boshaft zusammenfassen, hat im Food-Bereich in der Kundenwahrnehmung kein Coolness-Potential, weil der Begriff zuwenig emotional fundiert ist.

Beispiele, die aufzeigen, wie eine positive Positionierung in der Kundenwahrnehmung gelingt, können folgende Nationen abgeben:

- ***Italian Food:*** Ist so erfolgreich, weil es einige wenige geniale Ausgangsprodukte hat. Diese zeichnen sich durch eine »positive Anspruchslosigkeit« aus, wie sich die große Köchin Agnes Amberg ausdrückte. Pasta, Pizza oder Risotto sind geniale Grundgerichte, die man mit wenig Aufwand fast unendlich variieren und an neue Trends anpassen kann. Sie gehören in den Zusammenhang südländische oder mediterrane Lebensart.
- ***Japanese Food:*** In den letzten Jahren ist es den Japanern gelungen, ihre Eßkultur global zu positionieren: Fast jeder kennt Sushi, und auch Sashimi gehört zum Repertoire des heutigen Küchenwissens. Sushi ist zwar synomym für teuer, aber auch für gesund und frisch, und für die Bevorzugung von Fisch vor Fleisch. In kleinen Häppchen ist auch Japanese Food erschwinglich. Diesem Food gelingt es, den Hauch des Exotischen in den Lifestyle zu integrieren. Es ist zwar weniger pointiert als Thai Food, aber es ist dafür »reiner«, unverfälschter.
- ***French Food/Cuisine française:*** Sie hat in der Vergangenheit und wird auch in Zukunft wegen ihrer ausgeklügelten Nei-

98 Vgl. Made in Germany. A business survey of the relevance of the national badge and its image associations. Conducted by Wolff Olins Identity Research, July 1995

gung zur »Cuisine travaillé« die Kraft haben, die Elitestandards in der Küche zu definieren. Dazu kommt der Vorteil, daß mit den Weinklassikern von Bordeaux und Burgund im Vordergrund nicht nur ein Spill-over zu anderen wichtigen Weinregionen gelingt (Elsaß, Loire, Rhône etc.), der das Image als führende Nation im prestigeträchtigsten Segment des Getränkemarktes insgesamt verstärkt, sondern die französische Lebensart als ausgesprochene »art de bien vivre« repräsentiert wird.

- ***Mexican Food:*** Wer an Mexiko denkt, denkt heute an Chili con Carne und an Corona-Bier. Die Mexikaner sind ein gutes Beispiel, wie es mit relativ bescheidener Ausgangslage gelingen kann, weltweit Bilder beim Kunden positiv zu besetzen. Man denke auch an den großen Erfolg der Marke Corona.
  – Weitere werden folgen oder sind schon da, mit unterschiedlichen Erfolgschancen ... *Thai*, *Brasilian*, *Chinese*, *Korean*, *Indian*, *Oriental*, *Arabian* etc.

Kommen wir zu

- ***Swiss Food:*** Es müßten zuerst die kommunikativen Grundlagen neu angegangen werden. Die Schweiz hat kein positives Selbstverständnis. Die Krise der Schweizer Gastronomie ist die Krise der Schweiz. *Die Identität ist nicht national geprägt, sondern regional oder kantonal.* Die Schweiz traut sich nach außen gar nichts zu. Bei den Biermärkten haben wir lernen können: Jeder sogenannte Exote hat in der Schweiz größere Chancen als das eigene Gewächs, ja lieber läßt man sogar die ausländische Konkurrenz herein als einen anderen Kanton zu berücksichtigen. Es ist wie der Appenzell-Außerrhödler, der lieber den deutschen Mercedes vor seinem Haus falsch geparkt hat als den Subaru des Innerrhödlers. Das ist eine Frage des Neides und der Mentalität. Die Entwicklung auf den Schweizer Biermärkten ist absolut symptomatisch. Den Erfolg der ausländischen Biere wie z. B. Heineken oder Budweiser kann man fast 100%ig über deren Image, also den Lifestyle, den sie kommunizieren, erklären. Denn sie haben eben einen höheren »Coolness«-Faktor als die Schweizer Biere. Wie haben Feldschlößchen und Hürlimann, die beiden traditionsreichen Marken, 1996 die Öffentlichkeit über den Zusammenschluß informiert? Nicht mit einer positiven, lustvollen Imagekommunikation, sondern mit der defensiven Rechtfertigung, man müsse sich gegen die ausländische Konkurrenz zusammentun. Da ist der Abstieg mental bereits vollzogen. Wie pervers die Situation in der Schweiz bereits ist, sehen wir auch beim Wein: Die Walliser machen Weinwerbung mit einer Imageanleihe bei Mexiko! Fast unübertroffen ist die 96er Printwerbung, die Exotik suggeriert und eine Eidechse mit der Wildnis der Berge darstellt. Der mit dazu gelieferte Text lautet: »Mexiko? Nein, Wallis! Walliser Wein. Ein Hauch von Exotik«. Deutlicher kann eine Bankrotterklärung nicht sein.

Noch ein Satz zum *Ethno Food:* Die forcierte Ethnoorientierung der letzten Jahre hat nebst der Bedeutung der Bilder der Nationen vor allem zweierlei gebracht: Gewürze und Geschmacksintensität. Der reine, intensive Geschmack und die Popularität von einzelnen Gewürzen wie *Curry*, *Chili*, *Ingwer*, *Koriander* oder *Basilikum*. Chili ist zu einem sehr wichtigen Gewürz geworden, und auch Ingwer hat sich in allen Varianten von Vorspeisen bis Desserts zu einem beliebten Gewürz gemausert. Insbesondere bei jüngeren Konsumenten kommt der intensive Geschmack, die Dominanz einer Geschmacksnote speziell an (cf. Mexican Food).

Bezüglich des *Kults um das Wesentliche* scheint sich die Philosophie der Grünen mit ihrem Reduktionismus als Trendsetter durchzusetzen. Es geht um das einfache Produkt in seiner ausgezeichneten Qualität. Auch die Luxusgastronomie[99] steht stark im Zeichen der Veredelung des Einfachen. Zuviel Schnickschnack und zuviel Kreativität ist zur Zeit nicht mehr gefragt. Man soll als Genießer die wesentlichen Geschmackskomponenten des Ausgangsproduktes wiedererkennen.

Ein Beispiel, wie thematisch orientierte Restaurants mit ethnisch orientiertem Food kombiniert werden können, bietet die Coca-Cola-Oase im Centr*O* in Oberhausen, der seit September 1996 eröffneten riesigen Shopping Mall. Die kreisförmig aufgebaute

99 vgl. dazu das Kapitel über Luxus

Oase hat 20 Fast-food-Restaurants mit 1200 Sitzplätzen. Die Restaurants bieten fast ausschließlich in der klugen Preiskategorie von 2 bis 10 Mark unterschiedlichste geographisch kategorisierte Häppchen an: bayrisch/deutsch, chinesisch, amerikanisch, französisch, griechisch, italienisch, asiatisch/chinesisch/japanisch, türkisch, mexikanisch ... Der große Erfolg der Oase – in den ersten beiden Monaten nach Eröffnung wurde die Hälfte des budgetierten Jahresumsatzes anscheinend schon erreicht – liegt in der Auswahl, in der unterhaltenden Ambiance und in der Preiskategorie, die die Shopper geradezu einlädt, bei ihrem Besuch mehr als einmal etwas auszuprobieren.

Wollen wir den Ethnotrend erklären, so können wir wiederum auf einige ganz einfache theoretische Grundlagen zurückgreifen, die uns die Systemtheorien liefern. Kunden, die sich an globale Food-Informationen gewöhnt haben, reduzieren diese auf einen eingänglichen Nenner. Wenn es einem Land gelingt, daß Kunden heute intuitiv ein, zwei oder ganz wenigen Speisen assoziieren können, dann hat es schon viele Vorteile gewonnen. Diese wiederum sind auch für den Tourismus wichtig. Um es zu wiederholen: Wer Japan hört, denkt heute sofort an Suhsi oder Sashimi, an qualitativ gutes, gesundes Essen und rohen Fisch. Wer Mexiko hört, denkt automatisch an Corona-Bier und an Chili con Carne, an stark gewürzte Speisen. Wer Italien hört, denkt automatisch an verschiedene Arten von Pasta, an Pizza und an Chianti etc. Aber woran denkt man, wenn man Swiss Food hört? Woran denkt man, wenn man German Food hört? Oder Austrian Food? Über den Umweg von Superstars wie Mozart oder Schwarzenegger und ein gutes Marketing läßt sich einiges machen ... Für Innovative und Mutige gibt es das grenzenlose Feld des *Cross Cultural Food*. Wir kennen aus der Haute Cuisine die Vermischung der asiatischen mit der französischen Küche (sogenannte eurasische Küche) oder eben die Vermischung von amerikanischem Popfood mit Austrian Food in Schwarzeneggers Restaurant Schatzi on Main in Los Angeles.

Memory Food – Der Kult des Vergessenen

Die Kunden ertragen nicht allzuviel Informationsüberfluß. Daher haben wir ein stark verbreitetes »zurück zu…« Wenn die Leute heute wieder mehr Sicherheit, Einfachheit und Verständlichkeit haben wollen, so hat das auch damit zu tun, daß viele Potentiale im Food-Sektor ausgeschöpft sind: das Potential an exotischen Früchten, Gewürzen, neuen Gemüsen und unbekannten Fischen. Alles, was einem größeren Kundenkreis zugänglich gemacht werden kann, ist bekannt. Das aber heißt wie erwähnt: Wirklich neu kann nur noch das Alte sein, das, was wir inzwischen vergessen haben.

– Daher suchen wir ja wie verrückt nach alten Rezepten, und daher haben Kochbücher mit Rezepten aus früheren Zeiten noch immer gute Verkaufszahlen.

– Daher gibt es den Versuch, Bauernhöfe (wieder) zu Gaststätten umzufunktionieren, die Selbstproduziertes vom Hof anbieten. Die sogenannten Buschbeizen könnten auch in der Schweiz an Bedeutung zunehmen. Es geht also um das Konzept der Ferme Auberge, wie wir das etwa aus dem Elsaß kennen. Dorthin geht man gerade *wegen* der Andersartigkeit des Ambientes; weil es keine große Auswahl gibt und weil es ein Abenteuer ist. Hier darf, ja muß es nach Stall riechen. Oft muß man die letzten Meter zu Fuß gehen und durch Kuhweiden hindurch. Fermes Auberges leben geradezu vom Charme des Familiären, Unverbrauchten, Persönlichen. Hier servieren die Großmutter, die Tochter und die Kinder.

Der Mangel an Professionalität ist hier die USP und das Erlebnis. Das könnte sich als wichtiger Erfolgsfaktor für die Zukunft erweisen.

Gourmet Food – Die Rolle der Gastro-Eliten

Kaum ein Bereich hat sich in den letzten Jahren so stark verändert wie die Gourmet-Elite. Das ist nicht ganz unwichtig, denn *jedes Land braucht eine solche Elite, die Pionierarbeit leistet und damit motivierend auf andere wirkt.* Verbände können übrigens nie Eliten hervorbringen, sondern nur Bürokratien. In der Schweiz hinterlassen Girardet und Stucki eine Lücke, die

nicht gefüllt ist, Ueli Prager hinterläßt eine Lücke, die nicht gefüllt ist, Silvio Rizzi hinterläßt eine Lücke, die nicht gefüllt ist, in Deutschland hinterläßt Eckart Witzigmann eine Lücke, die nicht gefüllt ist.[100] Die Zeit der Kochkünstler und großen Innovatoren ist vorbei. Hier schließt sich in der ersten Hälfte der 90er eine Epoche. Der Nachwuchs ist zwar nicht schlecht, vielleicht so professionell wie noch nie, aber es fehlen die nachrückenden Persönlichkeiten, die auch gute Kommunikatoren und Innovatoren sind. Es scheint sich Ernüchterung auszubreiten. Große Innovationen wie etwa die Nouvelle Cuisine scheint es nicht mehr zu geben. Umgekehrt hat diese Küche soviel Positives bewirkt, daß heute das Know-how von Betty Bossi fast zum Standard der Schweizer Hausmannskost geworden ist. Auch die inzwischen breit etablierte Migros-Zeitschrift »Saisonküche« trägt auf eine etwas einfachere Art zur Bewußtwerdung einer Essenskultur bei, die deutlich höher ist als vor 20 Jahren.
Die Medien brauchen zwar mehr denn je ein *Starsystem* der Köche. Mit ihren Rezeptempfehlungen bereichern sie den privaten Haushalt, und sie können einen Beitrag zur Eßkultur leisten. Das ändert aber nichts an der Tatsache, daß die große Zeit der Innovationen vorbei ist. Der Trend zur *Entpersonalisierung* der Küche ist unaufhaltsam. Um nochmals Henri Gault zu zitieren, der schon in den achtziger Jahren den prophetischen Spruch wagte: »Paul Bocuse sera la dernière star de la cuisine, tout comme Brigitte Bardot aura été la dernière star du cinéma français.«

Functional Food –
Ernährung als persönlicher Leistungsfaktor

unktionales Essen heißt, daß ich bestimmte speziell präparierte Nahrungsmittel einnehme, die neben dem Nährwert auch noch ausgewählte Gesundheitsfaktoren forcierend unterstützen, etwa um körperliche Funktionen oder Gehirnleistungen zu steigern. Funktionale Nahrungsmittel stärken das Denken, die athletische Ausdauer, verändern die Stimmung, bieten Krebsprävention oder halten gar den Alterungsprozeß auf (vgl. die sogenannten *Anti-*

100 Vgl. weiterführende Bemerkungen dazu im Luxuskapitel

Aging Products). Doch ich will heute nicht mehr bittere Medizin einnehmen, sondern lustvolles Essen. Es geht also etwa um kalziumverstärkte Fruchtsäfte oder Beruhigungsschokolade für Sportler, oder streßmindernde Getränke, die die Schweißabgabe reduzieren. *Pharma- und Nahrungsmittelindustrie rücken näher,* daher nennt man solche Produkte dann auch *Pharmafoodicals* oder *Nutraceuticals.* Neu ist, daß man von der Chemie Abschied nimmt und vermehrt auf natürliche Wirkstoffe setzt. Das Vertrauen in die Chemie nimmt eher ab. In Japan gibt es solche Produkte übrigens bereits auch für Hunde und Katzen.
Aus verschiedenen Jugendkulturen wissen wir, wie sich das Ernährungsverhalten immer mehr funktional entwickelt hat. In der Technoszene spielen Energy Drinks mit hohem Koffeingehalt eine wichtige Rolle, die den Körper auf permanente Leistungsbereitschaft trimmen. Eine ergänzende Rolle spielen Designerdrogen wie Ecstasy, die die Stimmung hochhalten. Hier befinden wir uns im Bereich der kosmetischen Pharmakologie, weil hier klassisches Essen und Trinken zu neuen Präparaten in Konkurrenz gerät. Pessimisten glauben ja, daß damit eine neue Generation von Kids heranwächst, die die Wurzeln zu unserem Ernährungsverhalten und den natürlichen Geschmacksaromen abschneiden. In der Tat können wir festhalten, daß die nachwachsenden Generationen in eine völlig neue Ernährungswelt hineingeraten. Die erwähnte Flexibilisierung der *Zeitstruktur* des Essens zeigt sich auch beim Wunsch, mit Essen neue Erfahrungen zu machen: Herbal Ecstasy, Brain Drinks, Techno Food etc. bringen auch in den Food-Bereich mehr Trendorientierung. Wir wissen zudem, daß immer mehr Pflanzen- und Tierbiotechnologien in die Ernährungsproduktionsprozesse integriert werden. Auch hier sind wir in Europa im Rückstand, weil die Gesetzgebung viel rigider ist als etwa in den USA. Amerikanische Forscher erwarten für die kommenden Jahre folgende Innovationen:

- Kühe, die bereits fettarme Milch geben;
- krankheitsresistente Kartoffeln, die ein zusätzliches Hühnergen haben;
- Schweinefleisch, das magerer ist, weil ein Kuh- oder Hühnergen beigefügt wurde;

- Kaffeebohnen, die bereits koffeinfrei wachsen;
- Knoblauch mit mehr cholestrolverringendem Allizin.

Klassiker der Gastronomie können überleben bzw. noch stärker werden, wenn sie sich den Veränderungen anpassen: Pommes frites werden noch populärer, wenn sie in Sojabohnenöl oder mit fettfreien Fritiertechniken gekocht werden können. Tomaten werden noch beliebter, wenn sie mit Bioengineering noch saftiger und fleischiger werden.

Gerade solche Themen sind extrem emotional besetzt. Wir können davon ausgehen, daß derjenige im Vorteil ist, der es versteht, das im Kultmarketingbuch beschriebene *Emotional Design* gut umzusetzen. Wir wissen aus der Vergangenheit: Der Streit um Kalorientabellen und Vitamine, Mineralstoffe und Cholesterin, Vollwertkost und Diät wird nicht rational entschieden.[101] Und wir haben auch erfahren, daß nach einer bestimmten Zeit Ängste abgebaut sind und die Kunden rasch vergessen. So hat das Hors-sol-Gemüse, also erdelos produziertes Gemüse wie z. B. Tomaten und Peperoni, bei seiner Einführung rasch Bedenken und Opposition hervorgebracht. Hors-sol wird aber heute, also wenige Jahre nach der Markteinführung, differenzierter beurteilt und als Alternative zum konventionellen Anbau bewertet, die auch Vorteile bieten kann. Rein geschmacklich können auch Experten keine Unterschiede zwischen konventionell und mit Hors-sol-Methoden hergestellem Gemüse feststellen.

---

101 Vgl. Udo Pollmer, Andrea Fock, Ulrike Gonder, Karin Haug. Prost Mahlzeit! Krank durch gesunde Ernährung. Köln 1994

Veränderungsschübe IV: Innovationen dank Jugendkulturen – Der globale Siegeszug der Popkultur

Die sieben Meilensteine des Kultkonsums

Viele Märkte sind im Zuge der Globalisierung zu reinen Preismärkten geworden. Ihnen droht die Agonie, denn das reine Preisdiktat zerstört normale, durch Verträge geregelte Marktbeziehungen. Doch auch die *Illegalisierung des Marktgeschehens* – Korruption, Fälschungen, Dumping etc. können den Langfristtrend zu billigeren Preisen bei vielen Konsumgütern nicht aufhalten. Gegen diese Degeneration der Märkte zu Preismärkten hat sich in den letzten Jahren ein forcierter *Kultkonsum* erhoben:[102] Indem man Produkte mit Kultcharakter auflädt, steigert man ihren Wert. Kultmarken zeichnen sich durch besonders hohe Begehrlichkeit aus und verfügen über ein ausgeklügeltes Werteset. Doch auch sie drohen rasch vom Preisdruck eingeholt zu werden. Sobald der flächendeckende Handel seine Muskeln spielen läßt und dem Hersteller den großen Umsatz verspricht, werden Kultprodukte durch alle möglichen und unmöglichen Distributionskanäle geschleust. Damit steigert man sofort den Verkauf und die Bekanntheit einer Marke – aber nicht unbedingt ihren Kultwert, und die Ertragskraft kann ebenfalls leiden.

Heute können wir festhalten: Kultprodukte, die Innovation und damit neue Trendwelten initiieren, leben von der »Coolness« der Popkultur, und damit ausgesprochen oder unausgesprochen von der »Freshness«, der Unverbrauchtheit, die das Jugendliche suggeriert. Quer durch unterschiedlichste Konsumgüterbranchen ist die Kraft des Pop immer mehr zum dominierenden Innovationsmotor geworden. *Sehr schön sehen wir das bei den Trendsportarten* wie Inline-Skating oder Snowboard, die sich in den letzten Jahren durchgesetzt haben. Pop ist attraktive Lebensphilosophie, die mit der Musik beginnt und über die Drogen bis zum Food weitergeht und sich global durchsetzt: »Pop goes the world.« Kultmarken zehren vom Werteset der Popkultur, und je mehr das

102 Vgl. Kult-Marketing (1995)

Preisdiktat die Konsumgütermärkte durchdringt, desto schneller und intensiver muß die Popkultur ihre Kraft entfalten und immer wieder neue Produkte mit hohem Mehrwert produzieren. Der Markt braucht das Neue, und anscheinend liefert die Popkultur die besten Voraussetzungen dafür. Denn sie funktioniert wie ein Punksong: *schnell, laut, kurz.* Sie reagiert sofort auf Veränderungen, sie ist aufdringlich, aber sie hat nur Ansprüche auf kurze Zeit und nicht auf Dauer. Die Popkultur stellt die Fast Consuming Lifestyles für die schnellebigen Märkte bereit. Wir können es folgendermaßen formulieren:
Mit der Globalisierung der Konsumgütermärkte entwickeln sich die Kultmarken der Popkultur zu einer Art postmodernen Produktinszenierung als Gesamtkunstwerk. Was wir bei Trendsportarten wie Snowboard erleben, ist ein Element in einer viel größeren Entwicklung. Die folgenden, früher disparaten und getrennten Bereiche *fließen heute nahtlos ineinander* und sind nur noch als Flickenteppich von Lebensstilen zu betrachten, die eine Lebensphilosophie ergeben:

① **Sound** bzw. Dancefloor (Meilensteine: elektrisch verstärkte Musik)
② **Fashion** (Meilensteine: Basics, d. h. Turnschuhe, schwarze Motorrad-Lederjacke, Jeans, T-Shirt);
③ **Drogen** (Meilensteine: Softdrogen, halluzinogene Drogen, Designerdrogen);
④ **U-Elektronik:** (Meilensteine: Tape-Recorder, Walkman, CD);
⑤ **Medien** (Meilensteine: Softwareentwicklung, Multimedia, Internet);
⑥ **Food** (Meilensteine: Fast-food);
⑦ **Sport** (Meilenstein: Surfing).

Eine solche Lebensphilosophie lebt von starken Gefühlen, und nur starke Gefühle machen in der Popkultur Sinn. Diese sieben Elemente mit ihren Meilensteinen spielen zusammen und verstärken sich gegenseitig. Was früher disparate und klar segmentierte Teile der Freizeit-, Unterhaltungs-, Bekleidungsindustrie und der politischen Öffentlichkeit waren, bringt die Popkultur nahtlos zusammen. Diese Teile sind gegenseitig ein System

des Push & Pull geworden. Sie bilden die für die heutigen Trendmärkte entscheidenden Erlebnisallianzen, Kurzzeitreligionen, Kultmarken und Medienevents.
Es lohnt sich, die einzelnen Meilensteine genauer anzusehen.

① *Sound/Dancefloor (Meilenstein: elektrisch verstärkte Musik):* Hier können wir zweierlei festhalten. Erstens: Der Sound ist das mit Abstand wichtigste Element im modernen Lifestyling. Der Sound ist das zentrale Element, weil er die Emotionalität anspricht und intensive Wiedererinnerung auslösen kann. Zweitens: Der Sound hat seine Mächtigkeit auf den Märkten erst seit der elektrisch verstärkten Musik erhalten. Ein wunderbares Zitat von John Lennon bringt das auf den Punkt: *»Before Elvis, there was nothing.«*
Erst mit Elvis Presley beginnt eigentlich die Globalisierung des Jugendgefühls, der Jugendkultur und der Jugendmärkte. Gemeinsamkeit definiert sich durch die Gemeinsamkeit der elektrisch verstärkten Musik. *»Musik ist Glaube ohne Dogma«*, hat der Philosoph Friedrich Nietzsche in bezug auf die Musik von Wagner gesagt. Genau das gilt heute für die von Elvis Presley mitinitiierte *globale Gefühlskultur*. Genauso wie einst Wagner ist heute Elvis das Symbol für einen Musikstar, der Fangemeinden und Kirchengänger mobilisiert, an dem man seine Gefühle modellieren kann.
Wir wissen heute, daß die effiziente Vermarktung von Produkten sehr gerne in den Kontext eines bestimmten Musikstils geknüpft wird, weil damit Fangemeinden abgeholt werden können. Alle wichtigen Stilrichtungen in der Popmusik vom simplen Rock'n'Roll von Elvis oder Bill Haley über Heavy Metal und Punk bis Drum & Bass haben Verhaltensmuster und weitere Lebensstilelemente am nachhaltigsten beeinflußt.
Die Elektrifizierung des Alltags hat eine weitere interessante Komponente. Elektrifizierte Musik ist heute wohl der zeitgemäße Ausdruck der Ankündigung von Veränderungen. Wirtschaftliche und gesellschaftliche Veränderungen werden oft mit künstlerischer Ausdrucksweise antizipiert. Wir können exemplarisch die Geschichte der Musik zurückverfolgen und feststellen: Sie hat auch in den vergangenen Jahrhunderten immer seismographische

Funktionen gehabt. Die Musik der Jugendkulturen ist daher relevant, weil sie heute globale Stimmung beim wertesensibelsten Segment kommunizieren kann.
Musik ist eine der ausdrucksstärksten Formen, um sich von anderen zu unterscheiden. Wer dieselbe Musik liebt wie eine andere Person, ist sich oftmals auch in der Lebensphilosophie nahe. Wer Elvis mag, gehört einer bestimmten Fangemeinde an, die Rhythmus, Romantik und Rebellion gegen das Erwachsenwerden kommunizieren will. Für sie ist der frühe Rock'n'Roll wirkliche Musik, die den Lebensnerv betrifft. Wie stark Musik differenzieren kann, können wir daran erkennen, daß Szeneshops gerne laut die Musik abspielen, die den Stil des Ladens wiedergibt. Mit einem bestimmten lauten Sound kann ich bereits kommunizieren, wen ich als Kunden gerne möchte und wen nicht. Denn nur für das Zielpublikum ist der Sound wirklich Musik, für die Nichteingeweihten ist es schlicht *Lärm;* eine Form von Belästigung, der man sich lieber nicht nähert. In der heutigen *Allgegenwart von Geräuschen* – Preßlufthammer, Autogehupe, Liftmusik, Corporate Sound als Erkennungsmarke eines Unternehmens am Telefon, quietschende Trams, Handys, Straßenfeste – ist das Recht auf Lärm zu einem *elementaren Menschenrecht* geworden: Die Freiheit, ein bestimmtes Lebensgefühl durch das Recht auf Lärm zu kommunizieren. Denn je stärker sich die Gesellschaft personalisiert und individualisiert, je mehr die Massenmärkte zurückgehen, desto schwieriger wird die Unterscheidung von Lärm und Musik. Die Mehrheit der Bevölkerung wird als Zuhörer einer Technoparty nur Lärm wahrnehmen, und die Mehrheit der Besucher eines Warenhauses wird durch die Berieselung mit Easy-Listening-Sound nur noch undifferenzierte Geräusche wahrnehmen. *Die Unterscheidung Lärm bzw. Rauschen/Musik ist arbiträr geworden.* Aphex Twin sagt daher zu Recht, daß ihn an der Entwicklung der Musik auch ein Kartoffelschäler oder ein Gemüseverwerter interessiere. Wichtig für die heutige Kommunikation ist der schmale Grat und die Transformation von einem Kontext in den anderen. Interessant wird die Beobachtung der Entwicklung von *Noise Art* sein. Die Extreme werden noch mehr ausgereizt; Labels wie No U Turn tragen die Breakbeat-Kultur noch mehr in die Sphäre des extremen Noise-Terror, wie sie von John

Zorn vorher betreten wurde. Umgekehrt wird das andere Extrem, die Ruhe, von vielen heute wiederentdeckt als etwas Erstrebenswertes. Ruhe ist aber nicht ein selbständiger Wert, sondern eine Art Re-Entry in das binär codierte System Lärm/Musik. Denn mit der Omnipräsenz von Geräuschen wird Ruhe als Störung der grundlegenden Differenz Lärm/Musik wahrgenommen. Denn wir *erwarten* heute in einem Restaurant, daß Lärm/Musik abgespielt wird, wir *erwarten*, daß in einem Bahnhof eine lärmende/musikalische Baustelle da ist, wir *erwarten*, daß in der Straßenbahn ungefragt Lärm/Musik ertönt und uns nach einigen Takten ein Obolus abverlangt wird. Daher wird auch Ruhe als eine Störung innerhalb des Systems Lärm/Musik wahrgenommen. Diese Entwicklung wird wiederum in der Popmusik ironisierend karikiert. Die Melvins kündigen ausdrücklich und verbal auf einer ihrer neueren CDs ein Stück an, das »Digital Silence« anpreist. Man genießt nicht mehr die künstliche Wartepause zwischen zwei Musikstücken, sondern einige Momente echter digitaler Ruhe. Was in der Zeit des Vinyl nicht möglich war, weil zwischen zwei Stücken spätestens nach dem zweiten oder dritten Abspielen ein Knistern und Knarren wie an einem Lagerfeuer zu hören war, wird jetzt mit der Digitalisierung des Sound möglich: *pure digital silence.*

Jacques Attali hat übrigens in einem schönen Buch, das heute aktueller ist denn je, die gesellschaftliche Funktion des Lärms und die Transformation von Lärm in Musik beschrieben.[103] Auch Attali hebt die weit über den Bereich der Kultur hinausgehende Bedeutung der Musik hervor.

② Fashion (Meilensteine: Basics, d. h. Turnschuhe, schwarze Motorrad-Lederjacke, Jeans, T-Shirt):

Wir wissen, daß die Mode eigentlich immer in Zyklen funktioniert. Moden haben nichts mit Trends zu tun. Sie sind saisonal, und damit einem hohen Rhythmus des Wechsels und der Wiederkehr verpflichtet. Aber wir können trotzdem eine Langzeitentwicklung in der Modewelt entdecken: er geht in Richtung Infor-

---

103 Jacques Attali, Bruits. Essai sur l'économie politique de la musique. Paris 1977

malisierung, d. h. in Richtung *Casual und Portabilität.*[104] Diese Entwicklung scheint nicht zu stoppen zu sein. Die Firma Hush Puppies, die im Casual-Bereich stark ist, hat ein Video produziert, das den *»growing trend to the unstructured«* aufzeigt. Das heißt: Die Loslösung von Formalitäten ist eine Konstante im Bereich Bekleidung, oder, wie man es jargonhaft ausdrücken kann: *Downdressing* ist die Konstante in der Entwicklung geworden.

Auch hier wäre die Entwicklung in Richtung Downdressing nicht so schnell vorangegangen, hätte die Popkultur nicht die entscheidenden Zeichen gesetzt.[105] Der größte Meilenstein in der Entwicklung waren sicherlich die Jeans. Obwohl sie einen phänomenalen Siegeszug seit den letzten vierzig Jahren hinter sich haben und heute akzeptiert sind von Männern und Frauen aller Alters- und Einkommensklassen, haftet ihnen immer noch ein Hauch von Speziellem an. Bestimmte Leute tragen nie Jeans, nie Turnschuhe, nie T-Shirts. Die Jeans können wir wie die Turnschuhe als *Ikonen der Nichtangepaßtheit* bezeichnen.

Wir können die Entwicklung ganz kurz beispielhaft skizzieren: Was wir heute als den Dreiteiler-Business-Anzug kennen, war um die Jahrhundertwende ein *Lounge Suit*, ein Straßenanzug, den man nur zu Hause oder in Gesellschaft von Freunden trug. Ein Banker oder ein Senator würde gewöhnlich im Büro einen Gehrock tragen. Wie die Modehistorikerin Anne Hollander[106]

---

104 Vgl. dazu die Abschnitte über Haute Couture im Luxuskapitel. Francesco Morace hat die Entwicklung in seinem Buch »Metatendenze« schematisch eingefangen (1996, 230):

- dalle collezioni stagionali → alle proposte no-season e iperseaso
- dallo stile di vita → all'occasione d'uso
- dai canoni dell'eleganza → alla qualità della percezione
- dalla moda come lusso → all'abbigliamento come sogno
- dalla vestibilità → alla portabilità

105 Vgl. Pagan Kennedy, Platforms. A Microwaved cultural chronicle of the 1970 s. New York 1994, Ted Polhemus, Street Style. From sidewalk to catwalk. London 1995

106 Sex and Suits. The Evolution of Modern Dress. New York 1994. Vgl. ferner Xavier Chaumette, Le Costume tailleur: La culture vestimentaire en France au XIXe et XXe siècle. Paris 1992, Ted Polhemus und Lynn Procter, Fashion and Anti-Fashion: An Anthropology of Clothing and Adornment. London 1978

bemerkte, trug man in der Mitte des letzten Jahrhunderts für formelle Anlässe weiße Krawatte und Frack, während der Diener in Perücke und Kostüm des Adeligen des 18. Jahrhunderts auftrat. Wer heute in ein Zweisterne-Restaurant geht, trifft den Oberkellner in einem Dinner Jacket an, in dem er den Unternehmensführer begrüßt, der im lockeren Casual Dress antritt. Dieses Pattern scheint sich fortzusetzen. Das heißt: Der vormals klassische Anzug wird zu einem zeremoniellen Kleidungsstück hinunterpositioniert, der vorwiegend von Kellnern in Restaurants und Portiers in Hotels getragen wird, die ihrerseits die Managerelite bedienen, die sich in Turnschuhen und Jeans zu Tisch setzen.

Das T-Shirt, das man früher unter dem Hemd trug, ist heute sozusagen »geoutet« und wird offen zur Schau getragen. Wir wissen, daß T-Shirts heute einen überragenden gesellschaftlichen Stellenwert als Träger von Botschaften haben; ihre Kommunikationsmacht ist gigantisch (vgl. nur etwa als Merchandising-Artikel). Aber es heißt auch: Mit T-Shirts und Shorts trägt der Mann heute offiziell die Unterwäsche von gestern. Was heute mühevoll mit Erotik aufgeladen werden soll, wäre früher lächerlich, unwürdig und verletzlich erschienen. Er wäre auch nicht als halbnackt beschrieben worden, sondern schlicht als lächerliche Figur. Diese Logik geht heute ihren Gang. Nicht zufällig bietet die Werbung immer mehr Männer mit nacktem Oberkörper an.

T-Shirts können den Trend zum »unstructured« gut untermauern. Sie werden immer weiter und breiter. XL ist schon fast die Standardgröße geworden. Angefangen hat das T-Shirt ja hauteng und war einst noch an Größen und Ordnungen gebunden. Heute will man sich von allen diesen Einengungen und Vorgaben befreien. Sehr schön sehen wir das bei der Snowboard-Mode. Das heißt: Eigentlich ist man gar nicht mehr angezogen, man trägt nichts mehr, das direkt mit der eigenen Körpergröße, mit natürlichen Vorgaben zu tun hätte. Einzig und allein maßgebend ist das Freiheits- und Unabhängigkeitsgefühl. Anne Hollander bringt es auf den Punkt: »Such freedom from fit only adds to the idea that the wearer is really not dressed at all; just an ambling bare body, casually flashing the message on its chest.« Jeans, T-Shirt und Turnschuhe als die wesentlichen Vorgaben der Fashion-Popkultur sind sozusagen der neue *Sans-Culotte-Dress.*

Wenn das Unstrukturierte und Informelle vorherrscht, entsteht soziale Sicherheit durch die *Ablehnung* traditionell sicherer Bekleidung. Dressing Up wird riskanter als Dressing Down. Wer heute nicht sicher ist, zieht sich lieber zu schlecht an als zu gut. Einem Anlaß zuviel Respekt zollen wird als gefährlicher angesehen, als einem Anlaß zuwenig Respekt zollen und schlechter angezogen zu kommen. Man kann bei Meetings, Partys, Festen und Zusammenkünften aller Art verlieren, wenn man zu gut angezogen ist. Zu schlecht angezogen sein wird heute entschuldigt. Sich weniger gut kleiden als es der Status eigentlich erlauben würde, war ja schon die Masche der Hippies. Diese vorwiegend weißen, intellektuellen Mittelschichtangehörigen mit pädagogischen und ähnlichen Berufen haben sich bewußt viel lausiger eingekleidet, als es ihr Geldbeutel erlauben würde. Auch hier sehen wir: Die Popkultur hat ihre Innovationskraft durchgesetzt.
Erinnern wir uns: Vor 15 Jahren war es ja noch ein Skandal, als der Grüne Joschka Fischer mit Turnschuhen im Parlament erschien. Heute ist es normal, daß eines der bekanntesten Unternehmen der Welt wie IBM verkündet, es führe einen »Casual Friday« ein, das es den Mitarbeitern erlaubt, aus der Gewohnheit der dunklen Anzüge auszubrechen und eben ganz »casual« daherzukommen.

③ U-Elektronik: (Meilensteine: Tape-Recorder, Walkman, CD):

Es gibt eine Reihe von heute banalen, aber in ihrer Bedeutung für die Jugendkulturen und den weiteren Verlauf des Kultur- und Kultkonsums kaum zu überschätzender Erfindungen. Der Tape-Recorder ist eine davon. Denn er ermöglicht den Einbruch des illegalen Aufnehmens in die Jugendkulturen: Man kann kopieren und die Kassetten weiterverbreiten. Daß die Qualität nach heutigen Standards katastrophal war, ändert nichts an der Tatsache, daß das Lebensgefühl und die Optionen zunahmen, weil man seinen Lieblingssound fast überall hin tragen konnte: Kopieren, repetieren, beliebiges Abspielen ab Band dank der Repeat-Taste. Die nächste kulturrevolutionäre Schwelle wurde mit dem Walkman Ende der 70er Jahre eingeläutet. Sony hat wohl eines der wichtigsten Innovationen für die Jugendmärkte eingeführt, obwohl im Konzern außer Akio Morita niemand an den Erfolg des Miniaturabspielgerätes glauben wollte, auch die Marktforschung zeigte nur ablehnende Resultate. Die Präsenz von Musik wird durch den Walkman nicht nur gesteigert, er erlaubt ein fast hermetisches Abschließen der eigenen Welt und des eigenen Musikhörens inmitten der Masse von Menschen. Eine nochmalige Steigerung erfolgte einige Jahre später mit den CDs. Compact Discs erlauben nicht nur die Repetition durch Rückspulen; sie erlauben – wie wir heute sagen würden – viel mehr »Convenience«: Die Repetition nicht nur eines Stücks einer Disc wird möglich, dank der Programmierung kann ich alle Stücke, die ich bevorzuge, in beliebiger Reihenfolge und Anzahl durchspielen. Für Kulturkritiker ein Verlust an Lebensqualität, weil die Erfahrung zeigt, daß der Hörer nur noch auf einige wenige Stücke sich einschwört, für Enthusiasten eine Steigerung der Lebensqualität, weil ich all die Stücke, die mir nicht auf Anhieb gefallen, in Zukunft per Knopfdruck überspringen kann bzw. gar nicht mehr anwählen muß.[107]

Böse Zungen behaupten ja, die CD sei nur erfunden worden, weil damit die Nostalgiebeflissenheit der Baby-Boomers angekickt werden kann. Denn dieser Massenmarkt bietet die Möglichkeit, ihnen all das noch einmal zu verkaufen, was sie eigentlich schon vor 10 oder 20 Jahren auf Vinyl eingekauft haben. – Und so ist es tatsächlich bei vielen CD-Käufen, zumindest in den Anfangsjahren Mitte der 80er, auch der Fall gewesen.

④ Drogen (Meilensteine: Softdrogen, halluzinogene Drogen, Designerdrogen):

Ich will hier nicht in eine weitere Drogendiskussion einsteigen. Dazu an dieser Stelle nur soviel: »Wo Menschen, dort Rauschmittel« – so hat es der Anthropologe Arnold Gehlen prägnant formuliert. Es ist eine Binsenwahrheit: Keine Jugendkultur ohne Drogen. Jede Jugendkultur hat ihre spezifische Drogenbesessenheit. Glückspillen wie Ecstasy oder auch nur der simple Joint, Psychedelika aller Art sind Ausdruck der Flucht aus der als hyperrational erlebten Welt der Erwachsenen in eine Gegenwelt, die möglichst

---

107 Vgl. dazu den Reader Edited by Simon Frith, Andrew Goodwin and Lawrence Großberg, The Music Video Reader. London/New York 1993

nicht belangt werden soll. Die konstante Realität der Drogen kann vernünftigerweise niemand negieren. Wichtig ist allerdings die steigende Kommerzialisierung der Drogen. Sie sind heute ein integraler Bestandteil im Lifestyling von Jugendkulturen. Und damit ist der Handel aus den Grauzonen in den Alltag getreten.
Intreressant ist die Differenzierung des Drogenkonsums. Einerseits wollen uns die Szenezeitschriften weißmachen, daß der Konsum harter Drogen wieder zunimmt. Andererseits nimmt auch die Differenzierung der weichen Drogen zu, und die Unterscheidung zwischen Sucht/Abhängigkeit und normalem Konsum wird zunehmend arbiträr.

⑤ **Medien (Meilensteine: Softwareentwicklung, Multimedia, Internet)**[108]:
Es ist ohne Zweifel, daß die seit Ende der 80er Jahre einsetzende massive Verbilligung des Zugangs zu High-Tech- / Multimedia-Produkten, zu immer schnelleren Rechnern und die Versprechungen des Internet vor allem auch den Jugendkulturen zugute kommt. Die Technik ermöglicht nicht nur einen entscheidenden Challenge der bisherigen Jugendkulturen, die ganz auf Pop eingeschworen sind. Die Entwicklung der durch die Vermittlung von neuer Technik hergestellten Musik von Techno über Jungle, Trip Hop und Drum & Bass bis hin zu den neueren Entwicklungen des Art Noise bestätigen das. Seit der Verbreitung des Internets werden auch neuartige Subkulturen und Gemeinschaften in einer globalisierten Wirtschaftsgesellschaft möglich, die mit eigener Sprache, eigenem Design und eigenen Ikonen operieren. Auch das ist eine Möglichkeit der Abgrenzung für Jugendliche.

⑥ **Food (Meilenstein: Fast-food):**
Es ist kein Zufall, daß der Food-Bereich lange Zeit keine wichtige Rolle spielte. Es dauerte lange Zeit und brauchte die Entwicklung der Akzeptanz von McDonald's, bis die Jugendkulturen verschiedene Food-Patterns in ihr Lifestyling integrierten. Heute holt Food mit Riesenschritten auf, vermittelt durch Patterns wie Eth-

108 Vgl. Digital Kids, S. 175

no Food oder Themenrestaurants.[109] Kids und Jugendliche lieben Food, das an bestimmte Themen gebunden ist.

⑦ **Sport (Meilenstein: Surfing):**
Es ist vielleicht die größte Leistung der Popkultur, daß sie den einst verpönten Bereich des Sports in ihr Werteset hat integrieren können. Wenn man in den 70ern einen Hippie oder einen Punk gefragt hätte, wie es um sein Sportverhalten bestellt sei, hätte er sich entrüstet gezeigt. Einzig das Surfing – Surfing USA! – hat sich als Urmetapher für sportliches Benehmen über die Zeiten retten können. Inzwischen haben wir lernen können: Alle Trendsportarten, vom Street Soccer über Snowboard bis Inline-Skating sind dank der Popkultur groß geworden.
Wir können anhand der Trendsportart Snowboard *exemplarisch* aufzeigen, welche gesellschaftlichen und konsumbezogenen Veränderungen damit verbunden sind.

Vertical Reality – Trendsportarten pushen die Sportmärkte

1. Vom traditionellen Sport zu den Trendsportarten

Wir erleben zur Zeit eine weitgehende »Versportlichung der Gesellschaft«. Sport ist zu einer Denkunterhaltung geworden, ja zu einer ganz bestimmten Lebenseinstellung, die sich von der traditionellen Vorstellung von Sport weit entfernt hat.[110] Der Sport als weltweites Konsumphänomen braucht offensichtlich permanente Revolutionen, und ohne ein aggressives Lifestyling scheint nichts mehr zu laufen.
Die traditionelle Vorstellung von Sport in der Gesellschaft, wie wir sie v. a. seit der Nachkriegszeit kennen, ist im Umbruch oder gar in Auflösung begriffen. Wir haben zwar in vielen Sportarten noch alte Strukturen, die aber einerseits *natürlich* absterben, nämlich mit dem Generationenwechsel, andererseits durch organisatorische Modernisierungszwänge wie Reengineering oder Kundenorientierung neu gestaltet werden müssen.

---

109 Vgl. das Kapitel Food

110 Vgl. David Bosshart, Die Neuerfindung des Menschen, in: Top Trends. Düsseldorf 1995, 139–166

In der Nachkriegszeit wurde das Phänomen des *Breitensports* in den Industrienationen als Gegenwelt zur Arbeit entwickelt. Sport ist Erholung vom physisch anstrengenden Arbeitsalltag. Nicht zufällig kreierte man Wörter wie *Ausgleichssport*, etwa mit Leichtathletik oder Fußball oder Schießen im Gemeindesportverein. Traditioneller Sport ist örtlich, lokal verwurzelt und hat eine sozialpolitische Integrationsfunktion. Solche lokalen Vereine, die zumeist auf freiwilliger Basis entstanden, haben sich in der Regel im Verlaufe der Zeit auf ein semiprofessionelles Niveau fortentwickelt. Wie typisch bei der Entwicklung von freiwilligen Vereinigungen war Wildwuchs das Resultat. Wildwuchs kann man heute noch in vielen Gemeinden feststellen, der oft damit zu tun hat, daß die Vereine viel Goodwill besaßen und so auch als kleinste Einheiten weiterexistieren konnten und kein wirklicher Professionalisierungsdruck bestand. Sportvereine sind historisch gesehen natürlich Männerdomäne. Sie richten sich strikt nach der *bürgerlichen Rollenverteilung* von Mann und Frau. Dazu kommt eine massive Kritik an diesen traditionellen Sportformen. Insbesondere die Linke hat aufgrund der nationalsozialistischen Verherrlichung des Leistungskultes und des Körperkultes im Sport vehement Distanz gesucht, weil der Sport als politisches Macht- und Propagandainstrument eingesetzt wurde. Weil der traditionelle Sport immer auch eine *ideologische Dimension* hat, haben wir historische Phänomene wie den ASV, den Arbeiterschützenverband, oder den KTV, den katholischen Turnverein.
Diese Sportwelt ist mental weit weg von den heute erfolgreichen sogenannten Trendsportarten wie etwa Snowboard. Die Trends bewirken einen beschleunigten strategischen und organisatorischen Veränderungsdruck im gesamten Sportbereich. Davon werden mit Sicherheit die clevereren unter den klassischen Sportarten profitieren, einige werden diesen Druck wohl nicht überleben. Ich würde die These wagen, daß die heutigen Trendsportarten viele klassische Sportarten vor einem drohenden Mauerblümchendasein innerhalb der Freizeitindustrie bewahren *können* und mit ihren hektischen Trendschüben der gesamten Freizeit- und Lifestyleindustrie wichtige Impulse verleihen.
Wir können diesen Wandel exemplarisch am Bild des Spitzensportlers sehen:

Der neue Sportlertypus der Trendsportgeneration ist nicht mehr der nette Volksheld von früher, wie das Annerösli Zryd, Köbi Kuhn oder Fritz Chervet waren. Oder in Deutschland Max Schmeling oder Fritz Walter. Diese verkörperten noch den fleißigen, bodenständigen nationalen Helden. Der heutige Star ist eine Kultfigur, ein inszeniertes Konstrukt, das ganz nach den Gesetzen der postmodernen Markentechnik funktioniert. Wahrscheinlich war Olympiasieger Bernhard Russi, Abfahrts-Champion 1992 in Sapporo, der erste Sportler in der Schweiz, der diesen Übergang kapiert und radikal die Konsequenzen gezogen hat, was auch heißt, daß er sein kommerzielles Potential ausgenutzt und weitergezogen hat über das Ende seiner Karriere hinaus. Stars sind sinnliche Figuren, die mit Bewegung, Action und Liveauftritten einen Mythos verkörpern, die Konsumenten ein temporäres Identifikationsangebot machen. Sie werden in der globalen Kommunikationsgesellschaft als Markenpersönlichkeiten wahrgenommen, nicht mehr als Angehörige einer Nation. Sie sind nicht mehr lokal verpflichtet, sondern global genießbar (das wissen wir spätestens dann, wenn man sieht, wo die Stars ihre Steuern bezahlen). Markengenuß ersetzt nationalen Stolz. Viel wichtiger sind die Ratings, die ständig wechselnden *Hitlisten*, auf denen sie erscheinen, sei es als *Bestverdiener* (wie lange Zeit die Tennisspielerin Steffi Graf), als der Sportler mit der *erotischsten Ausstrahlung* – etwa mit der schönsten Oberschenkelmuskulatur (der Zehnkämpfer Christian Schenk), als der Trainer mit der *höchsten Medienpräsenz* (Berti Vogts verbringt die meisten Stunden pro Jahr im Fernsehstudio; 1993 waren es anscheinend sagenhafte 397,21 Std.). Noch das *banalste Faktum* (der Sturz der Eiskunstläuferin Mandy Wetzel bei Olympia, der ein paar Tropfen Blut am Kinn brachte) oder die *vulgärste Aussage* von Stars (das wunderbare Bett, das in der TV-Werbung von Kugelstoßer Werner Günther angepriesen wird) kann zielgruppenrelevante Aussagekraft haben und sich für mythische Verklärungen eignen. Distanz gibt es nicht mehr; das Private ist ein Element des Business und der Show. Lifestyle-Elemente von Stars werden also nach ihrem öffentlichkeitswirksamen Potential evaluiert und gnadenlos als emotionale Agenten eingesetzt.

2. Fun, Thrills, Move – Sport als Lebensphilosophie

Das besagt: Sport ist eine Lebenseinstellung, die zuallererst für Fun als kleinstem gemeinsamen Nenner steht. Das alte Wort »Erholung«, das für den Breitensport Gültigkeit hat, deckt die Realitäten, wie wir sie bei den Trendsportarten erleben, nicht genügend ab. Aber auch der Leistungsaspekt allein genügt nicht, wie wir das im Zuge der Professionalisierung des Spitzensports gesehen haben. Vielmehr geht es um Motivationen, um Haltungen und erwünschte positive Projektionen. Es geht um ein aktives Lifestyling, um eine möglichst intensiv erlebbare Gegenwelt. Daß diese Gegenwelt eine Scheinwelt sein kann oder eine Welt schöner Illusionen, spielt keine Rolle. Sie darf ruhig als eine Form von Neoromantizismus gelten. Es ist kein Zufall, daß die *Extremsportarten* an Interesse gewinnen. Denn im Extremsport zählt die Erlebnisintensität, das unvergleichliche, individuell erlebte Abenteuer, bei dem man nur sich selbst beweist, was man kann (z. B. Freeclimbing, Bungee Jumping, Sky Surfing, Hydro Speed). Hier verselbständigt sich das Ego des »Sportlers« zu einem persönlichen Egokult, es löst sich vom sozialen Kontext, von anderen Sportlern und Zuschauern und kreist nur noch um sich selbst. Extremsportarten sind ein untrügliches Zeichen unserer Zeit.

Die Sportwelt der Trends kann nur überleben, wenn sie auf Steigerung angelegt ist. Sie hat daher eine – interessanterweise nur bedingt altersgruppenspezifisch differenzierte – Risiko- und Abenteuerbereitschaft. Gerade das Interesse für Extremsport erlahmt auch im Seniorenalter nicht. Auch das ist kein Zufall: In unserer versportlichten Welt will man sich selbst auch mit fortschreitendem Alter seine eigene Leistungsfähigkeit und damit Nützlichkeit beweisen. Der zweite wichtige Aspekt ist daher der Thrill. Trendsportarten können gar nicht stillstehen, sie entwikkeln sich ständig weiter. Das ständige Anklicken von neuen, noch nie dagewesenen Emotionen, das Durchspielen emotionaler Patterns gehört dazu. Der entscheidende Unterschied zwischen Snowboard und Alpin-Ski liegt in der Härte und Intensität des Erlebens. Das Freiheitsgefühl der Gegenwelt ist im Snowboard größer als beim Skifahren. *Wie bei der Technomusik in erster Linie der härtere und schnellere, maschinenunterstützte Beat ein intensiveres Konsumieren von Geräuschen/Musik ermög-*

licht, erlaubt Snowboard ein intensiveres Konsumieren von Fahrgefühlen. Nicht zufällig sprechen die Snöber in Metaphern von »Abheben« und »Fliegen«. Daß »härter« und »intensiver« ein wichtiger Trend in unterschiedlichsten Jugendkulturen ist, können empirische Studien belegen, und stets profitiert man von ausgefeilteren Techniken: Im Bereich Fast-food ist in den USA nicht mehr der Klassiker McDo (Hamburger) bei den Jugendlichen am beliebtesten. Die höchste Zuwachsrate verzeichnet Mexican Food (Chili!), das viel schärfer ist und ein intensiveres Geschmackserlebnis erlaubt.
Das heißt: Fitness, ob als körperliche oder mentale Fitness, als eines der ursprünglichen Motive für den Breitensport, steht nur noch für einen vorausgesetzten Zusatznutzen, weil Gesundheit inzwischen längst zum allgemein akzeptierten Klischee verkommen ist: *»Health and well-being are chliches now«*, wie Dunham Gooding, Präsident der Climbing School des American Alpine Institute richtig bemerkt. Viel wichtiger als Fitness ist Move geworden, also *Bewegung als Bewegung;* Bewegung um der Bewegung wegen. Bewegung ist ein Ideologem im Werteset. Daher sind wie oben angedeutet auch viele Klamotten im Sportaccessoire-Bereich oversized. Sie sind ein Symbol für Bewegungsfreiheit.
Wir sehen, daß heute fast jede Form der Bewegung potentiell als Sport ausgeübt und zur Trendsportart werden kann. Dazu gehören auch etliche Extremsportarten, nicht aber solche, die oft nicht mehr als einen Media Hype darstellen: Phänomene wie Air Bagging oder S-Bahn-Surfen sind typische Beispiele, wie sogenannte neue Sportarten von einigen wirklichen oder auch nur medial erfundenen verrückten Kids als Media Hype eine weltweite Kurzzeitkarriere starten können und dann sofort wieder verschwinden.
Diese Entwicklungen lassen die These zu: Mit der Aneignung dieses romantischen Wertesets von Thrill, Fun und Move ist es den Trendsportarten gelungen, sich in das Wertemuster von jugendlichen Gegenkulturen einzuklinken. Dank der Entwicklung unterschiedlicher Trendsportarten – vom Surfing über Street Ball bis Snowboard – wird der Sport in das Werteset der Popkultur integriert. Damit befreit sich das alte Image des Sports vom Turnvereinmief mit seinen bürokratischen, oft weltfremden Strukturen und wird zum Element des trendigen Lifestylings. Also nochmals:

Über die Trendsportarten erhält der Sport wichtige Impulse, die er zu einem *Lifting* und *Rejuvenating* nutzen kann, weil das seine Akzeptanz erhöht und damit den Anschluß an unterschiedliche Jugendszenen ermöglicht.
Was hat diese Entwicklungen ermöglicht? Ich will zwei wichtige Gründe nennen:
Erstens: der Generationenwechsel. Wer in den 80ern oder in den frühen 90ern groß geworden ist, hat einen ganz anderen Sozialisationshintergrund als die Baby-Boomer-Generation der zwischen 1946 und 1964 Geborenen. Die heutigen Kids sind bereits mit Nintendo, McDonald's und MTV groß geworden. Das heißt – in äußerster Verknappung –, sie sind distanzlos mit den Errungenschaften der vollentwickelten Konsumgesellschaften groß geworden. Schon als kleine Kinder wachsen sie in eine Welt des Überflusses und der allgegenwärtigen Werbesymbolik hinein. Ihre wichtigsten Kompetenzen sind daher Konsumkompetenzen. Sie können mit den technischen Gadgets umgehen, wie das die ältere Generation nicht mehr kann. Sie haben das Absterben der politischen Ideologien nicht mehr aktiv reflexiv miterlebt. Für sie ist Demokratie Warendemokratie, also die Freiheit, aus einem riesigen Warenangebot zu wählen. Durch die neuen Medien haben sie nicht mehr das enge Verständnis der nationalen Grenzen und politischen Identitäten. Sie sind keineswegs apolitisch, aber sie nehmen durch ihren Sozialisationshintergrund Politik gebrochen über das Warenangebot wahr. Und daher ist Sport für sie *zuerst* eine emotionale Lebensphilosophie und nicht ein Sozialisationsagent. Wenn sie Wörter wie »katholischer Turnverein« oder »Arbeiterschützenverein« hören, finden sie das ulkig, witzig, machen daraus ein ironisches Spiel, weil sie ideologisch damit nichts mehr anfangen können.
Zweitens haben auch die Eltern dieser Jugendlichen, also die Baby-Boomers, eine Entwicklung durchgemacht. Sie waren ja die 68er, die die Emanzipation gepusht haben und sich als Gegenkultur verstanden. Die Hippies, als eine der wichtigen werteprägenden Jugendkulturen und die älteste Altersgruppe der Baby-Boomers waren ja nicht gerade sportliche Leute. Sie suchten Ende der 60er und in den frühen 70ern die *sportlose Wiederaneignung der verlorengegangenen Natur.* Das »Open Air« wie z. B.

Woodstock wurde zum Symbol der mythischen Wiederaneignung der freien Natur. Inzwischen sind diese Hippies in ihren späten 40ern oder gar frühen 50ern und haben Familien gegründet, Kinder erzogen und ihre Karrierebedürfnisse in der letzten Dekade, in den 80ern, abgeschlossen. Jetzt kehren sie, gereinigt von alten ideologischen Bedenken, in die Outdoor-Activities-Szenen zurück: Die Natur soll auch noch anders erlebt werden können. Im Unterschied zu den Kids und der Generation X suchen sie nicht mehr den ultimativen Kick, sondern das Soft Adventure. Mit Camping und einer einkommensmäßig abgestimmten, komfortbewußten Diversifikation von Outdoor-Erlebnissen und seinen unterschiedlichen Accessoires gewinnen sie eine neue Form der Authentizität zurück. Und sie haben ihre Familien dabei. Gemäß einer 94er-Studie von Yankelovich Clancy Shulman, das die Freizeitkonsummuster untersuchte, ist in den USA das aktive Outdoor-Lifestyling zum größten Markt geworden, und allein das Adventure Travelling ist ein 220-Mia.-$-Business mit weiterhin hohen Zuwachsraten. Das heißt: Auf einer »höheren«, »reiferen« Ebene drückt sich bei vielen Erwachsenen eine analoge Mentalität aus wie bei den Jüngeren. Jerry Mallet, Präsident der Adventure Travel Society, sagt: »The psychographic profile of the '70 s was to try new things. Now, they've tried it already, and are seeking out ways to improve the outdoor experience«.[111]

Fast Lifestyle Consumers

Halten wir fest: Trendmärkte sind schnellebig, bindungslos und attraktiv. Trendmärkte können nur schwer Kundenloyalitätsprogramme aufbauen. Die Attraktivität beziehen sie alleine durch einen kultischen Mehrwert, der aber rasch wieder einbrechen kann. Daher sind es Risikomärkte. Konsumenten von Trendsportarten sind *Fast Lifestyle Consumers*, weil sie sich auf ein Spiel einlassen, das schnell wieder überholt ist. Es lebt von der Inszenierung und den Accessoires, also den optimierten Rahmenbedingungen des jeweiligen Sports. Was also macht Trendsportarten aus?

---

111 Sporting Goods Business, v27/n8, Aug 1994, 63–64

1. Youth Appeal und Counter Culture Touch

Innovation muß von unten kommen, d. h. nicht von Etablierten, sondern von der Jugend. Sie muß eine Gegenbewegung zum Etablierten darstellen und als Kult aufgebaut werden. Neue Ideen müssen jugendlich, noch besser: jungfräulich daherkommen. Der durchschnittliche Technopopfan ist jünger als der durchschnittliche Popkonsument, der durchschnittliche Snowboardkonsument ist jünger als der Skikonsument. Die Attraktivität des Snowboard gegenüber dem alpinen Ski liegt im Youth Appeal. Snowboard ist ursprünglich ein Sport, der sich *gegen* einen etablierten Sport richtet. Man kann sich jetzt schon vorstellen, was passiert, wenn die Vorhersage des Transworld Snowboard Magazines zutrifft, daß nämlich im Jahre 2010 Snowboard den Skisport an Sportlern und Umsatzvolumen überholt hat.

»Jugendlich« heißt Abgrenzung. In einer Welt, in der keine Konsumgruppe mehr zu den Alten gehören will und die Baby-Boomers die erste Generation der Geschichte darstellen, die das Älterwerden mit allen Mitteln hinauszögern, wird der Wunsch nach Abgrenzung bei den Jugendlichen selbst immer wichtiger, aber immer schwieriger einlösbar. Die Abgrenzung gegen die Welt der Eltern ist ein Motiv für Rebellionen aller Art.

2. Produktinszenierung als Gesamtkunstwerk

Trendsportarten müssen die 7 Meilensteine des Kultmarketings integrieren, sonst können sie keine wirkliche *Lebensphilosophie* anbieten. Das heißt: Medien (z. B. exklusives Flyer-System, Internet etc.), Accessoires (z. B. Outdoor Wear, Uhren, die exklusiv sind, bestimmte Drogen etc.), vor allem aber Musik (Lieblingssound, bevorzugte Stilrichtung als wichtigstem Zugehörigkeitskriterium).

Ohne Medienevents sind Sportanlässe kaum mehr denkbar. Sie können mit wenig Zuschauern auskommen, aber nicht ohne Medien. Und nicht ohne den Kult bestimmter Marken, die sich zu Erlebnisallianzen zusammenfinden. Und der Sportevent muß in einen sozialen Event eingebettet werden. Dazu gehören die Strategien der Kurdirektoren und Freizeitplaner. »The Entertainment is the Advertisement and the Advertisement is the Show.« So bringt es der amerikanische Konsumkulturforscher James B.

Twitchell auf die knappe Formel. Oder so wie das Motto von RTL für die Champions League im Fußball-Europacup, lautet insgeheim das Motto für erfolgreiche Sportevents: *»Mehr Show, mehr Werbung, weniger Sport«*. Der Trendsport hat, wie es kürzlich auf einem Sportkongreß hieß, auch mit einer *»Entsportlichung des Sports«* zu tun. Die Events haben immer weniger mit einem Kernprodukt zu tun; sie sind eine Art Gesamtinszenierung geworden, ein Happening mit dem »Come-together«-Aspekt.

3. Integriertes Lifestyling

Freizeitaktivitäten müssen daher heute konsequenterweise ihre Wichtigkeit auch dadurch suggerieren, daß sie eine Art *integriertes Lifestyling* anbieten. Es geht um die gesamte Lebensphilosophie des Konsumenten. Nicht zufällig sprechen ja die Snowboarder liebevoll vom »Soulboard« statt vom »Snowboard«, um die Lebensphilosophie ihrer Sportart zu charakterisieren. Für den Sportbereich können wir generell festhalten: Produkte müssen den »Casual«-Menschen, den leicht zugänglichen und für Innovationen offenen Konsumenten mit seiner Sportdenke, mit seinem persönlichen Ego ansprechen. Casual Lifestyle und Strong Sport vermählen sich. Alle Arten von *After Sport* können nicht mehr separat gesehen werden, gehört zum Sport wie der Sport selbst. Insbesondere beim Footwear ist das offensichtlich. Schuhe haben als Kultprodukte enorm an Prestige gewonnen, ob als »Performance shoes« oder als »Lightweight shoes«. Kultmarken produzieren heute Schuhe, bei denen der Übergang von der einen Kategorie zur anderen sehr subtil und kaum mehr wahrnehmbar ist. Ein Tennisschuh kann auch für einen Opern- oder einen Kirchgang zulässig sein, ein Surfschuh unterscheidet sich nicht mehr wirklich von einem »normalen« sommerlichen Freizeitschuh. Klassische Schuhformen wie Sandalen erhalten ein völlig neues Styling. After-Sport-Schuhe sind nicht einfach ein nebensächliches Bekleidungsstück, sondern ein wichtiges Element innerhalb einer Lebensphilosophie. Sie gehören zur Performance, zur Inszenierung der Persönlichkeit.

Detail Attention und **Visual Style** sind Schlüssel. Weil die Unterscheidungsmerkmale von Produkten immer schwieriger zu erkennen sind, werden kleinste visuelle Details wichtiger. Marken wie Adidas oder DocMartens haben beispielhaft gezeigt, daß die Anzahl der Streifen oder die Anzahl der Schnürlöcher Glaubenskriege entfachen können. Sie sind nicht einfach banale Details. Zwischen den mittleren und späten 80ern kam ein kurzer Schub im Updressing, und der Label-Mensch gewann an Bedeutung. Die Suche nach der ausgefeilten Markenorientierung färbte auch auf Sportarten mit *Underclass* und *Working Class Appeal* ab. Beim Fußball z. B. haben wir feststellen können: Jeder Trainer mit einem Lacoste-Hemd, mit einer Burberry-Jacke, mit Ellesse, Fila oder Nike, als typischer 80er Boom-Jahre-Marke. Markenimpulse der 80er dauern heute z. T. noch an. Sicher ist: Ohne diese Entwicklung wäre der phänomenale Aufstieg etwa von Chevignon, Chipie, Diesel oder Soviet in den frühen 90ern nicht zu erklären. Das heißt also: Mit dem *integrierten Lifestyling* werden schichtunabhängig Kundensegmente in Trendsportarten eingebunden.

4. Like-Looking = Like-Thinking

Man darf solche Fast Consuming Lifestyles und die Entwicklung von Modedesignfragen nicht unterschätzen. Sie sind kein Selbstzweck oder ein bloßes Spiel der Eitelkeiten. Es geht hier um persönliches Erleben und nicht einfach um Modegags. Wer nur von Mode und Trends spricht, wird den Jugendkulturen der letzten vierzig Jahre nicht gerecht werden können. Wer sich mit Pippi-Langstrumpf-Zöpfen und Stöckelschuhen zeigt, fühlt sich damit gut – nur selbsternannte Besserwisser können darin »Opfer« von Konsumterrorismus sehen. Und wenn Tattoos und Piercing angesagt sind, gilt nochmals dasselbe. Sie sind Ausdruck des Lebensgefühls, das man sich durch nichts und niemanden nehmen lassen will. Denn Trendsportarten haben per se immer ihre Verbundenheit mit Jugendlichkeit: Es hat mit dem Durchbrechen von Barrieren zu tun, mit der erwähnten Suche nach Abgrenzung und Anderssein. Und diese jugendliche Suche ist unabhängig von Moden und Trends eine Frage des Stils. Der Ausdruck Stil ist eigentlich korrekter, denn Jugendliche sind in einem Selbstfindungsprozeß begriffen, sie sind dabei, ihren Platz in der Gesellschaft zu suchen. Sport, Musik und Kleider repräsentieren Haltungen, komplexe Ideen und Werte, die man anders nicht ausdrücken kann. »Like-Looking« ist »Like-Thinking«, wie es Ted Polhemus treffend formuliert hat, und das ist alles andere als nichts.[112]

5. Klautouren und Trendlogistik

Trendsportarten und ihre Accessoires und Lifestyle-Elemente leben vom *Klau*, vom hemmungslosen Klau. Sampling ist zum Stil- und Prozeßprinzip geworden. Da die Übergänge von Trendsportarten zu Musiktrendarten und Fashiontrendarten und Medientrends *fließend* geworden sind, wird das offensichtliche Abkupfern zum Überlebensprinzip.

Der Ablauf der Trendlogistik folgt einfachen Schemata: Große Marken beklauen kleine Ideen, die auf Nischenmärkten entstehen und in Kleinstfirmen produziert werden. Auch hier ist die Rolle der Medien zentral. Ohne Mikro- oder Nischenmedien wie Flyersystemen entwickeln sich keine Subkulturen. Heute wird ein Subtrend rasch aufgenommen und von Multiplikatoren gefördert, also Moderatoren, DJs, Szeneblätter etc. Die Logistik der Produkte läuft oft zuerst über Brancheninsider und zuletzt über die großen Handelsketten und Fachmärkte. Großmultiplikatoren sind natürlich Giganten wie MTV oder Pepsi Cola, häufig auch Zigaretten- und Alkoholhersteller, die damit ein ganz spezielles Imageinteresse mit ihren Werbekampagnen und Sponsoring-Events verfolgen.

6. Global Access und Naming

Die Sprache der Trendsportarten ist fast ausschließlich englisch – anschlußfähig, modellierbar, weltweit szenemäßig codierbar. Es geht um einfache Symbole, die von den Zielgruppen leicht verstanden werden. Trendsportarten sind von Anfang an auf globalen Zugang aus. Sie sprechen nicht mehr den lokal verwurzelten Sportler an, sondern zielen auf eine virtuelle Fangemeinde, die ihre Mitglieder über den ganzen Globus verstreut rekrutiert.

Das *Naming* der Marken und Boards ist aufschlußreich. Zu Übungszwecken lohnt es sich, einmal die Geschichte der Markennamen und Kollektionsbezeichnungen zu studieren. So hatte die

---

112 Auf diese Identität macht Ted Polhemus a.a.O. aufmerksam

Mistral-Kollektion die Namen »Ecstasy« und »Excess« im oberen Preissegment und »Energy« und »Escape« im unteren Preissegment. Was damit angedeutet werden soll, scheint klar. Crazy Banana bot ein Anfänger-Allround-Board mit dem Namen »Slash« an, eine kanadische Marke nennt sich »Never«, und USP hat die Marke »Generics«. Hier zeigt sich, wie nahtlos dieses Naming ins Wertemuster der aktuellen Popkultur einfließt. Die Kulte der Trendsportarten sind sprachlose Kulte, sie brauchen keine Description und keine langen Erklärungen. Die globale Fangemeinde kann diese Sprache dekodieren.

Veränderungsschübe V:
Leben im Transit – Der Tourist als begehrtestes Lebenskonzept des planetaren Menschen

»Zeig mir den Mount Everest, zeig mir Moskau, zeig mir Segelboote, einen Sonnenuntergang, die Wüste. Einfach klick, klick, klick.«
Bill Gates, Microsoft

»Wir leben in einer Welt, die zu erkunden wir noch nicht gelernt haben.«
Marc Augé, Kulturanthropologe

Wir alle gehören heute einem einzigen Planeten an. Das ist eine banale Erkenntnis. Alles andere als banal ist hingegen die Erkenntnis, daß die heutigen Konsumenten das auch wissen. Auch hier können wir erkennen: Die neuen Medien wie Internet oder Fax oder Handy beschleunigen den Prozeß hin zu einem globalen Consumer Brain. Wir sind also alles Zeitgenossen geworden; das Wort Zeit-Genosse erhält erst jetzt seinen richtigen Sinngehalt. Wir alle leben und erleben gleichzeitig die neuesten Angebote. Denn das macht uns alle zu Kunden, die sehr gut informiert sind über Pro-

duktqualitäten, Erlebnismöglichkeiten, Sparpotentiale etc. Sehr schön hat es der in Leeds lehrende polnische Soziologe Zygmunt Bauman auf den Punkt gebracht: »*The struggle for survival is a struggle for access to the human imagination.*« Denn erst wenn wir an diesem planetarischen Bewußtsein, an diesem medial inszenierten Datenstrom partizipieren, sind wir wirklich Menschen.
Interessanterweise können wir feststellen: Je schneller die Planetarisierung des Bewußtseins voranschreitet, desto mehr wird Reisen zum eigentlichen Anliegen der Menschen. Menschen sind heute, bevor sie alles andere sind, *Mobilitätsmenschen.* Mobilität und Reisenkönnen ist das wichtigste und vordringlichste Menschenrecht geworden. Das ist alles andere als selbstverständlich. Aus der Geschichte politischer Systeme wissen wir, je autoritärer oder gar totalitärer ein System, desto mehr verbietet es das ungehinderte Reisen, ja Visa werden erst vergeben, nachdem man ein ideologisches Bekenntnis abgelegt hat. Aus diesem Grunde ist Reisen, papierfreies Reisen, Reisefreiheit, das Niederreißen von Schranken ein Fetisch wie kaum ein anderer geworden.
Um uns diese Entwicklung zu verdeutlichen, können wir uns beispielhaft Biographien jüngerer Menschen anschauen. Mit 25 haben die meisten Jungen heute bereits die halbe Welt bereist, und wer Bewerbungen für einen Sekretärinnenjob durchgeht, wird bemerken, daß fast alle dreißigjährigen – zumeist unverheirateten – Bewerberinnen mindestens schon eine Weltreise von einem halben Jahr hinter sich haben, ganz nach dem Motto: »*Been there Done that see you around Gotta move on*«.
Sie berichten mit einer Mischung von Enthusiasmus und Amüsement von Erfahrungen mit ganz fremden Kulturen, und oftmals widersprüchlichste Motive ein »Good Life«, auf das man nicht und nicht mehr verzichten möchte.
Das Begehren nach immer neuen touristischen Erlebnissen scheint *unstillbar,* sei es eine komfortfreie Abenteuerreise den Amazonas hinunter oder Angelferien in der abgelegenen reinen Natur Schottlands, bei der sich der sportliche Nervenkitzel des erfolgreichen Lachsfischens mit der totalen Entspannung des stundenlangen ruhig Dasitzens und Sich-selbst-Erlebens vermählt. Warum gibt es diese Entwicklung? Versuchen wir, die Spezies »Tourist« etwas näher zu verstehen.

Die Spezies »Tourist«: Nomaden, Vagabunden, Pilger

Mit der Zunahme der Konsumkrise verändert sich auch die Struktur des Haushaltsbudgets. Es ist erstaunlich, wie viele Menschen beispielsweise Jahr für Jahr ohne Murren die Erhöhungen der Gesundheitskosten schlucken, die ihnen zugemutet werden. Es scheint, daß man den Leuten fast alles wegnehmen kann. Fast alles: Konsum, Arbeit, ja Freizeit. Aber nicht das Reisen!

Der World Travel & Tourism Council (WTTC), eine internationale Vereinigung führender Unternehmer der Tourismusbranche, kam am Tourismusgipfel vom Januar 1997 in Vilamour in Portugal in seiner jüngsten Studie zum Schluß, daß in den kommenden zehn Jahren mit einem Branchenwachstum von jährlich 3,8 % zu rechnen sei und weltweit 100 Mio. (!) neue Arbeitsplätze entstehen werden. Der Umsatz soll sich auf 7100 Mia. $ verdoppeln. Reisen gehört eben inzwischen zum Leben des modernen Menschen wie Essen und Trinken.

Warum ist das so? Wir können das anhand eines speziellen Phänomens erklären. Es ist der »Tourist«, ein Typus, der höchst ambivalent, aber höchst attraktiv die Stimmung des heutigen Menschen charakterisiert.

Niemand will Tourist genannt werden. Wen man einen Touristen nennt, fühlt sich beschimpft. Aber dennoch möchten die meisten am liebsten als Touristen unterwegs sein, sei es als *Teilzeit- oder Vollzeittouristen.* Wer reist, reist am liebsten als Tourist. Denn der Tourist hat gegenüber allen anderen Reisenden große Vorteile. Es geht heute längst nicht mehr nur um den Erholungsurlaub in einer kürzeren oder längeren Variante. Auch wenn es natürlich Gegentrends wie den Wunsch nach einer »neuen Seßhaftigkeit« gibt, so können und müssen wir feststellen: *Immer mehr Menschen sind unterwegs.* Dazu gibt es eine Fülle heiterkeitserweckender, aber auch ernster zu nehmenden Entwicklungen.

Nicht zufällig sind Menschentypologien in den letzen Jahren oft mit Mobilitätsmetaphern belegt worden: Man spricht von *Nomaden*, um anzudeuten, daß Menschen zu globalen Dauerreisenden werden. Der sogenannte *Neonomadismus* ist inzwischen ein kulturelles Phänomen ersten Ranges geworden, das alle Schichten und Altersgruppen betrifft. Dazu gehören auch die *Arbeitsnomaden:* Immer mehr Menschen reisen, um ihre Arbeitskraft dort anzubieten, wo sie gesucht ist. Dabei vermischen sich unterschiedlichste Lebensformen, Bedürfnisse und Wünsche. Im dichtbesiedelten Japan gibt es bereits für Arbeitende im normalen Angestelltenverhältnis Wohncontainer mit unterschiedlichsten Komfortstufen, die mit dem Pkw mittransportiert werden können, so daß bei Bedarf am Ort der jeweils zu verrichtenden Arbeit übernachtet werden kann. Österreichische Architekten haben für die zunehmende Anzahl von Immigranten und Arbeitssuchenden aus Flüchtlingsländern ebenfalls Wohncontainer im Baukastensystem entworfen, die aus leicht zusammensetzbaren, standardisierten Einzelelementen bestehen. Dieses »mitnehmbare Haus« soll Perspektiven für mehr Kommunikation und für ein Leben im öffentlichen Raum jenseits von Isolation eröffnen.[113] Aus Italien wird berichtet, daß es Arbeits- und Wohnungssuchende gibt, die *den Zug als Wohnung benutzen.* Denn der Zug bietet zu erschwinglichen Preisen eine höhere Lebensqualität als städtische Schlafsäle. So wird erzählt, daß ein 62jähriger Turiner, der sich für 101 000 Lire ein Monatsabonnement für die Strecke Turin – Savona (151 km) erworben hat, jeweils in den ersten Morgenstunden in Turin den ersten Personenzug besteigt, dann den Wekker so stellt, daß er in Ceva in den Gegenzug steigen kann, so daß er um acht Uhr zum Frühstück wieder in Turin ist, das er bei geistlichen Brüdern einnimmt. Tagsüber benutzt er gerne Bummelzüge.[114] Daß *Wohnprovisorien aller Art* für verschiedenste Reisetypen an Bedeutung zunehmen, können wir auch bei Großevents wie Sportanlässen beobachten. So hat der Aktionskünstler Flatz für die Leichtathlektik-Weltmeisterschaft in Stuttgart ein Konferenzzentrum aus Containern errichtet.

Ferner entsteht mit der unvermeidlich rasch zunehmenden multimedialen Vernetzung eine neue Spezies, die *Technomaden*, die andeuten, daß nicht nur virtuelle Shoppingerlebnisse oder Infor-

---

113 Vgl. Modernes Nomadentum. Wiener Architekten entwerfen Container für Immigranten, in: Frankfurter Allgemeine Zeitung, 4. 9. 1993

114 Vgl. Neue Züricher Zeitung, 5. 4. 1991

mationsdienste mit dem Internet in Zukunft zum Alltag gehören, sondern auch *virtuelles Verreisen* einen prominenten Stellenwert bekommt. Wir wissen, daß das Verreisen im Internet und die Entdeckung von neuen Welten auch ganz neue Möglichkeiten psychischer und mentaler Erfahrungen bietet. Denn solche Reisen haben den im wörtlichen Sinne fast unbezahlbaren Vorteil, daß sie aus der vertrauten Umgebung der eigenen vier Wände gestartet werden, aber zugleich ermöglichen sie den Zugang zu unbegrenzten Abenteuern. Für Tourismuszwecke angemessener wäre vielleicht die Metapher der *Vagabunden* oder *Landstreicher*, um die Ziellosigkeit oder Zufälligkeit und zeitliche Beschränktheit anzudeuten. Touristen zeichnen sich ja dadurch aus, daß sie kein »letztes Ziel« haben, vielmehr geht es um ein ruheloses Hin-und-Her. Diese Ziellosigkeit macht den Unterschied zu einer anderen Metapher aus, die wichtig ist, nämlich *Pilger*. Der Pilger ist wohl einer der spannendsten und zukunftsträchtigsten Typen. Denn je intensiver die Suche nach Erlebnissen – und dazu gehören auch die innenorientierten Erlebnisse religiöser oder quasireligiöser Natur, desto wichtiger werden Wallfahrten. Der *Wallfahrtstourismus* von Lourdes über die *Kultstätten* von Graceland bis hin zu den Museen moderner Kunst ist bereits heute zu einer eigenständigen Sinnbranche mit noch steigerungsfähigen Frequenzen geworden. Ganz zu schweigen natürlich von Disneyland, der ersten nach (post)modernen Marketingmethoden inszenierten Kopie von Lourdes.

Mit dem Begriff der Mobilität möchte ich aber auch dies unterstreichen: ***Immer mehr Menschen leben im Transit und eilen sozusagen von einem Provisorium ins andere.*** Menschen sind nicht mehr wirklich seßhaft, sondern bewegen sich permanent, entweder als körperlich Distanzen durchquerende Wesen per Flugzeug, Rad, Bahn etc. oder als mental Distanzen durchquerende Wesen per Internet, Handy, Fax etc.

Das Modell dafür haben ja die Manager längst abgegeben: sie sind zu Transitmenschen geworden, die Räume und Zeiten so schnell wie möglich überwinden. Sie eilen von einem Transitraum in den nächsten: von ihrer Wohnung in den Flughafen, von hier in die Lobby einer Hotelkette, von dort auf die Autobahnraststätte, daraufhin in den Hochgeschwindigkeitszug, dann in den Super-

markt, und dazwischen werden multifunktional Kleinsthäppchen an Ferienarrangements gebucht: einen halben Tag Golf zwischen den Wolkenkratzern einer Großstadt, ein Treffen mit einer Freundin im schönsten Restaurant, ein Helikopterflug zum Fischen in ruhigen und abgelegenen Gewässern – bis man schließlich zur vorletzten Destination angelangt: der Seniorenresidenz oder der Privatklinik. *Und alles auf Zeit, die in der Regel minutiös vorkalkuliert sein muß.* Alles Durchgangsstationen, die man abhakt. Es gibt kaum mehr feste Wohn- und Lebensräume. Moderne Manager sind vielleicht die Extremversion von Nomaden der Gegenwart: Man wird nur noch für kurze Zeit dort seßhaft, wo man seine Gewinne oder Erlebnisse maximieren kann. Man ist nirgendwo mehr richtig »da«; wenn ich an einem Ort ankomme, bin ich in Gedanken bereits beim nächsten und bei der Planung der möglichst effizienten Durchquerung der Transitstrecke.
In den Worten des Kulturanthropologen und Ethnologen Marc Augé:[115] Es ist also »eine Welt, in der die Anzahl der Transiträume und provisorischen Beschäftigungen unter luxuriösen oder widerwärtigen Bedingungen unablässig wächst (die Hotelketten und Durchgangswohnheime, die Feriendörfer, die Flüchtlingslager, die Slums, die zum Abbruch oder zum Verfall bestimmt sind), eine Welt, in der sich ein enges Netz von Verkehrsmitteln entwikkelt, die gleichfalls bewegliche Behausungen sind, wo der mit weiten Strecken, automatischen Verteilern und Kreditkarten Vertraute an die Gesten des stummen Verkehrs anknüpft.«

Die »Airportisierung« als Mobilitätsprojekt: Flughäfen, Bahnhöfe, Tankstellen als neue Zentren

Freizeit, Konsum und Arbeit sammeln sich immer stärker an solchen Transiträumen (Transitzentren, Transitstationen). Die Tankstelle, der Bahnhof, der Flughafen, der Freizeitpark, die Shoppingzentren werden immer mehr zu wichtigen, Aktivitäten aller Art anziehenden Zentren. Sie sind die Orte, die die Reisenden mit Sicherheit besuchen, und die damit einen wichtigen ersten Eindruck über ein Land hinterlassen. Als vielrei-

115 Vgl. Marc Augé 1992, einer der anregendsten Beiträge zu diesem Thema

sender Manager weiß ich heute ohnehin von vielen Ländern und Städten nur noch, wie der Flughafen, der Bahnhof, der Frühstücksraum im Hotel oder die Tankstellen aussehen; und sie sehen – bis heute – in der Regel *trist, langweilig und austauschbar* aus. Das depressivste am Managerleben sind die Übernachtungen in sterilen Fünfsternehotels, die zwar allen Komfort anbieten, aber atmosphärisch tödliche Stimmung ausstrahlen. Es ist kein Zufall, daß in typischen Management- und Kongreßhotelketten die Pornovideos boomen.

Transitstationen sind jetzt schon als logistische Knotenpunkte wichtig, und sie werden noch wichtiger: Nicht nur, daß wir dort auf den Anschluß (was für ein schönes Wort!) warten, uns verpflegen oder ganzheitlich warten lassen können vom Friseur bis zum Health Food Corner, und uns dort auch immer mehr mit Produkten des täglichen Gebrauchs eindecken können (Convenience und Fast-food, Take-away); sie werden zum eigentlichen Zentrum unseres Transitlebens. Sehr richtig heißen daher die Shell-Tankstellen »Service-Station« – mit Motorenöl und Benzin haben sie nur noch wenig am Hut. Eine Service-Station versieht mich mit dem, was ich bis zum nächsten Transitort brauche: Proviant, Lektüre, Treibstoff, Informationen, Geld.

Da ihre Bedeutung auch wirtschaftlich rasch zunimmt, erleben wir Transitstationen nicht selten als permanente Baustelle: es wird ausgebaut, umgebaut, neu positioniert. Um ein Beispiel zu nehmen: Aus Deutschland wissen wir, daß über zwei Dutzend große Bahnhöfe in Zukunft zu den modernsten der Welt umgebaut werden sollen. Diese Transitstationen haben die Funktion, die Infrastruktur für multifunktionale Dienstleistungsangebote bereitzustellen. Ich wage zu behaupten: ***Die Zukunft des Konsums und damit der Zentren von Kaufkraft spielt sich sehr wesentlich an diesen und um diese Transitstationen ab.*** Es geht also nicht nur um Einkaufszentren. Das gehört ohnehin dazu. Aber wenn sich das Leben in Zukunft als Transitleben abspielt, dann haben Bahnhöfe eine herausragende Rolle zu spielen. Wir wissen aus der Zürcher Erfahrung, daß sich Bahnhöfe auch als Kulturzentren eignen, etwa für die Inszenierung von Kinospektakel oder von Theater oder von Musikkonzerten. Sie eignen sich auch als Ort, an dem verschiedenste logistische Dienstleistungen zusammentref-

fen können, etwa die Auslieferung von per Internet bestellter Ware. Darin konkurrieren in Zukunft wohl Tankstellen für Autofahrer mit Bahnhöfen für Zugreisende.
Bahnhöfe eignen sich wegen ihrer zentralen Lage auch für Kongresse aller Art: Managementkongresse, Kunstvernissagen, Wissenschaftskolloquien, Esoterikmessen etc. Wir alle nehmen freiwillig oder unfreiwillig immer mehr an irgendwelchen Veranstaltungen teil. Bahnhöfe eignen sich im weiteren Sinne als Ort von Zusammenkünften überhaupt – wie etwa Demonstrationen, Massenproteste aller Art, denn Bahnhöfe sind, was heute von kaum zu überschätzender Bedeutung ist, *öffentlichkeitssensible Orte*, die auch die Medien sofort anziehen.
Was man sich in Deutschland mit dem Umbau großer Bahnhöfe wie München, Frankfurt am Main oder Stuttgart erhofft, ist nichts geringeres als ihre eigentliche Renaissance. Im 21. Jahrhundert soll der Fernverkehr dort nur noch unterirdisch laufen, und zwar nicht nur in den Bahnhöfen, sondern gleich in der gesamten Innenstadt. Damit würden mehr innerstädtische Bauflächen zur Verfügung stehen. Die Innenstädte erhalten durch die Aufwertung von Transitorten eine neue Bedeutung: Sie sind sozusagen ihre *postmodernen Accessoires*, die sich nach verschiedenen Kriterien richten können. Der dänische Zukunftsforscher Rolf Jensen hat an der Konferenz über »The Future of the City in Post-Industrial Societies« am 4. November 1996 in Kopenhagen eine kleine Typologie vorgeschlagen, nämlich

- ***The Green City*** (konsequente Ökostadt);
- ***The High Tech City*** (konsequente Informations-Service-Ausrichtung);
- ***The Story Telling City*** (konsequente Ausnützung und Umsetzung von Geschichten, wie kulturelle Traditionen, Mythen, Persönlichkeiten etc. Diese Stadt wird eine vollendete Form der Musealisierung und Sofort-Musealisierung sein);
- ***The Blade-Runner City*** (die Negativversion).

Der deutsche Architekt Meinhard von Gerkan, der vor allem mit internationalen Flughafenprojekten wie Moskau, Algier oder Berlin-Tegel bekannt geworden ist, will mit seiner Firma GMP auch

Bahnhöfe umbauen. Im Katalog zur »Renaissance der Bahnhöfe« hat von Gerkan die jetzigen Haltestellen und ihr Umfeld zu »wahren Pestbeulen« der Stadt erklärt. Doch eines scheint gewiß: Der Transitmensch könnte zu einer Entwicklung des Bahnhofs beitragen, der ein eigentlicher Stadtteil und Lebensraum darstellt. Transitorte werden zu Lebens-Orten, also Orten, an denen sich das wirkliche Leben in Zukunft nicht nur vorübergehend, sondern substantiell abspielt. Dasselbe haben wir ja bereits bei Flughäfen beobachten können.

Ich zögere nicht, von einer ***Airportisierung des Lebens*** zu sprechen. Transiträume sind zu wichtigen Aufenthaltsräumen für die Menschen geworden. Menschen verbringen dort viel mehr Zeit als ursprünglich eingeplant: insbesondere **mehr Wartezeit**. Diese wird nicht effizient genutzt, das wissen wir. Aber wir können in Zukunft aus diesen Transitorten auch Lebensorte machen, die die drei »K« besser integrieren: ***Konsum, Kultur, Kongresse.*** Der Pop- und Experimentalmusiker Brian Eno hat diese Entwicklung schon früh vorausgesehen und mit seiner LP »Music for Airports/Ambient 1« (1978) den Sound für einen neuen Lifestyle geliefert. Das Zwischenzeitliche, der Ort, an dem man nur auf den Anschluß wartet, an dem man in einer Halle noch einen Text redigiert, wird zum eigentlichen Lebensinhalt. Warum soll er deshalb nicht viel schöner und besser inszeniert werden?

Wir müssen die Transitorte nicht so pessimistisch bewerten wie Marc Augé, der sie bezeichnenderweise als »Nicht-Orte« (Non-Lieux) bezeichnet. Für Augé stehen »wirkliche Orte«, Behausungen, an denen man sich niederläßt und verwurzelt ist, den Transitorten gegenüber; sie werden nicht integriert. Ich halte mich lieber an die Definition von Baudelaire. Denn solche Transitorte können sich durchaus zu »Orten der Erinnerung« verwandeln. Sicher richtig ist die Beobachtung, daß die Nicht-Orte ein Scharnier für die »solitäre Vertraglichkeit« bieten. Das heißt, es sind Orte, die nach dem Check-in und Check-out-Prinzip funktionieren. Erst wenn ich mich ausweise per Kreditkarte, Kundenkarte, Identitätsausweis, Passport etc. gewinne ich die Vorteile dieser Transitorte. Bevor ich von den Vorteilen des Duty Free, des Supermarktes, der Service-Station profitiere, muß ich sozusagen »meine

Unschuld nachweisen«.[116] Als Transitmensch gewinne ich dafür einerseits für eine kurze Weile die passiven Freuden der Anonymität: auf der Autobahn, im Flughafen, im Supermarkt bin ich anonym. Denn ich genieße zweitens die aktiven Freuden eines Rollenspiels: Als Passagier, als Hotelbenutzer, als Autobahnbenutzer spiele ich nur eine Rolle, die ich selbst interpretieren kann, denn diese Nicht-Orte schaffen keine besonderen Identitäten, ihre Benutzer operieren nach den Prinzipien der Ähnlichkeit und der Einsamkeit. Die Maschinen kontrollieren zwar die Ausweise und Kreditwürdigkeit, aber sie behandeln nur Namen und Nummern und führen diskrete Dialoge wie: »Karte falsch eingeführt«, »Transaktion abgebrochen«, »Besten Dank für Ihren Besuch«. Ernst wird es nur, wenn auf dem Monitor erscheint: »Karte unlesbar« oder »Karte ungültig.«

Vergessen wir allerdings dies nicht: Transitorte sind exponierte Orte; sie verfügen daher auch über große *Risikopotentiale.* Einkaufszentren oder Bahnhöfe sind zwar auch Orte der Sicherheit, denn dort gibt es die wichtige Spezies der Passanten. Sicherheit muß in solchen Zentren ohnehin groß geschrieben werden. Wegen der hohen Frequenzen sind sie auch besonders anfällig für terroristische Anschläge. Daraus können wir viel lernen. Um es in aller Härte und direkt zu sagen: **Eine Transitgesellschaft trifft man nicht mehr in ihrem Nerv,** denn das ist nicht mehr möglich. **Sie hat kein Zentrum mehr.** Der Passantenstrom fließt immer weiter. Aber an einem solchen Ort trifft man eine Transitgesellschaft besonders **effizient.** Man fügt ihr mit wenig Aufwand den höchstmöglichen Schaden bei. Daher kann man mit einem Anschlag dort für einen Zeitraum von maximal zwei bis drei Tagen mit der höchstmöglichen Aufmerksamkeit der Medienwelt rechnen. In besonders brutaler und rücksichtsloser Weise haben uns das die Olympischen Spiele in Atlanta 1996 vor Augen geführt.

Erregungsempfänger und Lustsammler

Kehren wir zurück zur speziellen Spezies des Touristen. Warum ist der Tourist das begehrteste Lebenskonzept geworden? Warum verhalten sich Touristen wie eine Art »perpetuum mobile«?

---

116 Augé, a.a.O., p. 120

Was den Touristen auf Achse hält, was ihn zum Weitermachen motiviert, ist die baldige Ernüchterung über den letzten Aufenthaltsort und die Hoffnung bzw. Spannung, daß der nächste, noch nicht bekannte Ort, noch bessere Erfahrungen und Erlebnisse bringen wird. Gerade gute Produkte suggerieren ja: »Du hast nie genug!« Dramaturgisch muß also der Spannungsbogen permanent gehalten werden. Er darf nie abbrechen. Das wäre gefährlich. Die Spannung muß die Botschaft vermitteln: *»Beim nächsten Mal erfährst du die ultimative Erregung!«* Aber man darf und wird sie natürlich nie erreichen. Davon wird der globale Markt abhängig sein, und wahrscheinlich kein zweiter wie der Tourismusmarkt hat hier Möglichkeiten, mit Wünschen und Träumen zu spielen.

Um nochmals Zygmunt Bauman zu zitieren, der dieses Phänomen sehr genau beschrieben hat: Konsumenten mit planetarischem Bewußtsein sind zu den eingangs erwähnten ***Erregungsempfängern und Lustsammlern*** geworden. Früher war die Welt des Tourismus einfach – der Kunde suchte Informationen, und der Markt hat informiert. Heute suchen nicht mehr Kunden Informationen, sondern Informationen suchen Kunden. Heute suchen nicht mehr Kunden Prospekte, sondern Prospekte suchen Kunden. Heute suchen nicht mehr Kunden Hotelbetten, sondern Hotelbetten suchen Kunden. Damit ist gemeint: Heute müssen Kunden nicht mehr informiert, sondern emotional »angekickt« und mit unterschiedlichsten listigen Strategien verführt werden.

Kunden müssen daher *emotional fit* sein, damit sie die unterschiedlichsten Angebote aufnehmen und sich permanent stimulieren lassen können. Kunden müssen auf die Reizattacken eingehen und diese verdauen können. Entscheidend für den Genuß und das Erlebnis ist die während des Konsums wahrgenommene Sensation. Und das heißt heute: *Tiefe, Unvergleichbarkeit und Intensität.* Das sind die Kriterien, die besonders gefragt sind. In unserer demokratischen Erlebnis- oder neudeutschen Sinnkultur nimmt der **Wunsch nach neuartigen Gefühlen**, nach dem neuartigen Kick immer noch zu, nicht ab. Interessant ist: Ein Grenznutzen scheint nicht absehbar zu sein. Die Entwicklung im Sport, z. B. im Extremsport, kann das nur bestätigen. Die zentralen Marktwerte sind Fun, Thrill und Move, und die wichtigsten touristischen Wachstumsmärkte finden wir an der Schnittstelle zur intensiven Unterhaltung (mit großem Volumen) oder in seinem Gegenteil, dem totalen Relax (mit kleinem Volumen für die Elite). Auf jeden Fall aber ist die *Langeweile* der am meisten verpönte Wert. Auch wenn man nicht ständig auf ein Angebot eingeht, so muß ständig die Möglichkeit da sein, auf ein nächstes Angebot einzugehen. Es ist hier wie mit dem Sonntagsshopping. Auch wenn ich nur durch die Straßen gehe, in denen sonntags die Läden offen sind, und ich eigentlich gar nichts kaufen werde, so ist allein das *Gefühl* überaus befriedigend, daß ich jederzeit auf ein Angebot eingehen könnte und alles für mich verfügbar wäre. Denn Langeweile verspüren ist das schlimmste, was mir passieren kann. Denn dieses Gefühl suggeriert: *»Du bist ein Versager! Entweder bist du unfähig, etwas zu erleben, oder du hast nicht genügend Geld, um dich vor der Langeweile zu schützen«.*

Das Tourismusphänomen durchdringt unseren Alltag. Um das eingangs erwähnte Beispiel der Biographien zu wiederholen: Wenn wir heute die Biographie von jungen Menschen anschauen, so können wir wie nie zuvor feststellen, daß das Reisen und vielleicht noch mehr das *Verreisen* zu weit mehr als einem bloßen Hobby avanciert ist. Weltreise, Rundreise, Sprachreise, Bildungsurlaub, Wellness-Wochen, Sportweekend etc. Auch die zeitliche Dimension hat sich stark verändert: Kürzestferien von einem Tag, etwa ein Städteflug auf der einen Seite, einen halbjährigen Sabbatical auf der anderen Seite, die in den letzten Jahren von immer mehr Leuten eingefordert und benutzt werden, weil sie erkennen, daß die zwei oder drei Wochen Sommerferien viel zu kurz sind, um sich effektiv zu erholen. Ferien sind in der Regel heute gespickt mit Aktivitäten unterschiedlichster Art, die kaum mehr einen Unterschied zu den Anstrengungen des Arbeitsalltages erkennen lassen. Oder was ebenfalls häufig eintritt, ist das genaue Gegenteil: Die Leute *verschlafen* die ganze Ferienzeit im Hotel oder im Ferienhaus, und holen so den *aufgestauten fehlenden Schlaf* aus dem Arbeitsalltag nach. Beide Male stellt man am Schluß fest: Das waren keine »wirklichen« Ferien.

Auf jeden Fall stärken diese Entwicklungen den »Touristen«. Die Zerstückelung von Zeitdimensionen, der Drang und Zwang zu intensiverem Erleben und die Möglichkeit der moralischen Exkulpation machen das Tourismusmodell als Lebensmodell des heutigen Menschen attraktiv. Kurz: Es ist ein Lebensstil, ja eine Lebenshaltung oder gar ein Lebenskonzept geworden. Es geht also nicht mehr um die Befriedigung eines Bedürfnisses, sondern um die Dynamik eines unstillbaren Begehrens.

Das kann man leicht erklären. Der Tourismus als Sinnbranche kann – umfassender als andere Branchen – ein integriertes Gesamtpaket an Glücksmomenten anbieten. Je mehr wir akzeptieren müssen, daß die Arbeit und die Arbeitswelt nur für eine schmale Elite der Ort der Freiheit und der Selbstverwirklichung ist, desto mehr kommt dem Tourismus die Funktion zu, Entlastung von Zwängen des Alltags zu bieten.

In weiser Voraussicht hat sich übrigens kein Geringerer als Kanzler Kohl als Tourismusexperte profiliert. Er hat das quasireligiöse, sinnstiftende Potential des Tourismus vor drei Jahren richtig eingeschätzt. Helmut Kohl wird ja bekanntlich für die Schaffung des Unwortes des Jahres 1993 verantwortlich gemacht.[117] Kohl hatte nämlich eindringlich vor dem – und jetzt kommt das Wort – ***»kollektiven Freizeitpark«*** Deutschland gewarnt. Der »kollektive Freizeitpark« hat übrigens den ersten Rang als Unwort erreicht vor der »Überfremdung« und »Lean Production«. Dieser begehrenswerte Lebensstil macht gewissen Leuten angst.

Den Touristen zeichnet gegenüber anderen Reisenden ein fundamentaler Unterschied aus: *Er reist ohne ersichtlichen Grund.* Er verfügt nicht über ein Alibi wie der Geschäftsmann oder der Politiker. Er hat nur die Neugier. Er kann aus seinen Erfahrungen ein Geheimnis machen. Lust auf das Geheimnisvolle, Lust auf Gefahr und Verbotenes sind seine Motive. Wie der französische Ethnologe und Tourismusforscher Jean-Didier Urbain unterstreicht,[118] greifen die heutigen Touristen eine alte Reisetradition auf. Sie machen etwa ein Geheimnis aus ihren Routen, und wenn sie zurückkommen, präsentieren sie sich als die großen Entdecker, Abenteurer. Sie suchen *auch* bestimmte Orte auf, damit sie etwas erzählen können und weil niemand die Geschichte nachprüfen kann.

Warum ist das so? Der in England lehrende polnische Sozialanaly-

---

117 Von der »Gesellschaft für deutsche Sprache«

118 Vgl. die bibliographischen Angaben im Anhang

tiker Zygmunt Bauman hat einmal gesagt: *»Der Tourist ist eine schlechte Nachricht für die Moral.«* Ich spiele damit nicht auf das Bild des deutschen Touristen an, wie es etwa im Film *»Man spricht deutsch«* von Gerhard Polt gezeichnet wurde; obwohl da natürlich etwas dran ist. Und ich meine damit auch nicht den beliebten Sextourismus nach Thailand, bei dem möglichst junge und unverbrauchte Körper eingekauft werden – obwohl natürlich auch da etwas dran ist. Wichtiger ist: Der Tourismus bietet das, was der Mensch im Alltag nicht sein darf. ***Der Tourismus bietet die letzte Form der Gegenwelt.*** Als Tourist kann jeder ausleben, was ihm sonst die Moral und der gute Geschmack verbietet. Im Pauschalarrangement, das im voraus bezahlt wurde, sind nicht nur Survival Kits gegen Höhenkrankheit inbegriffen, sondern auch die präventive Medizin gegen Gewissensbisse. Der Tourist bezieht seine Generalbevollmächtigung und Entschuldungsklausel durch den Vorwurf »Das ist halt ein Tourist«. Der Tourist bezieht seine Attraktivität dadurch, daß er wie der Transitmensch radikal anonym sich bewegen kann. Er muß nicht wie die Einheimischen auf kulturelle Vorgaben eingehen. Er darf sich kleiden wie er will, er darf sich gebärden wie er will. Er bezieht – zugespitzt formuliert – distanzlos Kulturhäppchen in Form von ethnischen Take-aways. Man ist zwar physisch nahe, aber moralisch entschuldigt.
Kurz: Der Tourismus ist immer mehr eine verteidigungswürdige, nicht mehr wegzudenkende Form von Entlastung, die nicht vollständig rational interpretiert und erklärt werden kann. ***Der Tourist ist »politisch nicht korrekt«.***

Veränderungsschübe VI: Die neue Sehnsucht nach dem Alternativen: Boykott als Instrument gegen Marketing Madness

Glaubenskrieg um Konsum – Wandel im Protestverhalten

Woran denken Sie, wenn Sie an Greenpeace denken?

- Denken Sie an die Wirksamkeit von Kundendialogen? Wohl weniger.
- Denken Sie an die Wirksamkeit besserer Produktinformationen? Kaum.
- Denken Sie, daß es eine bestimmte Opferlogik gibt? Wohl kaum.
- Denken Sie an wissenschaftlich gestützte Untersuchungen und die Wirksamkeit rationaler Argumentation? Kaum.
- Denken Sie an eine verbindliche Moral wie Glaubwürdigkeit? Vielleicht.
- Denken Sie an Demokratie? Ich nehme an, als Bürger schon.
- Denken Sie an den hohen, vielleicht brutalen Stellenwert von clever inszenierter Kommunikation? Bestimmt.
- Denken Sie an Smartness, ja sogar an Sex-Appeal? Wahrscheinlich.
- Denken Sie an hochprofessionelle Action? Ganz sicher.
- Denken Sie an Timing, die Kunst, den richtigen Moment zu treffen? Natürlich.
- Denken Sie an eine Welt, die endlich wieder nach einem klaren »Gut-und-böse«-Schema eingeteilt werden kann? Ich glaube ja.
- Denken Sie an eine Welt, die nach dem Schema eines Hollywoodfilms abläuft, an Märchen und Mythen? 100 %ig.
- Denken Sie, daß ein Engagement für bestimmte Werte UND Hedonismus als Grundeinstellung zusammenpassen? Dann kommen wir der Sache wahrscheinlich noch näher.

Ich halte das Modell »Greenpeace« für eine zukunftsfähige Form der Marktkommunikation. Mit den folgenden Thesen werde ich versuchen, die Brisanz dieses Modells in seinen Konsequenzen herauszustellen.

① Postmoderner Protest
Gesellschaftliche Veränderungen und neue Lebensstile entstehen durch ein bestimmtes Konsumverhalten, nicht mehr durch klassische Politik.
Es sind nicht mehr Parteien und Politiker, die Individuen und Massen mobilisieren, sondern Fragen des »richtigen« Konsums. Daran haben wir uns zu gewöhnen.
② In unserer Zeit der »Stimmungsdemokratie« und der »Erlebnispolitik« entscheidet das Kommunikationsdesign über den Erfolg des Protestes, nicht die Auswahl von gut begründeten Gegnern.
Protest ist ein »natürliches« Phänomen gesättigter Konsummärkte, in denen es ständig neue Verlierer und Sieger gibt.
③ Product Plus – Moralmarketing: die Antwort proaktiver Unternehmen.
Innovative Unternehmen setzen nicht primär auf reaktive Marketinginstrumente wie intensiveren Kundendialog oder verfeinerte Produktinformation. Sie verhalten sich von Anfang an proaktiv und gestalten mit ihren Produkten das Wertebewußtsein der Kunden. Der Mehrwert eines Produktes entsteht sozusagen durch ein aktives, aggressiv formuliertes *Bekenntnisangebot.* Mit dem Kauf von Produkten *solidarisiere* ich mich mit einem persönlich gewählten Problem dieser Welt und trage zu seiner Lösung bei.

Brent Spar und die Atomversuche auf Mururoa 1995 haben einen Sensibilisierungsschub in Medien und Öffentlichkeit bewirkt, wie wir es seit Jahren nicht mehr erlebt haben. Es scheint beinahe so, als hätten diese Ereignisse als Auslöser und Kanalisierung für eine Vielfalt von Aktivitäten gedient. Die zentrale Erkenntnis daraus scheint zu lauten: ***Die Mittel der Politik sind erschöpft, sie bewirken keine gesellschaftlichen Veränderungsprozesse mehr.*** Politik ist heutzutage die Kunst des Besprechens und im besten Falle des Managements des Status quo. Das genügt definitiv nicht mehr, und vor allem die jüngeren Zielgruppen wenden sich von den depressiven Formen politischer Meinungsbildung angewidert ab: Sie wollen etwas bewirken, aber ohne die langwierigen und für die Sache ergebnislosen Machtspiele mitzumachen, wie sie die großen Parteien vorexerzieren.

Ich will nicht zur beliebten Politikschelte ansetzen. Wir wissen nur zu gut: Es gibt keine eigentliche Verdrossenheit gegenüber politischen Themen, aber es gibt eine generelle, scheinbar irreversible Parteienverdrossenheit und eine scheinbar irreversible Politikerverdrossenheit. Wenn wir einer Umfrage des Spiegels[119] Glauben schenken dürfen, so halten gerade noch 5 % der 13- bis 25jährigen – also wichtige Zielpublika – die Parteien für glaubwürdig, aber 64 % halten Greenpeace für glaubwürdig. *Sie glauben also eher einem Konzern, der Ökomoral verkauft, als den politischen Parteien.* Ich glaube nicht, das das ein Zufall ist.

Boykott – gleich welcher Art – geht von der Erkenntnis aus: Die Energie, die früher in die Politik gesteckt wurde, wird heute in die Wirtschaft gesteckt. Denn bei den Unternehmen passiert im Gegensatz zur Politik sofort etwas, sobald es um Umsatzzahlen geht. Wenn ich also rasch Resultate sehen will, muß ich mich direkt um Unternehmen kümmern. Das kann die Politik – per definitionem – nicht bieten. Sie ist im Vergleich dazu ineffizient, langsam und vor allem: weitgehend kostenunsensibel. Dazu kommt: Die Politik hat auf der Ebene der Ideen und Werte keine überzeugenden Feindbilder mehr anzubieten. Genau diese kann man aber jetzt in der Wirtschaft aktivieren. Das, was die parteipolitischen Richtungen – es gibt nur drei relevante, und alle stammen aus vergangenen Jahrhunderten: Konservatismus, Liberalismus und Sozialismus – nicht mehr zustande bringen, muß nun direkt auf der Ebene der Unternehmen stattfinden. Wenn es der Politik nicht mehr gelingt, das Wertebewußtsein der Bürger zu gestalten, dann muß man die Unternehmen forcieren. Wir kennen ja den Ausdruck, der sicherlich noch Karriere machen wird, nämlich *»Unternehmen als Staatsersatz«*. Der Vorteil der Unternehmen, nochmals, liegt darin, daß sie sichtbare Resultate produzieren müssen. »Just do it«, und nicht »Just discuss it«. Und

---

119 33/1995, 157

darin liegt auch die Spannung und Attraktivität für die Boykotteure.
Niemand geringerer als der Kleiderkonzern Benetton hat diesen Wandel früh erkannt und explizit gemacht. Was ist denn die Botschaft der United-Colours-Kampagnen von Benetton? Sie besagt: Je mehr die Politik versagt, je mehr sich die große Politik lächerlich macht, United Nations herzustellen, desto mehr können wir den Anspruch erheben, mit Pullovern die wirklichen United Nations herzustellen. Was in der Politik nicht mehr gelingt, gelingt dafür um so besser im Konsum.
Das besagt: Der Kampf geht heute um Ablaufdaten von Joghurts, um den politisch korrekten Geschmack von Tomaten, um champagner- und cognacfreie Zonen, um die in Millimetern gemessene Größe von Tierkäfigen oder um die Kilogramm artgerechtem Fleisch, die ein Mensch essen soll oder muß, damit die Identität der Nation bewahrt werden kann. Wenn wir vom Marketing her denken, also der zentralen Disziplin der Boykotteure, müssen wir feststellen: Je weniger es mit Mitteln der Politik gelingt, Bürgernähe zu realisieren, desto mehr sind die Unternehmen herausgefordert, Kundennähe zu realisieren. Es ist ja kein Zufall, daß Kundenorientierung sozusagen die große Ideologie der Gegenwart geworden ist. Und daran kommt niemand vorbei.
Auch wer Protest und Boykott herstellen will, muß kundenorientiert handeln. Er muß verschiedene Ebenen der Sensibilisierung ansprechen.
Die unterste Schicht betrifft die Erkenntnis, daß wir wie nie zuvor erleben können, wie sich Macht und Beeinflussung durch Präsenz auf dem Markt der Meinungsbildung niederschlägt. Was früher Öffentlichkeit hieß, ist heute zu einem extrem labilen Gebilde geworden, in dem man die richtige Stimmungslage anklicken und gestalten muß, wenn man etwas erreichen will. Es geht also – modisch gesprochen – um hochgradig emotionalisierte Events. Wir leben – nun wieder klassisch übersetzt – in einer Stimmungsdemokratie mit einer Erlebnispolitik. Ich würde bezüglich der Performance in diesen Disziplinen ohne Zögern Christoph Blocher den ersten Preis für Eventmarketing überreichen, knapp vor Greenpeace.
Das, was wir ***öffentliche Meinung*** nennen, ***ist heute eine Mi-***

schung aus Fakten, Mythen und Psychose. So hat es jedenfalls der bekannte französische Chefbeamte und Autor Alain Minc in seinem Buch »L'ivresse démocratique« genannt.[120] Ich kann mir übrigens auch gut vorstellen, daß in Zukunft die unsäglichen Politbarometer und Beliebtheitskurven von Politikern durch Ökobarometer und Beliebtheitskurven von Firmen und Produkten abgelöst werden, die bestimmten Kriterien genügen müssen.
Wenn wir von Protest sprechen, sprechen wir von unterschiedlichsten Kategorien wie Appellen, Boykott, Demonstrationen, zivilem Ungehorsam, Widerstand oder von Terror. Es ist wichtig, die Unterschiede zu kennen. Denn zwischen der Appellkultur und dem Terror gibt es natürlich Verbindungen, die nicht zu verniedlichen sind.

- Appelle
- Boykott
- Demonstration
- Ziviler Ungehorsam
- Widerstand
- Terror

Wir haben in den letzten Jahren beinahe eine Explosion von Appellen aller Art erlebt. Sie betreffen die Beeinflussung des individuellen Gewissens. Immer soll ich etwas unterlassen oder tun: *»Rauchen gefährdet Ihre Gesundheit!« »Essen Sie sich schlank!« »Give Jeans a chance!« »Ihr Bus – das Stattauto« »Glatze muß nicht sein!« »Sag's doch schnell per Telefon!«* Öffentliche Bauten, private Autos, der Körper von Erwachsenen und Kindern sind zur Werbefläche von Appellbotschaften geworden. Wir sehen das etwa an der T-Shirt-Kultur, wo sich die Kreativität besonders ausgetobt hat.[121] ***Appelle funktionieren auf der Ebene des politisch korrekten Konsums.*** Ihre Wirksamkeit mag kurzfristig gesehen gering sein, aber mit ihnen kann man Stimmungen anheizen. »War-

120 Ersch. Paris 1995

121 Vgl. Nova Magazine, Octobre 1995, das eine Liste französischer Protest-T-Shirts angibt, wie »Mangez des bombes« oder »Stop Hirochirac« oder »Muruora mon amour«

um ißt du eigentlich Hero-Konfitüre und nicht vielmehr ökologisch korrekte Konfitüre vom Bauer um die Ecke?« Das führt zu dem Phänomen, das der deutsche Philosoph Odo Marquard so treffend »Übertribunalisierung« genannt hat. Das heißt: Ich bin in einer Situation, als wäre ich permanent vor Gericht. Ich muß jede meiner Handlungen rechtfertigen. Ich darf nicht mehr irgendeinen beliebigen Apfel essen. Ich darf nicht mehr irgendwelches Fleisch essen. Ich muß zum Ausdruck bringen, was ich tue und warum ich es tue. Ich muß mich ständig rechtfertigen.

Das vielleicht zur Zeit eindrücklichste Beispiel ist die plötzlich ins Unfaßbare entglittene Tierliebe unserer Zeitgenossenschaft. Tiere sind ja etwas Nettes, und daß man sie anständig behandeln soll, ist legitim. Etwas schwieriger wird es dann schon beim Wort »artgerecht«. Aber Tiere scheinen stimmungsmäßig mehr Legitimität generieren zu können als Menschen. Das führt auch dazu, daß ich nicht mehr ungestraft sagen darf *»Menschen verhalten sich bestialisch«*. Denn damit beleidige ich Tiere. Und das wiederum ist unmenschlich. Der Schweizer Einzelhändler Migros hat böse Proteste von Hundeliebhabern bekommen, weil ein Hund die Hauptrolle in ihren Werbespots spielt. So etwas schürt Protestpotential, weil es als Tierquälerei wahrgenommen wird.

Was ich damit anzeigen will: Unser Rechtsbewußtsein, unsere Vorstellung von dem, was Recht und Moral ist, ist strikt enthierarchisiert. Es gibt scheinbar keine Logik mehr, nach der Menschen mehr Liebe oder Zuwendung erfahren sollen als Tiere oder als Pflanzen oder gar als Autos – deshalb haben wir ja eine Autopartei, die sich legitimerweise und legalerweise für die Rechte der Autos einsetzt. So fordert ein bekannter Wortführer von radikalen Tierrechtlern in einem Interview des *Stern*:[122] »Toleranz gegenüber Fleischessern zu fordern ist ebenso absurd und obszön, wie Toleranz gegenüber Vergewaltigern und Mördern zu fordern.« Wenn Sie so etwas zum ersten Mal hören, wollen sie es nicht glauben. Wenn Sie dies zum 10. Mal hören, relativiert es sich schon. Und beim 50. Mal denken Sie: »Was soll's.« Und in dem Moment ist es passiert.

122 47/95

Am anderen Ende der Skala haben wir den *Terror.* Auch hier können wir festhalten: Was früher Terror gegen das sogenannte »System« war, also politisch lokalisiert war, ist heute Terror gegen bestimmte Konsumformen geworden. Der Transfer hat also auch hier stattgefunden. Die RAF-Manier der 70er finden wir heute als RAF-Manier gegen Konsumformen. So sind die wichtigsten Aktivitäten denn auch im Bereich Tierschutz und Gentechnologie zu finden, ferner noch und wieder erstarkt durch die französischen Atomtests, in der Atomenergie. Was auffällt, ist die Radikalität und *das Fehlen von Differenzierungen.* Der radikale Tierschutz geht so weit, daß er z. B. nicht mehr unterscheidet, ob die überzählige und damit schädliche Menge von Wildschweinen zur Jagd und zum Abschuß freigegeben wurde oder nicht. Tiere töten ist Tiere töten. So heißt es in einem Strategiepapier der radikalen Gruppe GENie A.G., die etwa gentechnisch verändertes Gemüse zerstören: »Man muß die Verantwortlichen terrorisieren, man muß ihnen pausenlos zeigen, daß sie Freiwild sind.« Das heißt: Hier manifestiert sich in erster Linie ein rein destruktiver Charakter. Er hat keine eigentlich moralisch-konstruktive Botschaft. Terrorhandlungen haben keinerlei Chance auf mehrheitsfähige Akzeptanz. Und sie gehen daher oft auch bis zur Selbstzerstörung.[123]
Sie sind in ihrem Kern – das kann man nur mit Kenntnis der politischen Traditionen erkennen – ein sehr deutsches Phänomen. Es kann aber durchaus Ableger in der Schweiz geben.[124] Was wir bei diesen Phänomenen studieren können, ist die Gewaltbereitschaft und die Steigerung in den Exzeß. Also dieselben Phänomene, die wir aus den 70er Jahren kennen von der RAF, die in der Ermordung von Schleyer, Buback und Ponto endeten. Zuerst machte man Gesinnungsterror und schritt dann zur Exekution.
Mag der Terror insgesamt ein eher marginales Phänomen sein, so ist er dennoch attraktiv für Leute, die nichts mehr zu verlieren haben. Und deren Anzahl steigt.
Worauf kommt es bei diesen Veränderungen an und was macht sie so schwierig einschätzbar?

---

123 Vgl. François Furet, Antoine Liniers, Philippe Raynaud, Terrorisme et Démocratie. Paris 1985; Hermann Lübbe, Politischer Moralismus. Der Triumph der Gesinnung über die Urteilskraft. Berlin 1987

124 Cf. Stern 47/1995 über die Öko-Krieger

Protest kann heute nicht mehr als ein isoliertes Phänomen betrachtet werden. Er ist ein Phänomen persönlicher Lebensstile und Einstellungen. ***Protest scheint ein normales, alltägliches Phänomen gesättigter Konsum- und Dienstleistungsmärkte zu werden.*** Denn diese Märkte generieren ständig neue Sieger und neue Verlierer. Der Sieger von heute kann der Verlierer von morgen sein. Und das Verrückte liegt darin, daß der Adressat des Protestes in aller Regel und genaugenommen *willkürlich* bestimmt ist.[125] Warum soll man Shell boykottieren und nicht BP oder Aral? Jeder, der diese Marktkonkurrenten genauer analysiert, wird gute Gründe finden, die alternierend für einen Boykott eines der anderen genannten Unternehmen sprechen. Wir wissen: Shell hat gerade für die Gemeinschaft einiges getan und dafür z. B. auch – was ja interessant ist – den alternativen Marketingpreis vom *Marketing-Journal* bekommen. Hier wird also aus einem Image- und Umsatzverlierer wieder ein moralischer Sieger gemacht.

Oder nehmen Sie die Bauernproteste, wie wir sie seit Ende 95 in der Schweiz kennen. Die Auswahl des Opfers wird willkürlich, weil jedes Opfer auf andere Verantwortliche verweisen kann und so eine endlose und beliebig fortsetzbare Kette von Schuldigen und weiteren Involvierten abgerufen werden kann – die Globalisierung, der Konkurrenzdruck, die Verantwortung gegenüber den Mitarbeitern, die Kunden, die kein Fleisch mehr wollen etc. Das Ergebnis wird ein sinnloses sein: Das Problem kann nur gelöst werden, wenn man die ganze Gesellschaft abschafft. Protest hat keinen wirklichen Adressaten mehr, sondern einen konstruierten. ***Protest ist heute privatisiert und folgt der Logik und Laune persönlicher Lebensstile.***

Daher kann man Protestierende nicht mehr in das alte Links-Rechts-Schema drängen. Auch gesellschaftliche Eliten protestieren (Ärzte gegen Philip Morris, wie wir aus den USA wissen), auch Gläubige protestieren (Christen gegen Unilever), und anerkannte und etablierte Starköche boykottieren bei uns genmanipulierte Nahrungsmittel.

Eines können wir aus diesen – beim ersten Anblick konfus erscheinenden Entwicklungen – erkennen: Wenn tendenziell alles

125 So auch die Kernthese der Arbeiten von Niklas Luhmann zu diesem Thema

eingeklagt werden kann, dann hängt das Resultat von Boykottaktionen in erster Linie vom geschickten Kommunikationsdesign der Boykotteure ab. Sie müssen die Stimmungslage von möglichst großen Anteilen des relevanten Zielpublikums auf ihre Seite ziehen.

Ich möchte die Aufmerksamkeit an dieser Stelle noch auf einen Punkt lenken, der mir wichtig scheint. Ich habe dies in Anlehnung an die Arbeiten von Peter Wippermann vom Trendbüro Hamburg mit Product Plus bezeichnet; wir können es auch explizit mit Moralmarketing bezeichnen. Clevere Firmen warten nicht, bis sie vielleicht einmal zufällig Opfer eines Protestes werden. Sie haben erkannt: Man muß die Produkte selbst mit Werten aufladen, die die Konsumenten wirklich interessieren, d. h., die ihren persönlichen Lebensstilen entgegenkommen.

Ein hervorragendes Beispiel bietet etwa der amerikanische Eiscremehersteller Ben & Jerry's. Dieses Unternehmen hat erkannt, wie man aktiv Werthaltungen kommuniziert, ohne sterilen Moralismus zu transportieren und ohne in die Zwickmühle der Glaubwürdigkeit und der echten oder unechten Kommunikation zu kommen. Das geht nur, indem man erstens konkret wird. Und es geht nur, indem man zweitens konsequent die Ebenen (1) *Hedonismus* im Sinne von konsequenter Spaßorientierung, (2) *Moral* im Sinne von ernster, universalistisch überprüfbarer ethischer Kriterien und (3) *Marketing* im Sinne von Bereitstellung aller Infrastrukturen für ein Soviel-verkaufen-wie-nur-Möglich miteinander verknüpft. Was haben Ben und sein Partner Jerry gemacht? Sie haben eine qualitativ hochwertige Eiscreme hergestellt und ihr den Namen »Rain Forest Icecream« gegeben, also eine Regenwald-Glacé gemacht. Das Eis kündigt mithin schon im Produktnamen an, was es bezwecken will. Mit dem Kauf einer solchen Eiscreme weiß ich, daß 1 % des vorsteuerlichen Gewinns für die Lösung eines der größten Gegenwartsprobleme eingesetzt wird, nämlich den *Schutz des Regenwaldes*. Mit dem Kauf kann ich also zweierlei befriedigen: erstens meine Lust auf qualitativ hochwertiges Eis und zweitens, sozusagen als positiver Nebeneffekt meiner Lust, mein lädiertes moralisches Bewußtsein. Das heißt: Der Kunde erlebt hier Sinn durch Sinnkonsum. Das Sinnangebot überlagert das Produktangebot und bietet einen Mehrwert, der

gerade in gesättigten Märkten attraktiv ist, in denen Produkte immer leichter substituierbar sind.
Diese Strategie hat natürlich Vorteile gegenüber Marketinginstrumenten, die primär *reaktiv* sind, wie intensiverer Kundendialog oder verfeinerte Produktinformationen. Denn der Mehrwert für den ohnehin zumeist überforderten Kunden besteht in einem einfachen, klar kommunizierbaren *Bekenntnisangebot*. Mit dem Kauf solidarisiere ich mich mit einem persönlich gewählten Großproblem dieser Welt und trage konkret zu seiner Lösung bei. Sie erkennen sofort den Vorteil des *»Product-Plus«*-Approach gegenüber anderen Formen eines paramoralischen Engagements wie Sponsoring oder ähnlichem. Denn sie erreichen die erwähnte Mehrebenenkombination von Hedonismus, Moral und Marketing nicht.
Diese Strategie geht über die rationalen Instrumente der Prävention weit hinaus und könnte – im besten Falle, Prävention überflüssig machen. Ich halte es allerdings für unerläßlich und wichtig, daß wir die Tools kennenlernen, die Unternehmen einsetzen können, wenn sie mit Angriffen aller Art konfrontiert werden.

Die Listen »Tips for Calling a Boykott« und »The Keys To A Successful Boykott« finden Sie auf den folgenden Seiten abgedruckt.

Kurze Bemerkungen zur Zukunft des Protests:

① Protest kann zum zukunftsträchtigen Business werden. Protest ist kreativitätsfördernd und löst Produktinnovationen aus. Protest ist ein vielschichtiges Phänomen, das Produkte und Dienstleistungen ermöglicht. Wir wissen bereits: Es gibt Möglichkeiten des Protesttourismus, des Protestmerchandising, des Protestfranchising etc. Warum soll man beispielsweise nicht eine Restaurantkette eröffnen, die exklusiv Protestthemen und Protestprodukte vermarktet? Das wird sich bei guter Umsetzung sicherlich rentieren. Damit will ich andeuten: Protest hat Nebenfolgen, die wiederum im Nichtprotestbereich beheimatet sind.
Wie wir – etwa aus den Jugendkulturen – lernen können, scheint das »Böse« mehr kreative Energie loszulösen als das »Gute«. Das kann man in den Rock- und Popkulturen beobachten, wo ein eigentlicher Kreativitätsschub neue Produkte hervorgebracht

Tips for Calling a Boycott

From time to time, *NBN* is called upon to give recommendations on how to launch boycotts (as well as how to respond to them). The following are some steps that may be helpful to consider when planning a boycott.

1. Look closely at potential targets. Here are some considerations. Do you want to target an offender that is:

a. the worst offender?
b. the industry leader?
c. the company most sympathetic to your demands and thus, the one most likely to meet your demands and set an example?
d. the company with the highest visibility?
e. the company with the products that are easily recognized by consumers?
f. the company that is the most economically or managerially unstable and vulnerable?
g. the company with the most vulnerable image?
h. the company with the most enemies, which could be helpful in coalition building?
i. the company that makes the greatest percentage of its profits from consumer goods?
j. the company that is the most open to dialog?
k. the company that is least open to negotiation?

Usually boycotters make their decisions based upon varied combinations of the above criteria.

2. After choosing a potential target, write the chosen company about your concerns. The following is our suggested ordering of correspondence:

a. a letter from your organization expressing your concerns.
b. a letter stating why the company's reply is insufficient and requesting that your concerns receive more serious consideration.
c. if the company's responses continue to present a contrary point of view, ask for the name of the person in charge of studying the disputed issues, and request that your letters be forwarded to that person.
d. if possible, attempt to establish a direct dialog with a person from the company directly involved in the issue, and work to precisely define the points of disagreement.
e. ask how these points might be further examined and resolved to both parties' satisfaction.
f. if the company's proposal is lacking, explain why, and ask for them to put together a proposal that addresses your concerns.
g. if the company's proposal continues to avoid addressing your concerns, devise your own proposal for how the company might go about addressing the points of disagreement.
h. if the company agrees to your proposal, or aspects of it, will be dealt with. If the company refuses to accept your proposal, or timeline, tell it that you must see some movement on the issue by a certain date, or you are prepared to consider a boycott against it.
i. if the company refuses to act by the deadline, inform the company that you are researching the possibility of launching a boycott against it, but are willing to keep the lines of communication open. Include a list of your demands.
j. if you hear nothing new from the company, notify it that you will hold a press conference announcing the boycott on a particular date. Again, reiterate that you are willing to keep lines of communication open and tell the company in no uncertain language what a positive step it would be if it were to meet your demands.

3. Before announcing the boycott, you should:

a. outline your long and short-term goals for the boycott and decide how you will measure the boycott's effectiveness.
b. decide which products to target, whether just a few high-profile products, or all consumer products, and whether to include products of subsidiaries.

c. look for other groups (local, national, and international) that would support your demands of the company. Ask these groups to either co-sponsor or endorse the boycott.
d. look for other groups that may be opposing the company for different reasons. Discuss how you might work together to promote each other's campaigns.
e. define the process to be used to reach any settlement of the boycott. Make sure these plans take into account the different parties that will be involved.
f. create organizing plans to take advantage of the visibility generated immediately after calling the boycott.

4. Ask co-sponsors and endorsers of the boycott to send letters to the company expressing their support or the future boycott action.
5. Write the company with a list of the endorsements and co-sponsors to-date.
6. Organize a rally and press conference to formally announce and kick off the boycott. These efforts should consist of the following:

a. simultaneous press conferences and rallies in other cities where the boycott is being organized.
b. ideally, the primary press conference should be held where the company maintains its offices – where its local image is highly important.
c. the rally should be as innovative as possible to take full advantage of the rare media attention.
d. upbeat rallies with clever, colorful, empowering and even humorous themes are more likely to receive attention from the media as well as the public.
e. if you can come up with an anecdote to explain your boycott, do it. It will help public and the media to remember your boycott.
f. send press releases to as many media outlets as possible. If the company is international, send your press releases to international media. Often they are better about reporting such actions than American media. If you can link up with a foreign group that can act as a sponsor of the boycott, include their phone numbers so reporters in other countries can localize the report by contacting them.
g. design your press releases to reach the media a few days in advance of your boycott announcement so they can plan to cover it.

Sure, this seems like a lot of work. But because of the amount of organizing required to run a successful boycott the action should be used as a tool of last resort. Further more, this paper trail establishes your competence and determination in the eyes of the company, the media, and patential allies.

NBN's 13 Questions for Boycott Organizers

When *NBN* learns of a new boycott, we want to know the following:

1) date the boycott began
2) all products included in the boycott
3) recommended alternatives for boycotted products
4) any regional boundaries of the boycott
5) demands of the company, which, if met by the company, would end the boycott
6) any responses the company has made to the boycott
7) boycott organizers' recommended solutions to any problems the company says the demands would create for it
8) any organizations involved in the boycott making separate demands
9) any known impact the boycott has had on the company
10) all pertinent allegations boycott organizers have made against the company
11) evidence or sources to back up boycott allegations
12) any responses from the company to the boycott organizers' allegations

hat. So etwa in der Technoszene, wo ganze Kompilationen von Protest-CDs gegen Chirac – Hirochirac, wie er genannt wird – und die französische Regierung entstanden sind, wie etwa »Fuck Chirac« des Labels Acid Orange, oder mit demselben Titel eine CD der Gruppe mit dem eigenwilligen Namen »Camembert Radioactif«. Dazu gibt es natürlich T-Shirts, Anhänger, Protest-Schuhe etc.

Dynamik in die Produktinnovation bringen auch die Medien, die sich nicht nur implizit, sondern explizit zu bestimmten Werthaltungen und Protestakten bekennen. So bekannte sich eine RTL-Moderatorin zur Aussage »Gegen die Atomtests sein ist absolut in Ordnung«. Und der Stern sammelte Unterschriften gegen die französischen Atomversuche. Sie appellieren an unsere Moral und bekennen sich zu bestimmten Werten.

Das scheinbar unverdächtige linke französische Blatt »La Libération«, das ja noch von Jean-Paul Sartre gegründet wurde und sich unter dem alten 68er Serge July zu einer respektablen Zeitung entwickelte, arbeitete für den Protest gegen Chirac mit Benetton zusammen. Hier verschmelzen Kunst, Dokumentation und Werbetext zu einer Botschaft.

② Erfolgreicher Protest macht *auch* Spaß und muß in Zukunft einen hohen Unterhaltungswert haben. Um es zu wiederholen: Eines der zentralen Erfolgsmomente des Protestes ist der Spaß. Greenpeace ist »smart«, Greenpeace ist »sexy«. Das ist besonders wichtig, wenn es um die Generierung von Legitimität geht und um die Akquisition der jüngeren Zielpublika. Denn diese sind leichter zu motivieren. Um es brutal und direkt zu sagen: ***Greenpeace hat eben mehr Sex-Appeal als ein Bundesrat oder ein Bauernprotest.*** Spaß und Unterhaltung als zusätzliche Dimension und als Motivationsfaktor erhält wachsende Bedeutung auf gesättigten Märkten. Und das gilt nicht einfach für Konsumgüter oder gar den Genußbereich, es gilt eben auch für sogenannte »ernste« Themen. Es macht *auch* Spaß, gegen einen Multi wie Shell oder gegen die Grande Nation zu sein, indem man ein *Air-France*-Büro, wie in Zürich geschehen, mit Farbbeuteln bewirft – selbstverständlich in den Nationalfarben Blau-Weiß-Rot. Es ist entlastend, wenn man statt französischen Wein italienischen Wein trinkt, weil man damit aktiv etwas gegen Atomversuche unternimmt. Und man hat zusätzlich Spaß, weil man neuen Wein kennenlernt. Genauso mit dem Protest gegen Shell. Man kann Aral tanken und rast mit neu gewonnenem Ökogefühl über die Autobahn.

The Keys To A Successful Boycott

A number of key factors led to the enormous success of the tuna boycott.

public familiarity with the issue. The tuna/dolphin issue had been around for 30 years and more people were becoming aware of it every day.

public sympathy with the cause. Since the days of Flipper, the American public has had a soft spot in their hearts for marine mammals – particularly the highly intelligent and sociable dolphin.

legitimacy for the cause. The legitimacy of the issue was never disputed.

grassroots info about the boycott. The boycott had a broad base of support, including dozens of environmental and animal rights groups as well as celebrities who assisted in disseminating information to the public.

activities for involvement. Sometimes people – even boycotters – will shy away from an issue because they feel they cannot do enough. The tuna boycott provided activities such as letter-writing, leafleting, and talking to grocers, which allowed participants to expand their impact.

activities for maintenance. Without sporadic activities such as rallying, picketing, hanging banners, etc., some boycott participants will feel isolated and discouraged, believing the boycott has lost steam or given up. Tuna boycott activities showed people that the boycott was still alive and reminded boycotters that they were not alone and that the boycott was visible and vigorous.

support for the boycott. Support breeds support. The more support a boycott has, the more support it will get. People want to be part of actions that clearly have significant support, and therefore a better chance of succeeding.

high initial publicity not dependent upon news coverage. In this instance, the publicity took the form of newspaper ads. Other boycotts have utilized television and radio ads, billboards, and busboards to get their message out.

dialog with the company. Polarization between the boycott group and the company can make a boycott drag on until it ends in a stalemate, with no clear victor. Sales can drop, but boycotters' demands go unmet. It is helpful to maintain regular contact with each other and to accept the other's position as a point of contention that will be decided by consumers. Excessive bitterness breeds vengeance and an unwillingness to work together toward a solution. Although more hostile campaigns have also proved successful, many of the largest boycotts succeeded through third-party negotiations.

no PR intermediary. Today, many boycott targets immediately hire public relations firms to tackle boycotts. This insulates the company from the issue and from public sentiment. Even though a settlement of the issue may be in the company's best interest, it is not in the interest of the PR firm to recommend a settlement with boycotters. Thus, boycotts going up against PR firms may drag on for years before the firm is dumped or a compromise settlement is reached.

involvement of children. When kids become active in causes, that is a sign of hope for the future that even the media is willing to cover. This is partly because the story can be covered as human interest rather than as an important political issue. Kids are also good not only for drawing media attention, but they also attract consumer attention. People who wouldn't listen to political or environmental activists are sometimes more willing to listen to the sincere, nonpartisan messages of children.

videotaped reality of the problem. The video shot by EII associate Sam LaBudde, did more than explain the problem to the public – it made the issue real, and very convincing. Seeing real dolphins dying in real nets left nothing to the imagination. The problem was no longer abstract, you could see it happening right before your eyes. Other boycotts also use video footage to bring home the reality of their issues. But most, lacking EII's indisputable visual evidence, depend upon narration to explain the causes or the effects of what is being shown.

simplicity of the message. The problem addressed by the tuna boycott was easily expressed: »dolphins are dying in tuna nets.« Few boycotts have the luxury of expressing their boycotts in such simple, self-explanatory terms. Quite likely, everyone that heard the tuna boycott message, understood it.

target the industry leader. It is not necessary to target the industry leader in order to get that particular company to change. In fact, it might be easier to target smaller, more vulnerable companies. But, if the intent is to eventually reform the entire industry, previous boycotts have shown it is easier to go from the top down than it is to go from the bottom up.

target all products, not just some. Even though EII only had a problem with a few of the company's products, it called for a boycott of all Heinz products. If the boycott's objective is to make a financial dent or to stain the corporate image, it is more effective to use the broadest approach possible. Staining the image and sales of just one product will not necessarily be fruitful.

use of general and specific targets. Although the EII tuna boycott targeted a broad range of products, it strategically targeted some more than others. EII called for a general boycott of all dolphin-unsafe tuna, but specifically targeted Star-Kist tuna and its parent company, Heinz: The general boycott message was an easier message to promote to the public, and the specific Star-Kist and Heinz boycotts were strategically sharper. While the boycott of Heinz products included lesser-known subsidiaries such as Chico-San, EII primarily focused on tarnishing the more recognizable Heinz brandname. Targeting the parent company can be an effective strategy if that company has good name recognition with the public.

5.
Auf der Suche nach den verlorenen Kunden: Kleine Theorie der Kundenseele

»Die Ökonomie beschäftigt sich nur mit Oberflächenformen.«
Joseph Schumpeter

»We'd rather look cool than get drunk.«
Jaqui & Carrie von Shampoo

Abschied von technokratischen Marktvorstellungen – Radikale Fragmentierung der Konsumerfahrungen

Es geht nicht einfach darum, daß die Leute heute individueller konsumieren oder daß sich in dynamischen und sich globalisierenden Märkten alte Zielgruppen auflösen. Das ist ohnehin banal. Die Konsequenz daraus ist viel dramatischer. Einerseits ist mehr denn je kauf- und konsumierbar. Wer dies will, kann heute dank neuen Medienkanälen wie Internet seine Informationsbedürfnisse ausweiten wie noch nie. Und alles miteinander vergleichen: Preisniveaus von Ländern, Serviceangebote, Verfügbarkeit von Nischenprodukten, Erlebnismöglichkeiten quer durch die globalen Einkaufskulturen. Andererseits gibt es kein Bild des Konsums mehr, das verbindlich wäre, auch politisch nicht mehr. Den Kunden Vorschriften zu machen, was sie kaufen sollen, wird nicht nur lächerlich, sondern immer kontraproduktiver. Zwar haben wir den Aufschwung des »politisch korrekten« Konsums in den USA erlebt, der beispielsweise im Frühling 1997 in den hypermoralisierenden Feldzug gegen die Raucher mündete.[126]

---

126 Das schönste Buch gegen den überzogenen Moralismus im deutschsprachigen Raum ist noch immer Arnold Gehlen, Moral und Hypermoral. Eine pluralistische Ethik. Frankfurt/Main 1973

Aber machen wir uns nichts vor: Die Markterfolge und Produktinnovationen der letzten 50 Jahre haben – in ihrer Konsequenz noch nicht abzuschätzende – Normalisierungseffekte hervorgebracht, so daß sich jetzt jeder Kunde legitimerweise seine eigene Welt und seine eigenen Bilder des Konsums zimmern darf. Hier gibt es kein Zurück mehr. Zielgruppen fragmentieren sich bis hin zum »Segment of One« (oder auch: Customizing), und das gleiche geschieht mit den Konsumerfahrungen und -erlebnissen der einzelnen Konsumenten. Dies ist letztlich entscheidend. In den guten Erfahrungen und Erlebnissen der Kunden liegt deshalb das Potential für die Zukunft, darüber täuschen kurzfristige Umsatzzahlen oft hinweg. Auch auf der Anbieterseite können wir immer deutlicher beobachten, daß Größe allein nicht hilft. Zwar wachsen die Großen weiterhin – zumeist aber durch Akquisitionen und nicht durch inneres Wachstum und neue Ideen, die umgesetzt werden. Man täusche sich also nicht. Die Großen pushen nicht so sehr die Märkte. Was sie vermitteln, insbesondere bei uns in Deutschland, der Schweiz und Österreich, sind Angst und Ungewißheit, vor der Gentechnologie, vor den ökologischen Risiken für die Gesundheit. Food-Unternehmen sind gerade hier besonders gefordert, denn die Kunden experimentieren zwar gerne mit elektronischen Gadgets, aber der Spaß hört dann auf, wenn es um die Einnahme von Speisen geht. Die erwähnten Nationen sind nicht erpicht auf Genfood und kehren lieber zurück zum Natürlichen. Viel Innovationspotential, das in den weniger nach absoluter Sicherheit tendierenden Ländern bereits ausgeschöpft wird, wird bei uns mit Verzögerung eingeführt werden. Aber wir wollen nicht übertreiben: Auch mit der Ausschöpfung der genetischen Möglichkeiten stehen wir vor einer Kristallisationsphase des Neuen: das Wichtigste ist erfunden, und wir können in den nächsten Jahren sowohl im Food- wie auch im Nonfood-Bereich keine Produktrevolutionen erwarten.

Man optimiert Bestehendes. Daher werden die wichtigsten Trends ihre Konkretisierung und Verfeinerungen erfahren. Auch Coca-Cola-Präsident M. Douglas Ivester meint, daß für seinen Konzern in den kommenden Jahren kein *Blockbuster* zu erwarten sei – *Diet Coke* sei die letzte große Erfindung, und die läge auch schon 15 Jahre zurück. »Its doubtful we'll ever see something of that magnitude again.«[127]

Vielmehr sind es die »Ideen im kleinen«, die ameisenhaft brodeln und ungreifbar erscheinen. Klein- und Kleinstunternehmer, Einmannbetriebe (oder natürlich Einfraubetriebe) haben heute vielleicht sogar die größten Chancen, die steigende Anzahl von Nischen zu besetzen. Die Schnelligkeit der Veränderungen verlangt nach cleveren Kleinstunternehmern, die sofort reagieren, die gute Netzwerke bewegen und vor allem bar jeglichen bürokratischen Ballasts agieren können. Sogenannte »große« Innovationen, die viele immer wieder erwarten und erhoffen, die sogenannten Megatrends, die das Business entscheidend verändern, werden überschätzt.

Sicher scheint: Die Entwicklungen geben den Kunden mehr Macht – *customer empowering*. Es gibt auf Dauer keine wirklichen Monopole oder Oligopole, auch in globalen Märkten nicht. **Die Macht des Managements und der Kommunikation nimmt im Gegenteil dramatisch ab. Man muß immer mehr (Kommunikations-)Aufwand betreiben, um Kunden an sich zu binden und von neuen Ideen zu überzeugen.** Wir sehen ja: Neue Formen des Soft Sells und des Kundenverständnisses werden wichtig. Wir können daher sagen: Zum ersten Mal in der Geschichte des Konsums müssen sich Hersteller und Händler wirklich um die Kunden kümmern.

Damit steigen die Anforderungen ans Marketing. Vergessen wir nicht, was wir in den letzten zwanzig Jahren aufgebaut haben: Marketing ist der Gastgeber dieser Welt, und die Werbung ihr Zeremonienmeister. Es gibt kein Jenseits von Marketing und Werbung mehr. Der permanente Info-Overload ist der permanente Angebots-Overload. Markenartikler und insbesondere Händler sind sich dessen kaum bewußt, daß sie die eigentlichen Pädagogen der Nation sind. Sie haben die Menschen und Kunden nachhaltig zu einem bestimmten Kaufverhalten erzogen. Verkaufen und Konsumieren ist der nachhaltigste Erziehungsprozeß, die nachhaltigste Anleitung zum Glücklich- oder Unglücklichsein. Das besagt: Man kann nicht – wie in Deutschland weitverbreitet – die Kunden exklusiv zur Erotik des Preises erziehen und dennoch

127 Wall Street Journal, 9./10. 5. 1997

glauben, man könne aus demselben Wesen bei Bedarf sofort wieder einen verständnisvollen Stammkunden machen.
Man erzieht den Kunden ein bestimmtes Benehmen an – oder eben ein bestimmtes Unterlassen. Genauso wie Kunden mit der Zeit produktreif geklopft werden, also so erzogen werden, daß sie bestimmte Produkte einfach kaufen müssen, werden sie auch servicereif geklopft. Neue Wünsche werden geweckt und langsam anerzogen, bis sie selbstverständlich geworden sind. Kunden sind scheinbar evolutionär »dehnbare« Wesen. Doch vergessen wir nicht: Es gibt auch in der Kundenseele einen variablen und einen fixen Teil. Man kann die anthropologischen und kulturellen Voraussetzungen der Menschen nicht beliebig ignorieren und manipulieren, auch unter härter werdenden globalen Bedingungen nicht. Kunden suchen mehr denn je nach Orientierung durch Produkte und Dienstleistungen: Mensch bleibt Mensch, bleibt Mensch.
Der Zusammenbruch bzw. die schleichende Erosion der politischen und sozialen Ordnung überantwortet die Ordnungs- und Sinnfrage dem Marketing. Wir finden alle relevanten Werteschemata heute im Bereich der Wirtschaft wieder. Die Wirtschaft gewinnt also »Tiefe«, indem sie sich stellvertretend für die an Attraktivität verlierenden Bereiche der Politik, Religion und Gesellschaft um die wirklich wichtigen Werte kümmert, die die Befindlichkeit des Kunden adäquat aufnehmen: Genetik in der Lieblingswurst, Sondermüll im Zuchtlachs, die pazifistische Waschmaschine, das alternative Mineralwasser, echte Recycling-Ökologie im Quartier-Komposthaufen, authentische Gegenkultur in der gesponsorten *Dance Scene*, die »schwulen« Möbel des bekannten schwedischen Möbelhändlers. Kunden suchen daher die substantiellen Werte und Ordnungsschemata folgerichtig im Konsum. Das heißt:

- Identität (Ego-Verwirklichung, Selbstbild)
- Zugehörigkeit (Clans, Stämme, Gemeinschaften)
- Alternativen (Subversitität, Andersartigkeit)
- Unterscheidungen (Prestige, kulturelles Kapital[128])
- etc.

128 Vgl. den Klassiker von Pierre Bourdieu, La distinction. Critique sociale du jugement. Paris 1979, dt. erschienen als Die feinen Unterschiede. Kritik der gesellschaftlichen Urteilskraft. Frankfurt/M. 1982 und 1987.

Wir ahnen ja alle: Unser Leben wird in den nächsten Jahren nicht einfacher werden – aber unsere Produkte müssen uns dies immer offensiver versprechen. Täglich wird uns ununterbrochen – von den Medien, in den Nachrichten, aus dem Berufsleben, aus dem Privatleben, aus dem Alltag – dieselbe Botschaft eingehämmert: »Das Leben wird härter, das Leben wird härter, das Leben wird härter...« Und daher ist es nur konsequent, wenn uns die Produkte die erlösende Botschaft vermitteln: »Aber wir erlösen dich davon, aber wir erlösen dich davon, aber wir erlösen dich davon,...«
Was heißt das? Zwar sehnen sich alle Menschen nach Liebe, Zugehörigkeit, Anerkennung, Sicherheit. Aber das wirkliche Leben enthält immer mehr Enttäuschungen: Familien zerbrechen im Streß (denken Sie an die immer noch steigenden Scheidungsraten), die Politik versagt und wird von niemandem mehr ernst genommen (denken Sie etwa daran, daß Politik, statt uns Orientierung anzubieten, eher Konfusion produziert), die Wissenschaft wird als Bedrohung erlebt, von ihr erwartet man keine Lösungen für das Leben mehr (denken Sie etwa an den Expertenstreit um die Gentechnologie oder das Klonen).

Die alten Institutionen – Politik, Religion, Wissenschaft, Familie, Militär – haben keine Kraft mehr. Ihre Werte wandern in die Wirtschaft hinüber, wo sie Produktwelten gestalten.

Warum? Die Erklärung lautet: Diese Institutionen sind in einer globalen Wirtschaft zu langsam, um im schnellen Wandel noch Ordnung schaffen zu können. Sie hinken hinterher und werden zunehmend bedeutungslos. Wir alle beklagen ja den Sinnverlust dieser Institutionen. Ein Vakuum entsteht, das clevere Firmen mit ihren Produktwelten zu besetzen versuchen. Denn je austauschbarer die Produkte werden, desto größer ist die Chance derjenigen Produkte, die dem Kunden Sinn und Ordnungsmuster anbieten. Die Devise lautet heute: »Mehr vom Leben haben – durch die Produkte, die uns das geben können, was uns das wirkliche Leben verweigert.«
Produkte müssen den Kunden eine Art *Entschädigung* anbieten. Der Kunde muß sich von den Produkten *positiv verstanden* fühlen, sie müssen sein Leben und seinen persönlichen Lifestyle erklären und ihm seine Probleme abnehmen.

Kundenseelen verstehen – Das Ende der Versklavung durch Demographie und Kaufkraftklassen

Wohin führt das? Will man in Zukunft die Märkte verstehen, darf man insbesondere die kulturanthropologischen Voraussetzungen nicht außer acht lassen: Menschen haben global bestimmte Ähnlichkeiten im Verhalten – diese lassen sich stimulieren und in Produkt- und Dienstleistungswelten übersetzen. Es gibt also bestimmte Werte, die alle ansprechen, weil sie einander ähnliche Wünsche, Träume und Bedürfnisse haben. Eine Analyse der großen Marken wie McDonald's oder Coca-Cola beispielsweise ist hier sehr aufschlußreich. Zu den kulturanthropologischen Voraussetzungen gehört aber auch der unterschiedliche ökonomische Entwicklungsstand einer Nation: je entwickelter sie ist, desto subtiler ist z. B. auch ihr Umgang mit Prestigefragen. Das Stichwort lautet: *kulturelles Kapital* – was muß ich tun, um mich von meinem Nachbarn wirklich noch zu unterscheiden? Bei uns ist es klar: Der Sportwagen und das zweite Wochenendhaus genügen nicht mehr. Geld genausowenig. In den asiatischen Schwellenländern sehen wir, wie gigantisch das Begehren nach Symbolen europäischer Kulturware ist – so boomt der Bordeaux-Weinmarkt aufgrund der asiatischen Nachfrage wie noch nie, und so werden für durchschnittliche Jahrgänge wie 1995 und 1996 astronomische Preise hingeblättert. Oder ein anderes Beispiel: die Frage der hartnäckigen Weiterexistenz nationaler Traditionen – warum die Japaner Bienenlarven in Dosen gerne essen (mit Soyasauce und Zucker angereichert), genauso wie in einigen Bundesstaaten in den USA gerne Klapperschlangenfleisch oder in Botswana Würmer auf den Tisch gehören können.
Oftmals wurde versucht, die kulturanthropologischen »Fundamentals« zu definieren.[129] Dazu gehören Werte wie z. B.:

- alle wollen sich unterscheiden,
- alle sind eifersüchtig,
- alle haben einen Glauben,

129 Vgl. das immer noch als Standardwerk zu geltende Buch von Donald E. Brown, Human Universals. New York 1991, insbes. 157–201

- alle sind vorwiegend ethnozentrisch,
- alle lieben Gesang und Tanz,
- alle erzählen Geschichten,
- alle suchen Identität,
- alle kennen das Phänomen der Langeweile
- etc.

Das ist überaus spannend. Denn solche Erkenntnisse lassen sich in Produktwelten umsetzen. Um es zu unterstreichen: Wir wissen auch, daß die Anzahl der Gemeinsamkeiten endlich ist; sie ist limitiert. Sie sind die Basis. Für die sich globalisierende Konsumgesellschaft heißt das: Es geht darum, diese ***»Human Universals«*** immer wieder neu, anders, spannend und trendgerecht zu interpretieren und in neue Dienstleistungs- und Produktwelten umzusetzen. Dazu gehört auch und ganz besonders die so oft vernachlässigte *»Dark Side«* des Menschen, die gerne verdrängt und unterschätzt wurde, also die Natur des Irregulären, Unmoralischen, Illegalen. Auch sie hat das Potential als Antriebsfeder für den Konsum. Daher sind auch die Bereiche des Heiligen, der Erotik, des Gemeinschaftlichen, der Zusammengehörigkeit so wichtig. Interessant wird es zu beobachten sein, wie sich diese *»cultural universals«* langfristig in globalen Märkten entwickeln werden. Forscher haben die Behauptung aufgestellt, daß zwischen 25 und 50 % des Verhaltens kulturell determiniert ist.[130]
Es gibt Firmen, die diesen »Human Universals« anscheinend entsprechen, die also sozusagen »anthropologisch korrekte« Produkte anbieten. Sie bieten Produkte an, die über alle Kulturen hinweg von Kunden begehrt werden. Dazu gehört sicherlich McDonald's. Diese Restaurants sind in alle Kulturen eingebrochen. Man nennt das kulturelles Transvestitentum, indem also die ethnische Tradition einer Gruppe usurpiert und durch einer andere Gruppe bastardisiert wird. Aber das Zielpublikum liebt solche Produkte. Es gibt nur wenige Produkte, denen solch ein klares Profil zu globaler kultureller Akzeptanz verhilft. Der Erfolg von McDonald's ist um so erstaunlicher, da es sich bei der Ernährung ja um speziell emotional vorbelastete Produkte handelt und nicht

---

130 Vgl. a.a.O.

um indifferentes Material wie Plastic cards oder Metallschrauben.

Das besagt: Statt ein dürres, rational handelndes Objekt von Marketingplanern zu sein, gewinnen die kulturanthropologisch relevanten Grundmuster des Menschen an Bedeutung. Statt den »kommerziellen Athletizismus« (J.-C. Agnew) weiterzutreiben und die technokratische Version der Konsumforschung und des Marketings weiter in die Sackgasse zu führen, müssen die kulturanthropologischen Instrumentarien verfeinert werden. Nur so kann Defaitismus und Zynismus verhindert werden. Wir ahnen ja: Ein Phänomen wie Techno – ein riesiger Markt, der eine neue Freizeitkultur bedienen kann – ist mit klassischen betriebswirtschaftlichen Methoden oder mit Marktforschung oder mit rationaler Psychologie nicht mehr zu erklären.

Geld gibt der Kunde gerade in der heutigen, kalkulationsbeflissenen Zeit für das aus, was ihm persönlich wichtig ist. ***Konsum muß meinem Ego einen bestimmten Support liefern können,*** eine spezielle Bedeutungsnuance oder -variante, die nur für mich gilt. Und das heißt nicht nur für die Jugendmärkte, sondern auch für die alternden, retrosüchtigen Baby-Boomer-Märkte: *der Coolness-Faktor* (es gibt immer noch kein besseres Wort). Produkte ohne »Coolness«-Faktor haben keine Chance auf dauerhafte Besetzung des Kundenbewußtseins. Das gilt wiederum nicht nur für Kultprodukte bzw. -marken wie etwa *Harley Davidson* oder *Calvin Klein*, sondern ebenso für ganz alltägliche Gebrauchsgüter, die fälschlicherweise als wenig oder nicht emotional eingestuft werden. Auch *Low-interest*-Produkte partizipieren am Wettbewerb um die Gunst des Ego-Supports. Man darf im Extremfall auch das Ego-Potential von Toilettenpapier nicht unterschätzen. Ein wunderbares Beispiel gibt auch der boomende Mineralwassermarkt ab. Sogar eine biedere Marke wie Passugger wirbt unter der Flagge des Bekenntniskonsums, indem ein mit Namen sich einbringender Homosexueller appelliert: »Ich möchte meinen Freund heiraten dürfen.« Das hat nichts mehr mit dem Produkt zu tun, sondern eröffnet ganz andere Welten, die bestimmte bislang nicht angesprochene Kundensegmente bedient. Aufgeladen durch emotionale Botschaften gewinnen differenzierungsschwache Produkte rasch an Kraft. Wie bringen das

die beiden Bandmitglieder von Shampoo, Jacqui und Carrie, auf den Punkt? »We'd rather look cool than get drunk.«[131]
Nicht zufällig spaltet sich ja der Konsum immer stärker auf: In einen fixen, vorgegebenen Bereich und in einen variablen Bereich (Trendmärkte). Ersterer definiert die Gewohnheiten, Trägheiten der Kunden, letzterer ihre freiwillige oder unfreiwillige Bereitschaft, ständig Neues in die Kaufmuster zu integrieren. Hier müssen wir mit aller Klarheit festhalten: ***Kunden in gesättigten und übernutzten Märkten verstehen heißt den Kontext verstehen, in dem Kunden handeln – also das natürliche und kulturelle Umfeld, in dem sie Produkte einkaufen, ausprobieren und konsumieren.*** Man muß also die Themen verstehen, mit denen sich die Kunden freiwillig oder unfreiwillig beschäftigen und daraus neue Produktwelten ableiten. Das besagt konsequenterweise auch: ***Man muß die Kunden sozusagen besser verstehen als sie sich selbst.*** Man muß ihre Sorgen und Nöte antizipieren und in einfache Lösungen umsetzen.
Es genügt nicht, Bedürfnisse befriedigen zu wollen. Es genügt nicht, gute Produkte in die Regale zu schieben. Man muß das Umfeld der Konsumenten verstehen lernen und mit diesem Verständnis Produktwelten kreieren. Man muß daher im zunehmenden Angebotsüberfluß auch ihr »Unbewußtes«, ihre Traum- und Frustrationswelten begreifen und antizipieren lernen, denn sie sind sehr viel wichtiger als das, was Kunden verbal zum Ausdruck bringen können. Gerade die sich noch verfeinernden Segmentierungen der neuen Trendmärkte – vom Bier über die probiotischen Milchprodukte bis zu den Accessoires der Extremsportarten – bestätigen diese Entwicklungen.
Für theoretisch Interessierte können wir das mit einem Umweg über eine Erkenntnis von Martin Heidegger erklären. Es ist die für die heutige Zeit des begrenzten Konsums wieder wichtiger werdende Unterscheidung von »Vorhandenem« und »Zuhandenem«. Der berühmte Philosoph hatte im Jahrhundertwerk »Sein und Zeit« (erstmals publiziert 1927) erkannt, daß die technokratische Sichtweise nur davon ausgeht, daß es »Vorhandenes« gibt, also möglichst viele Produkte und Optionen für unendlich aufnahme-

131 Melody Maker, 20. 7. 1996

bereite und aufnahmefähige Kunden. Diese Version ist radikal kundenfeindlich. Denn sie geht nicht auf die konkrete Situation und die Umstände des Kunden ein, sie abstrahiert von seinen wirklichen Wünschen, Interessen und praktischen Nöten. Von dieser technokratisch-arroganten Version der Kundenauffassung gilt es heute schleunigst Abschied zu nehmen. Denn nur das, was für mich in meinem Alltag und meinem Umgang auch verständlich und gebräuchlich ist, gewinnt meine Aufmerksamkeit. Der unaufhaltsame Aufstieg der Schlagworte wie

- casual
- street style
- convenience
- credibility

bestätigen diese Entwicklung zur *Verständlichkeit, Ungezwungenheit, Einfachheit.* Viel wichtiger ist also das »Zuhandene«; das, was für mich in meinem alltäglichen Wirken – in der Arbeit oder in der Freizeit – relevant erscheint. Die Welt wird philosophisch gesprochen »praktischer«. Wir können nirgendwo schöner als in der Textil- und Modebranche beobachten, wie die Version des »Vorhandenen« heute an den Kundenwünschen vorbeigeht, denn sie fokussiert »Vestibilität« statt der bequemeren kundenorientierten Form der »Portabilität«. Erstere ist das Resultat der »Selbstverwirklichung« des Produzenten (Designers) statt dem Resultat der Beobachtung und Umsetzung von Kundenwünschen (das *Sich-Wohlfühlen* des Kunden).[132] Die Zukunft der Kundenorientierung muß sich also zuallererst mit Fragen der persönlichen Wahrnehmungsqualität des Kunden beschäftigen, nicht mit Fragen nach kanonischer Eleganz, mit einholbaren Träumen statt mit althergebrachten Formeln des Luxus, mit informellen Wünschen und Lebensgefühl statt mit saisonalen und stofflichen Zwängen des Materials.

132 Vgl. Francesco Morace, a. a. O., 235 ff.

Emotionale Segmentierung – Wie erkennt man Trends?

Die Zukunft dürfte daher nicht mehr der rationalen, nach Demographie und Kaufkraftklassen geordneten Segmentierung gehören, sondern der emotionalen Segmentierung, für die der Anreiz für Kaufmotive in stärkeren, intensiver erlebbaren Differenzierungskategorien zu suchen ist. ***Bessere Kommunikation heißt ausgeprägteres Design der Emotionen***. Das gilt in unserer globalen *Information Community* sowohl für die Konsumgüter als auch für das Banking – Wall Street ist zuerst Show Biz', oder für die Lebensversicherer – sie verkaufen zuallererst imaginäre Traumwelten, die nie von der Wirklichkeit eingeholt werden.
Gehen wir erklärungshalber einen Schritt zurück. Noch immer halten sich folgende Mythen hartnäckig in den Köpfen der Marketingexperten:[133]

MYTHOS NR. 1: Die Kunden brauchen mehr Optionen.
MYTHOS NR. 2: Technik ist der entscheidende Erfolgsfaktor.
MYTHOS NR. 3: Der Kunde weiß genau, was er (morgen) will.
MYTHOS NR. 4: Der Kunde kann seine Wünsche verbalisieren.
MYTHOS NR. 5: Die Marktforschung findet heraus, was der Kunde will.
MYTHOS NR. 6: Kundennähe und Kundenorientierung ist das Ziel.

Um eine lange Geschichte auf den Punkt zu bringen: Konkurrierende Produkte haben heute auch einen vergleichbaren technischen Reifegrad, ein ähnliches Preisniveau, und bieten einen Komfort, der quasi analog ist. Aber: Bei analogem oder quasianalogem Leistungsangebot wird die Produktwahl – rein rational betrachtet – arbiträr, zufällig. Es gibt m.a.W. in gesättigten Märkten keinen rationalen Grund mehr, ein bestimmtes Produkt einem Konkurrenzprodukt vorzuziehen. Es sind nicht rationale Gründe, die den Kaufakt bestimmen. ***Der Kampf geht heute um die ideale Kombination der Erotik des Preises mit der Erotik des Kultes; es geht um die Kraft einer starken Marke.***

133 Vgl. Kult-Marketing, a.a.O., 237–241.

Der Kaufentscheid deckt nicht mehr rationale Bedürfnisse ab, die rational erklärbar sind. Hier bewegen wir uns auf ein ganz anderes Terrain zu.
Um es mit einem Beispiel zu illustrieren: Fragt man Kids, warum sie lieber mit *Air Max* von *Nike* statt mit *Planet Reebok* herumlaufen, wird man eine Antwort bekommen, die wenig mit dem Material und dem Preis zu tun hat. Aber sie sind sich 100%ig sicher, daß nur dieser Schuh begehrenswert ist. Der Schuh drückt nicht – ok. Er ist nicht einmal besonders schön, aber Kids haben ohnehin andere Vorstellungen von Schönheit als Sie, also was soll's – nein. Minimalistisch heißt es, *Nike* sei eben »cool«, und *Reebok* »ätzend« oder ähnlich, und *Puma* »völlig daneben«.
Worum geht es? Um ein Begehren, das sich nicht so einfach verbalisieren läßt. Die Frage, die man sich im Marketing stellt, und die schon so viele unsinnige akademische Seminare hervorgebracht hat, nämlich *»Was will der Kunde eigentlich?«*, ist heute grundsätzlich falsch gestellt. Denn in gesättigten Märkten weiß der Kunde rational selbst nicht mehr, was er will. Denn alles, was er rational haben möchte, ist ja schon da. Von allem gibt es grundsätzlich viel zuviel. Er kann seine Wünsche nicht verbalisieren. Denn verbalisieren kann er nur den rationalen Teil – also die technischen, quantifizierbaren Merkmale und Daten. Der aber ist in gesättigten Märkten uninteressant, weil er nur die kalkulierbaren Qualitätsmerkmale abdeckt, die auf alle direkten Konkurrenzprodukte fast analog zutreffen.
Wir können heute davon ausgehen, daß die Kunden gut, ja sehr oft zu gut informiert sind über die Produkte. Insbesondere jüngere Konsumenten wissen sehr genau, welche Qualitäten ein Produkt hat. Sie können die Produkte vergleichen. Aber der Vergleich findet wiederum auf der diskutablen Ebene statt. Nicht auf der Ebene, die in gesättigten Märkten den Ausschlag gibt. Das heißt, der entscheidende Teil, nämlich das Wissen um die Produktpräferenz, kann nicht ermittelt werden. Niemand hat das knapper auf den Punkt gebracht als Beavis & Butthead, die beiden Comichelden von MTV mit der Formel: »Words suck« – Wörter sind in gesättigten Märkten überflüssig. Sie erklären nichts mehr.

Die empirische Marktforschung läuft demzufolge Gefahr, sich im Kreise zu drehen. Wenn der Kunde nicht weiß bzw. nicht ausdrükken kann, was er eigentlich will, dann kann man auch nicht mehr im Dialog mit ihm Produkte entwickeln. Denn so erforscht man immer nur mit rationalen Mitteln die rationale Seite des Kunden. Die entscheidende, die emotionale Seite wird ausgeblendet. Mit rationalen Mitteln kann man allenfalls noch für das *Fine Tuning* etwas erreichen, wenn es etwa um die Markteinführung eines Produktes geht, bei der noch bestimmte Details ergänzt werden können: Sollen die Bedienungselemente für das Schiebedach rechts oder links des Lenkrades angebracht werden oder oben am Dach? Doch damit gewinnt man keine neuen Kunden oder Marktanteile. Daran werden übrigens auch das beste ECR-System (Efficient Consumer Response) und die besten Kundenkarten und -dateien nichts ändern.
Einen kleinen Ausweg gibt es: Bestenfalls fragt man den Kunden, was er sicher nicht will. Das ist eher aufschlußreich, denn damit erhält man eine Erfahrungsaussage. Um eine Binsenwahrheit zu wiederholen: Auch wenn Leute sagen: »Das gefällt mir« oder auch »Das gefällt mir nicht«, dann heißt das noch lange nicht, ob sie es auch kaufen oder eben nicht kaufen werden.
Die Gefahr der Marktforschung:

- immer mehr Pseudogenauigkeit (immer mehr rationale Segmentierung),
- Gefängnis der Demographie- und Kaufkraftklassengläubigkeit,
- Feedbackfanatismus,
- Konservatismus (der Kunde als statisches Muster), also eine Rückwärtsgewandtheit der bewahrenden Selbstbestätigung,
- Typologiegläubigkeit (als feststehende Größe statt nur als Orientierungsrahmen),
- Hang zur Bürokratie (Verwaltung statt Dynamik).

Mil Ovan, Marketing Exec von *Motorola*, hat intuitiv genau begriffen, worum es geht, wenn er sagt, daß alle ihre Produkte im Elektronikbereich ohne Feedback des Kunden erfunden wurden:

»Our biggest competitor, by the way, isn't IBM or Sony. It's the way in which people currently do things.«[134]
Ein wesentlicher Erfolgsfaktor ist der Glaube an das eigene Produkt, nicht der Glaube an den Kunden. Es ist eine der größten Mythen zu glauben, Kunden entwickelten spontan neue Bedürfnisse, und die Unternehmen müßten sich dann darauf einstellen. Gerade die Medienindustrie bestätigt beispielhaft, was Joseph Schumpeter schon vor langer Zeit wußte: »Neue Bedürfnisse werden den Konsumenten von der Produktionsseite anerzogen.« Das mag etwas technokratisch klingen, bringt aber die Ausgangslage auf den Punkt. Akio Morita, der legendäre *Sony*-Mitbegründer, schreibt: »Wir wollen der Öffentlichkeit Produkte anbieten, ohne nach den Bedürfnissen zu fragen. Die Öffentlichkeit weiß weder, was sie will, noch was machbar ist... Wir kümmern uns daher nicht viel um Marktforschung, sondern tüfteln ein Produkt und seine Verwendungsmöglichkeiten aus und versuchen dann, einen Absatzmarkt dafür zu schaffen, indem wir die Öffentlichkeit durch Kommunikation sozusagen ›produktreif‹ machen.«[135]
Keine Mißverständnisse! Akio *Morita* bringt das Beispiel Walkman. Morita erzählt die Geschichte, wie er gegen alle Techniker und Marktforscher in seinem Unternehmen die Jahrzehnteinnovation Walkman durchgeboxt hat. Damit bestätigt er nur, welche Fähigkeiten jemand haben muß, um erfolgreiche Produkte zu lancieren: *Trendfeeling*. Sehr viel früher als andere hat er erkannt, welche neuen gesellschaftlichen Entwicklungen den Bereich der *Consumer Electronics* beeinflussen und wo zukunftsträchtige Märkte liegen. Analoges gilt auch für den Snowboard-Pionier *Burton*, der jahrelang in einem absoluten Nischenmarkt arbeitete, aber vom Durchbruch des neuen Fahrgefühls überzeugt war. Und genauso hat Helmut *Maucher* 1992 früher als andere geahnt, wie wichtig der Mineralwassermarkt und eine gute Markenpolitik wird. Die Übernahme von Perrier für 2,5 Mia. $ galt zuerst als riskantes Unternehmen und löste viele Zwischentöne aus, heute wissen wir, daß der Nestlé-VR-Präsident eine gute Nase besaß. Ein so schwieriger und scheinbar

---

134 Fortune, Mai 1995

135 Made in Japan. dt. München 1986, 138 f.

langweiliger Markt wie das Mineralwasser gewinnt durch gesellschaftliche Veränderungen plötzlich eine ganz neue Dynamik: Wasser symbolisiert in einer zunehmend vertechnisierten, künstlichen und orientierungslos werdenden Konsumwelt wieder Grundwerte wie Natürlichkeit, Gesundheit, Ursprünglichkeit der Quellen, Reinheit. Um es zu unterstreichen: Ein solches Feeling für Veränderungen kann man bei Kunden nicht abrufen; wenig hilft uns weiter, was Kunden sagen.
Wie wenig Kunden selbst aussprechen können, was sie wirklich wollen und welche neuen Wünsche sie hegen, hat auch der erfolgreiche amerikanische Retailer *Urban Outfitters* erkannt: »Ignore what your customers say; pay attention to what they do.«
Man muß die Kunden beobachten lernen, in alltäglichen Situationen. Diese Fähigkeit ist uns in der komplexen Gesellschaft sträflich abhanden gekommen. Man kann lernen, ihr Verhalten zu beobachten und daraus bestimmte Schlüsse zu ziehen. Urban Outfitters hat keine Zielgruppen mehr (in 25 Jahren haben sie gerade 2 Surveys gemacht), man setzt nur auf bestimmte *Customer Profiles*, die über Videotapes und Snapshots in den Läden entstehen. Das heißt: Man muß das erwähnte Feeling dafür bekommen, was die Leute wirklich anziehen wollen. Richard Hayne, Gründer und Präsident, sagt: »We're not after people's statement, we're after their actions.«
Ein solches Trendfeeling verlangt dreierlei Kompetenzen:

- erstens viel Erfahrung (gelernt haben, Fragen aufzunehmen, beobachten können),
- zweitens Cross-Cultural-Wissen, das durch Reisen und Aufsuchen von »Hot Spots« trainiert werden kann, und
- drittens Intuition.

Es ist nicht wahr, daß Erfahrung in schnellen Märkten völlig gleichgültig wird. Aber es ist wahr, daß Erfahrung allein ohne Wissen über andere kulturelle Konsummuster blind bleiben wird. Hier gibt es sehr viel zu lernen, und es gilt vor allem, unsere Arroganz gegenüber andersförmigen Konsummustern abzulegen (z. B. andersförmige Tauschverhältnisse wie etwa Geben und Schenken – bei uns heißt so etwas lapidar und undifferenziert

»Give-aways«). Gerade in globaler werdenden Märkten ist dieses Wissen um so wichtiger, denn erst damit kann man Unterschiede erkennen und auch strategisch umsetzen. Aber Erfahrungen macht man nicht, indem man auf seinem Bürostuhl kleben bleibt. Dort soll man nur die Routinearbeit und einen Teil der konzeptuellen Arbeit erledigen. Wer nicht regelmäßig an die »heißen Orte« der Gegenwart reist, also die Shoppingcenter, Unterhaltungskomplexe und multimedialen Möglichkeiten weltweit live – kundennah – miterlebt, verliert den Sinn und das Gespür für die wichtigsten Entwicklungen. Um es zu unterstreichen: Das funktioniert nicht vom Büro aus, und das Gespür für relevante Entwicklungen kann man nicht per Knopfdruck entwickeln. Wer es gewohnt ist, nur technokratisch in Zahlen und Tabellen zu denken, wird auch nicht nachvollziehen können, warum bestimmte Orte eben »heiß« und andere »kalt« sind und damit von Kunden gemieden werden. Man muß lernen, mit Leuten zu diskutieren, die innovative Konzepte umgesetzt haben. Noch wichtiger ist es aber, einen Sinn dafür zu entwickeln, aus den Fragen zu lernen, die einem selbst gestellt werden. Und das dritte Element, die Intuition, ist eine rationale, synthetische Fähigkeit, komplexe Zusammenhänge aus verschiedensten Bereichen sofort auf den Punkt zu bringen. Wir wissen heute: Intuition läßt sich bis zu einem gewissen Grad schulen.

Diese drei Elemente sind die Voraussetzungen für ein »Trendfeeling«. Dazu kommt heute, daß die elektronischen Medien wie das Internet den Zugang zu neuen Daten enorm erleichtern und damit Wissen schnell verfügbar machen.

Um es nochmals zusammenfassend zu unterstreichen: Kunden verstehen heißt den Kontext verstehen, in dem sie handeln. Man muß daher, um auch dies noch einmal zu wiederholen, die Kunden besser verstehen als sie sich selbst. Die Differenz macht die Fähigkeit zur Kundeninterpretation aus.

Was sind die wichtigsten Konsequenzen daraus?

Die Rückkehr archaischer Konsummuster – Wir werden zu Ethnologen der eigenen Kultur

Wir müssen eine ganz neue Sichtweise unserer Konsumkulturen gewinnen. Mit den dürren rationalistischen Erklärungsmustern drehen wir uns im Kreise und kommen nur noch zu lapidaren und letztlich irreführenden Behauptungen wie etwa »Kunden interessiert nur der Preis«. Nur wenn wir uns von den starren rationalistischen Erklärungsmustern befreien, werden wir eine Sichtweise von den Märkten bekommen, die überhaupt noch neue Erkenntnisse und damit neue Lösungsansätze ermöglicht.

Und, um auch das zu wiederholen: ***Marketing ist der Gastgeber dieser Welt, und die Werbung der Zeremonienmeister.*** Das Verhältnis der Werbung zur gegenwärtigen (Konsum)kultur ist genau das gleiche wie dasjenige der Religion zu den Stämmen und Traditionen in früheren Kulturen. Es geht letztendlich um die Ästhetisierung und Dramatisierung von Botschaften zugunsten einer bestimmten Wirkung.

Wenn ich meine Kunden kennen will, muß ich sehen lernen, wie sie mit Produkten umgehen, wie sie auf die Botschaften reagieren, die Produkte aussenden. Hier müssen wir, wie erklärt, viel mehr auf die nichtverbalen Ebenen achten als auf die verbalen. Warum? Ethnologen sind ja Wissenschafter der westlichen Zivilisation, die sich für primitive Gesellschaften interessieren. Sie versuchen, andere Gesellschaften, Stämme – oder eben Kundenstämme – zu analysieren und ihre Funktionsmechanismen zu erkunden. Das Spezielle ist, daß sie die Stämme betrachten unter der Voraussetzung, daß nie Aufklärung, nie Verwissenschaftlichung, nie eine rationale Buchführung eingeführt wurde. Dasselbe tun Trendanalytiker, indem sie unsere Produkte und Kundenkommunikation wieder mit Begriffen analysieren, von denen man längst geglaubt hätte, daß sie aus unserer westlichen Kultur verschwunden sind.

Das heißt: *Ritual* (Einkaufsverhalten!), *Kult und Fetisch* (Produktbeziehung, Markenmythen!), *Pilgerfahrten oder Tribalismus* bzw. *Stammesverhalten* (Tourismus, Sportkonsum, Museumsbesuch!) etc. werden wieder zu Grundbegriffen der Analyse. Aus diesem Grunde kann man nur den Rat geben: Wer wirklich einen kreativen Einführungskurs in Marketing und Marktkommunikation belegen will, soll doch nach Lourdes oder ins Disneyland gehen. Dort lernt man sehr viel, denn beide sind sehr erfolgreiche Kommunikatoren. Disneyland mit seiner Mainstreet ist ja nicht zufällig genauso aufgebaut wie Lourdes mit seinen Heiligtümern. Dort kann man ritualisierte Techniken der Kundenansprache in Reinkultur studieren. Wer die Reise scheut, kann die Mechanismen der französischen Politik analysieren. Sie ist eine moderne demokratische Politik, aber immer noch hochritualisiert und versteht es, kommunikationstechnisch wichtige Instrumente aufrechtzuerhalten – von der Zelebration historischer Daten bis zur Idee des Pantheon.

Es ist wichtig, sich klar zu machen, daß unsere Gesellschaft stolz darauf ist, die magische Welt von Kulten, Ritualen, oder kurz: allem Religiösen ausgelöscht zu haben. Heute stellen wir fest: *All die vermeintlich verschwundenen Rituale und Kulte sind auf der Ebene der Produkte wiederzufinden.* Unser Stolz auf die Rationalisierung ist so eine Illusion. Wenn wir genauer hinsehen, können wir die alten ethnologischen Begriffe und Kategorien wieder ganz gut gebrauchen.

Wir erleben also die erwähnte Rückkehr archaischer Konsumformen. Las Vegas ist[136] ein besonders schönes Studienobjekt, weil sich dort solche Phänomene in Reinkultur studieren lassen.

Mehr denn je sind alternative oder innovative Kundentypologien nötig. Die folgende Tabelle soll einige Hinweise liefern:

Alternative Marktzugänge

Emotionale Segmentierung auf kulturanthropologischer Basis – Konsumenten in gesättigten Märkten verstehen

136 Vgl. dazu das Las-Vegas-Kapitel bzw. Retail Theatre

statt:

Rationaler Käufer	Emotionaler Konsument
Fokus auf Kaufakt (buying), isolierte Situation	Fokus auf Konsumieren (consuming), Kontext verstehen, in dem Konsumenten sich nicht nur entscheiden, sondern auch konsumieren
Konsum ist Bedürfnisbefriedigung	Konsum ist sinnhaft und hat mit Ritualen, Kulten, Stammesverhalten (Tribalismus), Schenken und Geben, Opfer etc. zu tun
betriebswirtschaftlich-psychologisch reduziertes Menschenbild	kulturanthropologisch und sozial fundiertes Menschenbild
ahistorisch, in Produktkategorien gedacht	historisch, im Kontext der Geschichte des Konsumenten gedacht
monokulturell-ethnozentrisch ausgerichtet: nur der westliche Konsument ist das Modell	»cross cultural« orientiert, Konsummodelle unterschiedlicher Kulturen werden relevant und fließen zusammen
nur monetär ausgerichtet	Formen des nichtmonetären Tauschens sind ebenso relevant
Ziel: Vorhersage und Kontrolle von (Marken)artikelkauf	Ziel: Kontext des Konsumprozesses verstehen und gestalten
Konsument funktioniert wie eine Kaufmaschine	Konsumenten besser verstehen als er sich selbst
Befragungen/quantitativ: Was will der Kunde?	Beobachten lernen, was Konsumenten wirklich tun: ethnographisch/qualitativ
Marketing = ein bestimmtes Käuferverhalten erzwingen	Marketing = Emotionen des Konsumenten verstehen und gestalten

Dieser Vergleich verdeutlicht es: Solange wir uns auf den Pfaden der klassischen Marktbearbeitung bewegen, wie sie uns Betriebswirtschaft, Psychologie, Markt- und Sozialforschung anbieten, werden wir Kunden in gesättigten und übernutzten Märkten nicht verstehen können. Man dreht sich im Kreis. Interessanterweise liegt darin auch der Unterschied zwischen der deutschen und der amerikanischen Trendforschung. Während es in den USA längst üblich ist, »Culture Studies« und »Kulturanthropologie« zum Verständnis des Konsums heranzuziehen, regredieren deutsche Trendforscher in klassische Wertetheorien und psychologische Erklärungsmuster. Nicht zufällig ist im deutschen Sprachraum die Ethnologie bloß eine Appendixwissenschaft der Soziologie. Aber erst die Kulturanthropologie wäre hier ein angemessenes Studierfeld.

Literatur

Augé, Marc. Non-Lieux. Introduction à une anthropologie de la surmodernité. Paris (Seuil) 1992

Augé, Marc. Pour une anthropologie des mondes contemporaines. Paris (Aubier) 1994

Barthes, Roland. Mythologies. Paris 1970 (dt. Mythen des Alltags, Frankfurt a. M. 1996)

Bataille, Georges. Oeuvres Complètes. Vols. I–IX. Présentation de Michel Foucault. Paris (Gallimard) 1970 ff.

Baudrillard, Jean. Amérique. Paris 1986 (dt. Amerika, München 1995)

Baudrillard, Jean. Fragments. Cool Memories. 1991–1995. Paris 1995

Bauman, Zygmunt. Intimations of Postmodernity. London (Routledge) 1992

Blanckaert, Christian. Les chemins du luxe. Paris (Grasset) 1996

Bolz, Norbert, und Bosshart, David. Kult-Marketing. Die neuen Götter des Marktes. Düsseldorf (ECON) 1995

Brown, Donald E. Human Universals. Philadelphia (Temple University Press) 1991

Campbell, Colin. The Romantic Ethic and the Spirit of Modern Consumerism. New York (Basil Blackwell) 1987

Connor, Marlene Kim. What is cool? Understanding Black manhood in America. New York 1995

The Council on Economic Priorities. Shopping for a better world: The quick and easy guide to all your socially responsible shopping. San Francisco (Sierra Club Books) 1994

Dubois, Bernard. Comment surmonter les paradoxes du marketing du luxe, in: Revue française de gestion, janvier-février 1992, 30–37

Ehrenberg, Alain. Le culte de la performance. Paris 1991

GDI-Dokumentation (Gottlieb-Duttweiler-Institut): Von der Produktqualität zur Erlebnisqualität. Rüschlikon/Zürich 1993

GDI-Dokumentation (Gottlieb-Duttweiler-Institut): Lifestyle Shopping und Kultprodukte. Rüschlikon/Zürich 1994

Jacobson, Michael F., und Mazur, Laurie Ann. Marketing Madness. A survival guide for consumer society. Boulder 1995

Lansley, Stewart. After the Goldrush. The trouble with affluence: Consumer Capitalism and the way forward. London (The Henley Center/ Business Books) 1994
Lears, Jackson. Fables of abundance. A cultural history of advertising in America. New York (Basic Books) 1994
Lévi-Strauss, Claude. Race et Histoire. Paris 1961
Luhmann, Niklas. Die Gesellschaft der Gesellschaft, Suhrkamp. Frankfurt am Main 1997
Miller, Daniel (ed). Acknowledging consumption. A review of new studies. London (Routledge) 1995
Morace, Francesco. Metatendenze. Percorsi, prodotti e progetti per il terzio millenio. Milano (Perling & Kupfer) 1996
Ohmae, Kenichi. The End of the Nation State. The Rise of Regional Economies. New York 1995
Picard, Dominique. Les Rituels du Savoir-Vivre. Paris (Seuil) 1995
Robertson, Thomas S., und Kassarjian, Harold H. Handbook of Consumer Behavior. Englewood Cliffs (Prentice Hall) 1991
Ross, Andrew. Strange Weather. Culture, Science and Technology in the Age of Limits. London 1991
Savan, Leslie. The Sponsored Life. Ads, TV, and American Culture. Philadelphia 1994
Schmidbauer, Wolfgang. Weniger ist manchmal mehr. Zur Psychologie des Konsumverzichts. Reinbek bei Hamburg 1984
Urbain, Didier. L'idiot du voyage. Histoires de touristes. Paris 1991
Urbain, Didier. Sur la plage. Moeurs et coutumes balnéaires (XIXe-XXe siècles). Paris 1994
Urry, John. Consuming Places. London 1995
Venturi, Robert et al. Lernen von Las Vegas. Zur Ikonographie und Architektursymbolik der Geschäftsstadt. Braunschweig (Vieweg) 1979
Watkins, Evan. Throwaways. Work Culture & Consumer Education. Stanford 1993
Wolff Olins Identity Research. Made in Germany. A Business Survey of the Relevance of the National Badge and its Image Associations. July 1995

Personen- und Sachregister